La constitution tunisienne de 2014 et le droit international

Tout ce qu'il faut comprendre !

Logiques Juridiques

Fondée par Gérard Marcou

Dirigée par Jean-Claude Némery et Thomas Perroud

Le droit n'est pas seulement un savoir, il est d'abord un ensemble de rapports et pratiques que l'on rencontre dans presque toutes les formes de sociétés. C'est pourquoi il a toujours donné lieu à la fois à une littérature de juristes professionnels, produisant le savoir juridique, et à une littérature sur le droit, produite par des philosophes, des sociologues ou des économistes notamment.

Parce que le domaine du droit s'étend sans cesse et rend de plus en plus souvent nécessaire le recours au savoir juridique spécialisé, même dans des matières où il n'avait jadis qu'une importance secondaire, les ouvrages juridiques à caractère professionnel ou pédagogique dominent l'édition, et ils tendent à réduire la recherche en droit à sa seule dimension positive. À l'inverse de cette tendance, la collection « Logiques juridiques » des éditions L'Harmattan est ouverte à toutes les approches du droit. Tout en publiant aussi des ouvrages à vocation professionnelle ou pédagogique, elle se fixe avant tout pour but de contribuer à la publication et à la diffusion des recherches en droit, ainsi qu'au dialogue scientifique sur le droit. Comme son nom l'indique, elle se veut plurielle.

Dernières parutions

Philippe DE LADOUCETTE, *Régulation indépendante du marché de l'énergie*, 2023.

Hicham BERJAOUI, *L'invocabilité de la responsabilité des organisations internationales devant le juge étatique. Quand le droit international public surplombe le droit international des droits de l'homme*, 2023.

Marie LAPAIRE, *Les actes préparatoires. À la recherche d'une catégorie juridique*, 2023.

Laura BAUDIN, *Cyberattaques et droit international public. De la négociation entre États à l'intégration des acteurs privés pour parvenir à la cyberpaix ?*, 2023.

Ludovic BERTON, *Penser la démocratie sociale*, 2023.

Roger K. KOUDÉ, *La justice pénale internationale : un instrument idoine pour raisonner la raison d'Etat ?*, 2023

Cătălin-Silviu SĂRARU, *Le droit administratif en Roumanie*, 2022.

Robert VINCENT, *Les fédérations sportives françaises. Analyse par la gouvernance*, 2022.

Wiyao KAO, *Le contrat portant sur une chose future. Essai d'une théorie générale*, 2022.

Rawaa Salhi

La constitution tunisienne de 2014 et le droit international

Tout ce qu'il faut comprendre !

Préface de Khémaies Jhinaoui

L'Harmattan

Du même auteure

Beji Caied Sebsi, a-t-il sauvé la Tunisie (Livre en français), Éditions Nirvana, Tunis, 2019.

The Role of the Civil Society Movement in the Construction of Arab Constitutions (co-editor, ouvrage collectif en anglais et en arabe), Arab Academy of Constitutional Law Editions, juin 2019.

5-7, rue de l'Ecole-Polytechnique, 75005 Paris
http://www.editions-harmattan.fr
ISBN : 978-2-14-032162-7
EAN : 9782140321627

Préface

L'histoire nous dira si la Constitution de 2014 en Tunisie fut « l'apothéose » d'un processus libératoire de décennies de régimes autocratiques comme l'a affirmé le président de l'Assemblée constituante (2011-2014[1]) ou au contraire le fondement d'un nouveau système politique à l'origine d'une instabilité gouvernementale et d'un effritement du pouvoir entre plusieurs centres de décision en compétition rendant ainsi pratiquement impossible toute tentative sérieuse de réforme ou de relance de l'économie.

Jamais un texte constitutionnel n'a reçu autant d'attention et de commentaires contradictoires que la Constitution adoptée le 27 janvier 2014, entre propos exaltants la présentant comme « la meilleure Constitution au monde[2] » et ceux affirmant qu'elle n'a fait qu'exacerber les difficultés politiques et économiques engendrées par révolution de 2011. On lui reproche d'avoir instauré un système hybride où le Parlement jouit de la plénitude des pouvoirs au détriment d'un Exécutif bicéphale où le chef du Gouvernement non élu et désigné par le président de la République possède pratiquement l'ensemble des fonctions exécutives face à un président de la République élu au suffrage universel mais démuni de pouvoirs réels. Un chef d'État incarnant certes le magistère lui permettant d'assumer le rôle d'arbitre et de veiller au fonctionnement normal des institutions et à la continuité de l'État, mais dont les attributions demeurent limitées à la seule fonction de représentation du pays et à la présidence du Conseil national de sécurité. L'élection de Kais Saïd en 2019 à la magistrature suprême et son refus d'être confiné dans un rôle strictement symbolique à la tête de l'État, ont précipité l'abrogation pure et simple de cette Constitution. Invoquant la menace du

---

[1] Mustapha Ben Jaafar, président de l'Assemblée constituante, *Dix ans et dans dix ans*, ouvrage collectif (Leaders, 2021).

[2] Rached Ghannouchi, président du Mouvement Ennahdha, interview accordée à la chaîne Al Jazeera (22/06/2022).

« péril imminent » prévu par l'article 80 de la Constitution, il a en effet décidé le 25 juillet 2021 de suspendre le Parlement, de démettre le Gouvernement et d'accaparer l'ensemble des pouvoirs législatifs et exécutifs. Un mouvement sévèrement contesté et qualifié par l'opposition de « coup d'État constitutionnel » qui a porté le coup de grâce à la Constitution de 2014 rapidement remplacée par un nouveau texte rédigé par le chef de l'État lui-même et adopté l'année suivante, le 25 juillet 2022, par un vote référendaire.

Le grand mérite de Rawaa Salhi, jeune juriste prolifique[3], est de s'être adonnée dans ce nouveau livre, écrit avant les événements de juillet 2021, à un exercice singulier en appréhendant l'ancien texte constitutionnel sous le prisme de l'élan révolutionnaire de 2011. Elle démontre comment l'Assemblée constituante élue le 23 octobre 2011 avait cherché à traduire les demandes pressantes de la population de réformer le système politique et économique du pays et de mettre un terme à plusieurs années d'arbitraire et de régime autocratique en constitutionnalisant les droits fondamentaux du citoyen et les libertés publiques et en multipliant les institutions susceptibles de veiller sur leur respect et le fonctionnement normal des pouvoirs publics. L'auteure s'est aussi intéressée aux flux de connectivité entre le droit international et le droit constitutionnel. Elle met particulièrement en lumière leur interaction réciproque, notamment la transposition dans l'ordre juridique interne des avancées réalisées au niveau du droit international à travers la codification et l'incorporation dans le texte constitutionnel des principes énoncés dans la Déclaration universelle des droits de l'homme, les Pactes internationaux onusiens relatifs aux droits civils et politiques et économiques, sociaux et culturels. En Tunisie l'objectif assigné au Pouvoir constituant consistait à mieux préciser ces droits et à assurer leur suprématie dans l'ordre juridique interne afin de doter les Tunisiens des instruments juridiques nécessaires pour se protéger contre tout éventuel abus de l'Autorité politique. Une analyse pointue démontrant qu'il n'y a en réalité plus de cloisonnement entre droit interne et droit international et que les deux ordres juridiques sont intimement liés et se complètent surtout lorsqu'il s'agit de sauvegarder les droits fondamentaux de l'Homme.

En fait, tout au long de son histoire, la Tunisie a constamment interagi positivement avec les régimes juridiques en vigueur à l'étranger en s'inspirant directement de ces expériences ou en faisant siennes des lois et des réglementations ayant démontré leur efficacité dans d'autres pays

---

[3] Rawaa Salhi, *Beji Caïd Essebsi a-t-il sauvé la Tunisie* (septembre 2019).

et jugées aptes à mieux administrer les ressortissants tunisiens ainsi que les populations étrangères vivant en Tunisie et à leur procurer davantage de droits pour les protéger face aux abus de pouvoir. Une démarche singulière et progressiste qui a permis au pays d'adopter dès le milieu du XIXe siècle et sous le régime des Beys, les principes de modernité et d'ouverture dans l'élaboration des textes régissant les droits fondamentaux des individus et le fonctionnement des pouvoirs publics. En effet, en décidant en janvier 1846 l'abolition de l'esclavage, et en proclamant en 1857 le Pacte fondamental, une déclaration révolutionnaire annonçant que tous les habitants sont libres d'exercer leurs cultes et sont égaux devant la loi et l'impôt, Ahmed Bey (1837-1855) et Mohamed Bey (1855-1859) inscrivaient le pays dans le sillage de la modernité. Avant même l'adoption en avril 1861 de la première Constitution tunisienne, ils dotaient la population vivant sur le sol tunisien, même si cela fut parfois sous la contrainte des puissances étrangères, d'instruments juridiques progressistes les aidant à se protéger contre l'arbitraire de l'autorité politique de l'époque. La première Constitution de la Tunisie indépendante du 1er juin 1959 consacre elle aussi plusieurs articles aux droits fondamentaux et libertés publiques inspirés dans leur ensemble de la Déclaration universelle des droits de l'homme et l'expérience d'autres pays, notamment en Europe.

Rawaa Salhi a brillamment démontré comment la Nouvelle Constitution de 2014 a pu entériner la quintessence du patrimoine démocratique mondial dans le droit tunisien et dans quelle mesure les standards internationaux ont été respectés dans la définition et la constitutionnalisation des principes et droits tirés de ce patrimoine. Mais au-delà de la valeur académique incontestable d'une telle approche, le livre appelle à s'interroger sur la validité de questions classiques mais essentiellement politiques et culturelles liées aux notions de « souveraineté nationale » ou « d'exception culturelle » particulièrement enracinées dans les pays nouvellement indépendants. Force est de constater à ce propos, que les changements rapides que connaît le monde depuis la fin de la guerre froide et l'émergence de nouveaux concepts liés à la mondialisation tels que le « droit d'ingérence » dans les crises humanitaires ont foncièrement altéré ces concepts. Ils ont aussi bousculé des convictions chèrement acquises et soutenues depuis des décennies sur « l'indépendance nationale » ou « le droit naturel » dont jouissent les États de légiférer en toute liberté et autonomie à l'intérieur des frontières nationales sans craindre le contrôle d'organes extraterritoriaux ou subir le poids des interférences étrangères. Dans un monde globalisé et de plus en plus intégré, les droits fondamentaux et les valeurs humaines sont devenus désormais clairement universels et leur protection n'est plus l'apanage du seul ordre juridique interne mais relève plutôt et de plus en plus de la responsabilité de la communauté internationale. C'est ce qui ressort de l'évolution du droit international accordant la latitude à tout citoyen quelle que soit sa nationalité de recourir à la justice internationale pour faire valoir ses droits et se prémunir contre tout abus du pouvoir politique ou de la justice nationale. Cette tendance qui remonte déjà à plusieurs années ne fait que s'accentuer avec le renforcement du statut de l'individu comme acteur et sujet du droit international capable désormais de faire valoir directement ses droits devant des instances internationales contre les autorités de son propre pays mais aussi redevable de ses actes même commis à l'intérieur des frontières nationales devant la justice internationale.

La pratique actuelle des relations internationales fait ressortir un véritable enchevêtrement entre droit interne et droit international et une propension de plus en plus poussée des individus et de la société civile d'user de tous les moyens légaux possibles pour faire valoir leurs droits individuels ou pour dénoncer toute régression en matière de libertés publiques. L'ordre juridique qui sous-tend plusieurs organisations régionales telles que l'UE ou l'UA fait désormais partie intégrante de la vie quotidienne de plusieurs millions de citoyens européens et africains. Chaque année plusieurs traités conclus dans le cadre de ces deux groupements rejaillissent sur les droits et les obligations des citoyens des deux continents et leur ouvrent de nouvelles perspectives pour mieux faire valoir leurs droits devant les tribunaux nationaux ou la justice continentale. De nouveaux champs d'investigation s'ouvrent ainsi devant les chercheurs, en particulier les juristes et les politologues pour explorer ces nouvelles tendances et mesurer leur impact sur les droits et les obligations de L'Homme.

Khémaies Jhinaoui,
ancien ambassadeur
et ministre des Affaires étrangères

Liste des abréviations

ANC	Assemblée nationale constituante
AED	Département de l'assistance électorale
CPR	Parti du Congrès de la République
HAICA	Haute Autorité indépendante de la communication audiovisuelle
HCDH	Haut-Commissariat des Nations unies aux droits de l'homme
ILE	Organes électoraux locaux
IRIE	Organes électoraux régionaux
LTDH	Ligue tunisienne de défense des droits de l'homme
OMD	Objectifs du millénaire pour le développement
ONAT	Ordre national des avocats
PNUD	Programme des Nations unies pour le développement
SPELTU	Projet d'assistance électorale tunisienne « Appui au processus électoral en Tunisie »
UGTT	Union générale tunisienne du travail
UTICA	Union tunisienne de l'industrie, du commerce et de l'artisanat

Introduction générale

Issue des élans de passion démocratique, la Constitution tunisienne de 2014[1] a inauguré une nouvelle ère juridico-politique marquant un ordre nouveau.

Cette Constitution est censée faire la rupture avec les politiques de l'ancien régime et incarner les ambitions révolutionnaires. La Révolution est partie des régions les plus défavorisées du pays en réaction, entre autres, à un déficit de développement économique et social que la crise financière internationale avait aggravé. Le chômage avait atteint des records sans précédent et le mécontentement était à la fois d'ordre social et économique. Dans l'imaginaire collectif, le déficit de développement était le produit de la mauvaise gestion des finances publiques et du non-respect des droits socio-économiques que l'État se devait de consolider. Ce sentiment partagé avait produit une frustration notamment chez les jeunes et un fort sentiment d'injustice et d'arbitraire qui furent fatals pour le régime. C'est, donc, grâce à cette Révolution, que la Tunisie a pu se doter d'une nouvelle Constitution.

Le 27 janvier 2014, la Tunisie s'est enfin dotée de sa troisième Constitution de l'ère moderne. La nouvelle Constitution devait mettre fin à une période transitoire relativement longue[2]. Elle est l'œuvre d'une

---

[1] Les deux Constitutions précédentes : la Constitution du 26 avril 1861, Constitution octroyée par le Sadok BEY qui institua une sorte de monarchie constitutionnelle. En 1864, cette Constitution fut suspendue et la Constitution du 1er juin 1959 adoptée par une Assemblée nationale élue au lendemain de l'indépendance de la Tunisie en 1956. Elle a été aussi suspendue à partir du 15 mars 2011 suite à la révolution de 2011. Sur cette question, voir S. VICOR, « Le régime constitutionnel de la Tunisie : la Constitution du 1er juin 1959 », *Revue française de science politique*, 1960. R. BEN ACHOUR, S. BEN ACHOUR, « La transition démocratique en Tunisie : entre légalité constitutionnelle et légitimité révolutionnaire », *Revue française de droit constitutionnel*, 2012.

[2] Suite à la révolution du 14 janvier 2011, la Tunisie a connu trois périodes transitoires : - du 15 janvier au 1er mars 2011, période régie par l'article 57 de la Constitution du 1er juin 1959 ; - du 15 mars au 15 décembre 2011, période régie par le décret-loi du

Assemblée nationale constituante (ANC) théoriquement élue pour élaborer la Constitution dans un délai maximum d'un an à compter de la date de son élection[3] (23 octobre 2011) mais qui a superbement ignoré la limite temporelle qui lui avait été fixée[4].

Marquant la naissance de la *« IIe République »*, toujours en transition démocratique[5], et déclenchant dans la région arabe une nouvelle vague constitutionnelle, dans le sillage du « Printemps arabe », la Constitution tunisienne a mérité d'être qualifiée, sur le plan international, de *« la belle Constitution*[6] » en raison de sa contribution aux efforts des deux derniers *siècles*[7] visant à renforcer l'idée de *« l'État constitutionnel*[8]*»*. Cette

---

23 mars 2011 portant organisation provisoire des pouvoirs publics ; - depuis le 16 décembre 2011, période régie par la loi constituante du 16 décembre 2011, portant organisation provisoire des pouvoirs publics. Depuis l'adoption de la Constitution du 27 janvier 2014, la période transitoire ne s'est pas terminée. Elle demeure régie par certaine partie de la loi constituante précitée et par l'article 148 de la Constitution. *Ibid.*, p. 3.

[3] Décret n° 2011-1086 de la 03/08/2011 portant Convocation du corps électoral pour l'élection de l'Assemblée nationale constituante pour le 23 octobre 2011. R. BEN ACHOUR, « Qu'adviendra-t-il de l'ANC », *La Presse de Tunisie*, 4 septembre 2012, p. 9.

[4] L'ANC s'est notamment arrogé un pouvoir législatif.

[5] *« Transition démocratique est un terme imprécis, qui s'est répandu dans le langage courant et la science politique à la fin des années 1980. Il renvoie indistinctement à différents types de processus de démocratisation : la "transition à la démocratie" au sens strict, passage d'un régime autoritaire à un régime démocratique, ou diverses extensions du domaine de la démocratie dans le cadre de régimes démocratiques déjà en place. Évocateur d'une démocratie en mouvement, il est cependant porteur de confusion et de non-dits philosophicopolitiques qui devraient inciter à l'utiliser avec prudence ».* R. FREGOSI, *Parcours transatlantiques de la démocratie. Transition, consolidation, déstabilisation*, Ed. Peter Lang, 2010.

[6] Sur la reconnaissance internationale de la Constitution tunisienne, voir T. GROPPI, « La Constitution tunisienne de 2014 : illustration de la globalisation du droit constitutionnel ? », *Revue française de droit constitutionnel*, 2018, p. 343.

[7] T. GROPPI, « La Constitution tunisienne de 2014 : illustration de la globalisation du droit constitutionnel ? », *Revue française de droit constitutionnel*, 2018, p. 345.

[8] M. TUSHNET, « The Inevitable Globalization of Constitutional Law », *Journal of International Law*, 2009, p. 987.

contribution renvoie à l'idée du *« constitutionnalisme*[9] *»*, un mouvement en pleine effervescence[10].

En mariant la notion de la Constitution tunisienne de 2014 à celle du droit international, notre sujet s'intéresse aux flux de connectivité immenses entre le droit constitutionnel et le droit international. Ces flux ont pris de l'importance en raison, à la fois, de l'érosion de la notion de la souveraineté de l'État, et des ouvertures et interdépendances entraînées par la mondialisation.

1/ Méthodologie de l'étude et difficultés

Après le choix du sujet, s'est imposée la question de savoir quelle discipline serait au centre de la recherche : est-ce le droit public ou la science politique, ou les deux en même temps, et si c'était le cas, quel dosage devrait être effectué entre ces deux disciplines ?

D'après le titre, il semble évident que le droit public, précisément le droit constitutionnel et le droit international seront présents tout au long de l'avancement des analyses. Mais, le contexte révolutionnaire, dans lequel la Constitution tunisienne a vu le jour, nous force à recourir à la science politique pour mieux cerner les différents aspects de notre recherche. À vrai dire, l'étude de l'internationalisation de la Constitution tunisienne de 2014 ne peut se limiter à l'étude des règles juridiques

---

[9] J.-M. DENQUIN, « Situation présente du constitutionnalisme. Quelques réflexions sur l'idée de démocratie par le droit », *Jus Politicum*, p. 1. Voir aussi, P. AVRIL, « Une revanche du droit constitutionnel ? », *Pouvoirs*, 1989, pp. 5-13, M. TROPER, « Le constitutionnalisme entre droit et politique », disponible sur : www.u-picardie.fr, Y. POIRMEUR, D. ROSENBERG, « La doctrine constitutionnelle et le constitutionnalisme français », disponible sur : www.u-picardie.fr, A. BOURGI, « L'évolution du constitutionnalisme en Afrique. Du formalisme à l'effectivité », RFDC, 2002, pp. 721-748.

[10] *« Le constitutionnalisme désigne un mouvement qui vise à mettre en œuvre un idéal par les moyens propres du droit constitutionnel. Il serait alors un objet juridique identifié pour servir la cause politique et plus précisément la cause démocratique. Son objectif consiste donc à limiter les nuisances du pouvoir politique, en assurant la supériorité normative de la Constitution au moyen de la justice constitutionnelle. Par contre le terme constitutionnalisation du droit désigne un processus avancé par rapport au constitutionnalisme. En effet, une fois la prééminence de la Constitution affirmée, sa normativité reconnue et qu'existe une justice constitutionnelle fonctionnelle, la constitutionnalisation prend la relève pour imprégner ou contaminer les autres branches du droit par un sang normatif à dignité constitutionnelle »*, L. FONTAINE, « La violation de la Constitution : autopsie d'un crime qui n'a jamais été commis », RDP, 2014, p. 1619.

constitutionnelles ou les règles juridiques internationales ayant une teneur constitutionnelle. Eu égard au contexte politique, marqué par le processus transitionnel démocratique dans lequel s'est élaborée la nouvelle Constitution, il semblait légitime de se demander si l'analyse politique n'était pas appropriée pour nous éclairer sur le degré de l'internationalisation de la Constitution tunisienne.

Pour trancher la question, il fallait se référer aux différentes théories schématisant les relations entre droit public et science politique : pour Carl FRIEDRICH GERBER[11], considéré par les Allemands comme le père fondateur du droit public, le droit public est purement celui de l'État ; il est fondé sur l'ensemble des rapports exclusivement de nature juridique et découlant des principes généraux, également de pur droit public.
Pareil pour l'auteur anglo-saxon Albert VENN DICEY[12], qui considère que le droit public appartient exclusivement aux sciences juridiques et qu'il se distingue largement de la science politique.

Georges BURDEAU, quant à lui, considère la science politique comme une science de synthèse dont le but ultime est *« de modifier et d'élargir l'angle habituel de prise de vue des problèmes de droit constitutionnel ou plus généralement de droit public, en enrichissant la nouvelle perspective par des éléments rejetés par les juristes de stricte obédience »*. Il ajoute que *« si la science politique a une raison d'être, ce ne peut être que de coiffer, par une représentation totale de la réalité, les images partielles auxquelles [...] aboutissent les différentes sciences sociales qui s'occupent directement ou indirectement des phénomènes politiques*[13] *»*.

Concernant Jean DABIN, il considère que la science politique est la science *de l'État en général* avec toutes les réalités, notions et valeurs qu'implique la chose politique : *« rapport politique, groupement politique, pouvoir politique, institutions politiques, partis politiques,*

[11] O. JOUANJAN, « Carl FRIEDRICH gerber et la Constitution d'une science du droit public allemand », in O. BEAUD/P. WACHSMANN, *La science juridique française et la science juridique allemande de 1870 à 1918*, Strasbourg, Presses universitaires de Strasbourg, 1997, p. 11-63.

[12] Albert VENN DICEY est un juriste britannique, théoricien des lois constitutionnelles. Les principes qu'il expose dans son œuvre majeure *An Introduction to the Study of the Law of the Constitution* sont considérés comme faisant partie de la Constitution non codifiée du Royaume-Uni.

[13] B. GEORGES, « Traité de Science politique, tome I : le Pouvoir politique ; tome II : l'État », Revue internationale de droit comparé, 1950. pp. 204-207.

événements politiques, forces politiques, vie politique, révolution politique[14] ».
S'agissant enfin du grand juriste français Charles EISENMANN, il n'a jamais *« fait la ventilation du droit public et de la science politique »*, considérant que la science politique est toute discipline qui s'occupe d'un ordre quelconque de problèmes concernant les faits politiques. L'ensemble de ces disciplines mériterait donc d'être nommé *« sciences politiques »*. Il affirme que *« chacune de ces sciences usant, pour les solutions de ses problèmes particuliers la méthode qui lui est propre*[15] ». Il ajoute que *« la science du Droit public est centrée sur la connaissance systématique intrinsèque des règles juridiques relatives à l'organisation du pouvoir politique et à son exercice »* et donc *« une science normative que nous nommerons dogmatique juridique »*, alors que la science politique est *« une science positive* [qui] *se propose de connaître le fonctionnement effectif du gouvernement, le déroulement de la vie réelle des États, donc les faits politiques observables et ce, à l'intérieur des faits et facteurs sociaux »*, n'excluant pas la coïncidence *« d'objet »* et des *« problèmes »*. Ainsi, les méthodes des deux disciplines seront de même ordre.

Cette dernière théorie semble être la mieux appropriée pour aborder cette étude. Considérée comme une *« science politique »*, *« la science du droit »* n'est en réalité que l'analyse des réglementations juridiques comme *« un fait ou un problème d'exercice du pouvoir politique »*.

Après avoir identifié la méthode la plus appropriée à l'étude de la relation entre le droit international et la Constitution tunisienne de 2014, il s'impose de déterminer la nature du problème qui sera traité dans ces analyses. Il importe donc de connaître les limites dans lesquelles sera analysée la relation entre le droit international et la Constitution tunisienne de 2014. De telles limites ne peuvent être fixées qu'à partir d'une hypothèse qui, elle-même, ne peut être identifiée qu'après l'identification de l'objet et du sujet de l'étude.

---

[14] J. HOUDE, B. LETTRE, « Droit public et science politique », *Les Cahiers de droit*, 1965, p. 73.
[15] L. BONNARD, « La pensée constitutionnelle de Charles EISENMANN ». Disponible sur : https://cutt.ly/ofC984T.

A. La Constitution tunisienne de 2014 : objet de l'étude

Dès le début des années quatre-vingt, le doyen FAVOREU constatait : *« le constitutionnel est en train de colorer progressivement l'ensemble des branches du droit*[16] *»*. On en a déduit que la protection constitutionnelle d'un droit constitue la meilleure forme de protection juridique étant donné que la Constitution est la loi fondamentale et suprême d'un pays. Dans ce sens, la constitutionnalisation des diverses branches du droit ne cesse de progresser au rythme du développement de l'application et de l'interprétation de la Constitution par le juge constitutionnel ainsi que sa mise en œuvre par les autorités politiques, administratives et juridictionnelles. Il en est ainsi pour le droit international. Cette notion de constitutionnalisation est polysémique. En un premier sens, elle désigne la *« reconstruction des sources du droit autour de l'axe constitutionnel*[17] *»*. En effet, s'agissant des diverses branches du droit, la Constitution en répartit les compétences entre les diverses autorités normatives. Dans un autre sens, l'expression implique que certaines règles ou certains principes applicables dans telle ou telle branche du droit revêtent une valeur constitutionnelle. La constitutionnalisation désigne alors l'attraction de certains principes dans la sphère constitutionnelle. Envisagée dans un sens plus matériel ou substantiel, la constitutionnalisation désigne encore l'influence que peut exercer le droit constitutionnel sur les principes et les règles applicables dans telle ou telle autre branche du droit indépendamment du processus formel mis en œuvre[18].

En 2011, la Tunisie passe par une nouvelle ère politique depuis la chute de l'ancien régime, une ère qui se veut une rupture avec les pratiques du passé. Il a été jugé qu'à nouvelle ère, nouvelle Constitution qui garantirait les droits et les libertés mieux que la première Constitution du 1er juin 1959, constituant ainsi un rempart contre une nouvelle dictature et prenant en considération les demandes vitales et fondamentales pour lesquelles le peuple s'est révolté[19]. Issue de ce mouvement révolutionnaire, la

---

[16] L. FAVOREU, « L'influence de la jurisprudence du Conseil constitutionnel sur les diverses branches du droit », in *Mélanges*, Léo HAMON, Paris, Economica, 1982, p. 235.

[17] L. FAVOREU, P. GAIA, R. GHEVONTAIN, J.-L. MESTRE, O. PIERSLANN, A. ROUX, G. SCOFFONI, *Droit constitutionnel*, Paris, Dalloz, 2005, p. 140.

[18] A. VIDAL-NAQUET, La Constitutionnalisation des branches du droit et l'impérialisme du droit public, Presses de l'Université Toulouse 1 Capitole, 2011, p. 99.

[19] Le 26 janvier 2014, l'ANC a adopté la nouvelle Constitution avec 200 voix pour.

Constitution tunisienne de 2014 fait donc l'objet de notre étude, mais selon quelle approche ?

Selon l'approche matérielle, nous devons viser nettement le contenu, les normes et mécanismes que la nouvelle Constitution tunisienne a mis en place en vue d'organiser les différents pouvoirs publics dans l'exercice de leurs compétences respectives et dans les rapports qu'ils entretiennent entre eux et avec les citoyens. Ce qui nous renvoie à l'examen plus ou moins minutieux des mécanismes qu'elle établit, la forme du régime, le type de séparation des pouvoirs, et les droits et libertés proclamés. C'est dans cette approche que se révèle la normativité de la Constitution de 2014 étant donné qu'il serait question de préciser s'il persiste ou non une véritable hiérarchie des normes juridiques et des mécanismes de garantie de la suprématie de la Constitution. C'est le côté statique de la Constitution.

Par contre, selon l'approche formelle, il s'agit d'appréhender la Constitution de 2014 dans la dynamique de son processus. Dès lors, on va considérer le processus constitutionnel dans sa dynamique de transition démocratique, ce qui implique l'analyse de l'ensemble de mécanismes par lesquels la Tunisie a pu se doter d'une nouvelle Constitution. En ce sens, nous devons aborder les modalités de la mise en place de l'ANC – organe chargé d'élaborer cette Constitution – les modalités d'adoption de celle-ci, et son accession à la positivité juridique. Ce qui sera donc analysé, c'est la procédure constituante, qualifiée d'« Acte constituant ».

B. Le droit international : sujet de l'étude

Le droit international régit les relations entre les sujets de l'ordre juridique international, qui sont principalement les États, et les organisations internationales[20]. Ce droit s'appuie sur des sources conventionnelles (traités internationaux) et des sources extra-conventionnelles, à savoir la coutume internationale, les principes généraux du droit, la jurisprudence internationale et la doctrine des publicistes les plus qualifiés.

Dire que le droit international régit les relations entre États est quelque part une reconnaissance de l'applicabilité de ce droit dans l'ordre juridique interne.

---

[20] Il semblerait que l'individu commence à acquérir graduellement une certaine forme de personnalité juridique internationale embryonnaire, et exceptionnellement certaines organisations non gouvernementales peuvent bénéficier de certaine prérogative de la personnalité juridique internationale.

Cette idée abstraite se concrétise à travers le principe *« Pacta sunt servanda*[21] *»*. Dès lors, cette force obligatoire régie par le droit international dépasse la signification de la simple coexistence entre l'ordre juridique international et l'ordre juridique interne pour signifier l'existence d'une influence réciproque. Une telle influence participe à leur évolution et à leur transformation mutuelle.

Cette interaction, qui se traduit par une *« Internationalisation du droit »*, est considérée par Mireille DELMAS-MARTY comme une dynamique qui se traduit par *« un ensemble de mouvements stimulés par le jeu d'interactions entre les droits internationaux (au pluriel puisqu'ils sont fragmentés) et les droits internes »*.

Dans une approche matérielle, cette démarche intellectuelle de l'étude de l'internationalisation nous mènera à se demander sur l'insertion au sein du droit interne (ici constitutionnel) des standards internationaux, et donc à soulever le problème de *« l'unification des règles constitutionnelles rendue nécessaire par l'intensification des rapports internationaux »*.

Dans une approche institutionnelle, l'internationalisation du droit constitutionnel consiste à identifier le rôle des institutions internationales, et par conséquent, l'impact du droit international sur le droit constitutionnel. L'interaction constatée entre le droit international et les droits nationaux crée la communicabilité entre les deux ordres juridiques. Cette communicabilité se traduit par l'harmonisation des normes appartenant aux deux ordres juridiques et ce dans une perspective de dynamique en mouvement.

C. Le droit international et la Constitution tunisienne de 2014 : quelle approche ?

Compte tenu des notions et des concepts clés exposés précédemment, le recours à une approche analytique permet d'étudier les rapports linéaires entre le droit international et la Constitution de 2014. Toutefois, cette approche, à elle seule, s'avère inadaptée pour aborder l'ensemble du sujet, étant donné que *« l'internationalisation »* de la Constitution

[21] En matière de droit international, c'est l'article 26 de la Convention de Vienne de 1969 qui l'énonce : *« Tout traité en vigueur lie les parties et doit être exécuté par elles de bonne foi »*. Ce principe implique également que les États parties à un traité ne peuvent se prévaloir d'obstacles posés par leur ordre juridique interne pour éviter d'exécuter leurs obligations internationales.

tunisienne exige, de surcroît, la compréhension du contexte transitionnel[22].

La combinaison entre cette approche analytique et l'approche systémique permet, en se concentrant sur les interactions entre les deux ordres juridiques, de mieux mettre en exergue l'intérêt du sujet de notre sujet. Dans une perception globale, l'approche systémique est jugée comme pertinente car elle met en évidence les fortes interactions entre le droit international et le droit constitutionnel dans leurs champs statiques mais également dans leurs manifestations dynamiques, faisant ainsi de l'internationalisation un instrument d'une belle configuration de communicabilité ; d'où l'intérêt et la nécessité d'avoir recours à une étude pluridisciplinaire de la question.

Concrètement, il semble qu'une systématisation de l'internationalisation de la Constitution tunisienne de 2014 ne puisse être démontrée qu'à partir de la Constitution elle-même, c'est-à-dire à partir des différents éléments qu'elle recouvre. En mécanique, l'interaction dépasse le simple jeu de forces, créant ainsi un rapport d'influence et d'échange portant sur des flux de matière, d'énergie et d'information. Dans le contexte de notre étude, l'interaction déborde largement de la simple relation de cause à effet ; la complexité réside dans la relation entre les acteurs influents et le système. Toutefois, connaître la nature et la forme d'une interaction est plus important que de connaître la nature de chaque composante du système. L'observation attentive prouve souvent que les comportements spontanés et inconscients sont, en réalité, structurés. L'étude des *« redondances interactionnelles*[23] *»* permet d'accéder à la partie stable (statique) de leur complexité. Le regard systémique consiste, ici, à se centrer sur la structuration des contenus.

2/ Hypothèse : l'internationalisation de la Constitution tunisienne de 2014

Cette étude entend donc aborder la question de l'internationalisation de la Constitution tunisienne de 2014, aussi bien dans son contenu que

---

[22] On peut néanmoins lire les développements de Y. BEN ACHOUR, « L'internationalisation du droit constitutionnel », A. AMOR, « La perméabilité juridique entre l'ordre international et l'ordre constitutionnel », F. DELPÉRÉE, « L'internationalisation du droit constitutionnel et l'État de droit », N.-E. GHOZALI, « L'internationalisation du droit constitutionnel et droit des peuples à déterminer librement leur système politique, économique, social et culturel ».

[23] L'École de *PALO ALTO*.

dans l'exercice de la fonction constituante, et ce, afin de démontrer l'influence des acteurs internationaux sur l'ensemble du processus d'élaboration de la nouvelle Constitution.

3/ Intérêt de l'étude et problématique

Au regard de l'hypothèse adoptée, l'étude de l'internationalisation de la Constitution tunisienne de 2014 apparaît plus que nécessaire. Historiquement, l'évolution de l'internationalisation des Constitutions en Tunisie remonte aux deux Constitutions précédentes. La Constitution du 26 avril 1861 a été octroyée par Sadok BEY[24] dans l'objectif de satisfaire les recommandations des grandes puissances, principalement la Grande-Bretagne et la France. Le BEY avait même invité les consuls des puissances étrangères à étudier les textes originaux, à présenter leurs observations et à collaborer à la rédaction de la version française de la Constitution[25]. Cet élan réformiste visait à faire bénéficier les sujets non musulmans tunisiens ou non tunisiens résidant en Tunisie des dispositions libérales issues de la culture juridique des grandes puissances[26]. La deuxième Constitution est celle du 1er juin 1959. Adoptée par une Assemblée nationale constituante, élue au lendemain de l'indépendance de la Tunisie en 1956[27], cette Constitution instituait explicitement le principe de la primauté du droit international sur la législation tunisienne. Dès lors, l'étude de l'internationalisation de la dernière Constitution du 27 janvier 2014 n'est pas sans rapport avec l'histoire constitutionnelle tunisienne.

Théoriquement, notre sujet aura le mérite de mettre la question traditionnelle de la relation entre les deux ordres juridiques, international et national, dans une perspective expérimentale, et ce, en étudiant la Constitution de 2014 comme objet de cette internationalisation. De plus,

---

[24] Bey de Tunis régna du 23 septembre 1859 au 29 octobre 1882. Cette Constitution institua une sorte de monarchie suspendue en 1864.

[25] J. GANIAGE, *Les Origines du protectorat français en Tunisie*, Maison tunisienne de l'édition, p. 66.

[26] Pour appuyer ces recommandations, l'escadre française de Méditerranée, sous le commandement du vice- amiral TREHOUART, arrivait le 31 août en rade de la goulette, pour une visite de « courtoisie ».

[27] Elle institua un régime présidentialiste et fut révisée à 16 reprises toujours dans le sens du renforcement des prérogatives présidentielles. Elle a été suspendue à partir du 15 mars 2011 suite à la révolution du 14 janvier 2011.

elle nous permettra de placer ce phénomène d'internationalisation dans son contexte postrévolutionnaire.

L'analyse démontrera que l'internationalisation ne doit pas être considérée comme *« une catégorie juridique stabilisée »* mais comme *« un processus, une dynamique qui marque une ouverture des systèmes de droits »*.

Pratiquement, l'internationalisation de la nouvelle Constitution tunisienne permet de bien saisir l'apport des acteurs internationaux, notamment les Nations unies, dans le cadre temporel de notre étude « 2011-2014 ». Ainsi, le système des Nations unies a décaissé en Tunisie plus de 88 millions de dollars afin de soutenir la gouvernance démocratique, et ce, en soutenant les activités et les institutions suivantes :

– l'élaboration d'une nouvelle Constitution conforme aux principes universels en matière de Droits de l'Homme et de la Démocratie ;
– les institutions de transition ;
– l'ANC, le processus électoral et l'ISIE ;
– la société civile dans les 24 gouvernorats du pays ;
– le dialogue national et la participation effective des jeunes et des femmes à la vie politique et associative ;
– la réforme du secteur de la sécurité et de la justice, et des mécanismes de la justice transitionnelle ;
– a mise en place d'un modèle de gouvernance fondé sur l'intégrité, la transparence et la recevabilité.

L'intervention onusienne a impliqué 16 Agences, Fonds et Programmes : « PNUD, HCDH, UNESCO, ONU Femmes, UNOPS, HCR, UNFPA, UNICEF, BIT, OMS, UNODC, ONUSIDA, OIM, FAO, ONUDI, PAM ». Cette aide s'inscrit dans la Stratégie de soutien au développement en Tunisie 2011-2014[28].

Pour mieux saisir l'intérêt de cette étude, il faudrait soulever les questions suivantes :

– Comment la nouvelle Constitution a pu adhérer au patrimoine démocratique commun, et dans quelle mesure les standards internationaux démocratiques ont été constitutionnalisés ?

– Quelle est l'ampleur du phénomène de l'internationalisation de la nouvelle Constitution sur l'évolution structurante des rapports que l'ordre juridique international entretient avec l'ordre constitutionnel tunisien ? Et

---

[28] Ce plan fait la jonction entre l'ancien « Plan-cadre des Nations unies pour l'aide au développement 2007-2011 », qui a été suspendu après la révolution et le nouveau « Plan cadre des Nations unies pour l'aide au développement 2015-2019 ».

quelle serait la nature de ces rapports : est-ce un monisme juridique en faveur du droit international ou une nouvelle articulation des rapports entre ces deux ordres dont les caractéristiques restent à définir ?

– Dans quelle mesure le processus constitutionnel a été marqué par l'internationalisation, à quel point a-t-il été approprié nationalement et de quelle légitimité bénéficie-t-il ?

À partir de l'ensemble de ces questions, on aboutit à une question centrale qui porte sur l'effet de l'internationalisation, à la fois, sur le texte de la Constitution lui-même, et sur le processus de son élaboration.

L'internationalisation normative de la Constitution tunisienne de 2014 a conduit à intégrer les valeurs et les référentiels de l'impératif démocratique **(Partie I)**. Cette internationalisation n'exclut pas l'appropriation nationale de la Constitution, confirmant ainsi sa légitimité démocratique **(Partie II)**.

PREMIÈRE PARTIE :

UNE CONSTITUTION MISCIBLE AUX STANDARDS DÉMOCRATIQUES INTERNATIONAUX

« Vos valeurs de démocratie, de liberté et de droits humains sont nos valeurs. Nous avons activement soutenu la transition démocratique [...] et la très précieuse Constitution de la Tunisie[1] ». C'est en ces termes que le secrétaire général des Nations unies, Ban Ki-moon, a salué les progrès réalisés en vue de la démocratisation du pays et a réitéré le soutien des Nations unies à la Tunisie pour l'aider à poursuivre dans cette voie.

À l'image de l'eau et de l'alcool qui sont miscibles, formant de ce fait un mélange homogène présentant une seule phase, se reflètent les relations systémiques qui se nouent entre l'espace normatif tunisien et l'espace normatif international. Par là même, ce processus s'inscrit dans une perspective rendant la Constitution tunisienne de 2014 conforme aux standards internationaux des droits de l'Homme. D'ailleurs, elle se présente comme étant une seule phase théoriquement transparente et sans contraste.

Les droits de l'Homme se présentent comme étant des droits non dérivés, non attribués, attachés à la nature même de l'Homme. Ils se caractérisent[2] par leur *« indépendance à l'égard de tout pouvoir, leur transcendance à toute volonté*[3] *»*. Il est certes véridique que le droit ne se réduit pas à la

---

[1] ONU info, « En visite en Tunisie, BAN KI-MOON salue les progrès réalisés pour démocratiser le pays », mis en ligne le 10 octobre 2014, consulté le 20 septembre 2018. Disponible sur : https://cutt.ly/3fC8RSZ.

[2] La citation reprend une réflexion de KANT, *« Dans l'Examen critique de la raison pure pratique, Kant l'entend comme "indépendance de la volonté" à l'égard de toute loi autre que la loi morale »*.

[3] S. LAGHMANI, « Pensées musulmanes et droits de l'Homme », in *Les Droits fondamentaux*, Y. MORINJ (dir.), Bruyant, Bruxelles, 1997, p. 155.

protection des droits fondamentaux, mais on ne peut s'empêcher de constater leur importance axiale au sein de l'ordre juridique international et des ordres juridiques nationaux.

Après examen, force est de constater que la Constitution tunisienne de la « IIe République » adopte des valeurs des droits de l'Homme. Il est à noter que ce volet remarquable s'inscrit dans une procédure de démocratisation suivant les événements de 2011. Les normes constitutionnelles et démocratiques jouent un rôle primordial dans l'exploration et la conservation des droits fondamentaux. Il est en outre essentiel de s'entendre sur la notion de « droits fondamentaux », notion qui jouit d'une importance grandissante dans les doctrines constitutionnelles. Pour s'inscrire dans une rigueur sémantique, il serait, ici, opérable d'admettre le sens globalisant et unificateur de cette expression[4]. Il s'agit en l'occurrence d'un terme fédérateur dépassant les dualités communément admises : Droits/Libertés, ou Droit interne/Droit international. Cette étude adopte une approche se basant sur le principe d'effectivité[5], étant donné que le terme de droit fondamental marque une volonté de détachement de l'abstraction. Cet aspect non concret qui dérange est synonyme de non-effectivité des droits de l'Homme[6]. L'effectivité telle que nous l'employons se définit par *« les effets concrets ou symboliques, les effets juridiques, qu'ils aient une force obligatoire ou simplement [...], économiques, sociaux ou de quelque autre nature, les effets désirés ou non voulus, prévus ou non intentionnels, immédiats ou différés, à la seule condition qu'ils n'entrent pas en contradiction avec les finalités des règles de droit évaluées[7] ».*

L'étude des droits fondamentaux en termes d'interpénétration entre ordres juridiques montre clairement que ces dits droits forment désormais un patrimoine constitutionnel commun. Pour répondre aux ambitions démocratiques de la société tunisienne, la nouvelle Constitution ne pouvait qu'adhérer à ce patrimoine **(Titre I)**, se plaçant ainsi au centre des rapports entre le droit international et le droit national **(Titre II)**.

---

4 A. AUER, « Les droits fondamentaux et leur protection », *Pouvoirs*, 1987, p. 88.

5 Y. LEROY, « La notion d'effectivité du droit », *Droit et Société*, 2011, pp. 715-732.

6 Selon E. PICARD, *« la notion de fondamentalité ne ressort pas seulement de l'esprit du texte au moment où il a été produit [...] mais désormais, de l'esprit du temps dans lequel il est lu et des réalités générales et particulières dans lesquelles il s'inscrit et doit s'appliquer ».*

7 Y. LEROY, « La notion d'effectivité du droit », *Droit et Société*, 2011, p. 718.

TITRE I :

Une constitution adhérant au patrimoine constitutionnel commun : projet d'une société à ambitions démocratiques

« La situation mondiale née de la [Seconde] Guerre [mondiale] a porté d'un seul coup le droit comparé à ses conséquences les plus avancées. Laissant de côté les fins d'ordre national que le droit comparé peut se proposer... on doit le considérer comme une science susceptible de provoquer un rapprochement continu entre les législations soumises à comparaison et de tirer de l'apparente diversité un fond commun d'institutions et de principes qui y est latent. Le droit comparé est ainsi amené à reconnaître un ensemble de principes communs, conduisant, comme à un lointain mirage, vers leur propre unification[1] ».

Dans cette perspective, Delmas-Marty SARFATTI met en exergue la contradiction existante au niveau de la fonction identitaire. Il est en effet apparent que la dualité au sein des droits fondamentaux, que ce soit des libertés publiques en droit interne ou encore des droits de l'Homme en droit international, est à mettre en relation avec la diversité des cultures juridiques ainsi que leur fonction *« universalisante »*, voire même *« humanisante[2] »*. Ce rôle imparti porte vers un rapprochement, une harmonisation tendant vers l'uniformité. Ce constat découle d'une observation plus axée des différents ensembles juridiques de plus en plus

---

[1] D. M. SARFATTI, « Le droit comparé en fonction de l'unification du droit », *Revue internationale de droit comparé*, 1951, p. 71.

[2] Commission européenne pour la démocratie par le droit : en coopération avec la Cour constitutionnelle de Croatie. La protection des droits fondamentaux par la Cour constitutionnelle : Actes du Séminaire UNIDEM organisé à BRIONI, Croatie (23-25 octobre 1995), Strasbourg, Éd. du Conseil de l'Europe, 1996, p. 17.

perméables et ce plus spécifiquement dans le domaine de la protection des droits fondamentaux.

Si l'on se penche sur le cas tunisien marqué par la transition du moment révolutionnaire, où *« le peuple veut »*, à la révolte au moment constitutionnel, où *« le peuple événement fait place au peuple référent*[3] *»*, on constate que le processus de cette représentation a permis que la Constitution de 2014[4] ait pour lignes directrices les droits et les libertés individuelles. Cette perspective nouvelle permet à la Constitution de 2014 de rejoindre les normes constitutionnelles internationales actuelles. La Tunisie en transition démocratique renforce alors son adhésion à la démocratie par la consécration de plus en plus de l'État de droit, à travers la consécration des droits fondamentaux dans sa nouvelle Constitution.

La nouvelle Constitution établit une profonde réforme afin de renforcer les principes de base tirés du constitutionnalisme international qui vont représenter l'assise pour une bonne consécration des droits de l'Homme **(Chapitre I)**. S'appuyant sur cette assise, la nouvelle Constitution tunisienne est parvenue à consacrer « l'idéal commun » en matière des droits de l'Homme **(Chapitre II)**.

---

[3] B. JEAN-PHILIPPE, « Le peuple est-il soluble dans la Constitution ? Leçons tunisiennes », *Revue L'Année du Maghreb*, 2013, p. 67.

[4] Le 26 janvier 2014, l'ANC a adopté la nouvelle Constitution avec 200 voix pour. Un consensus qui répond aux exigences d'un État de droit en termes de protection des droits de l'Homme.

CHAPITRE I :

Le **renforcement des principes tirés** du **constitutionnalisme international : assise d'une bonne consécration des droits de l'Homme**

L'année 2011 a marqué en Tunisie, puis au monde arabe, la naissance d'un nouveau constitutionnalisme qui s'emploie à restaurer la séparation et l'équilibre des pouvoirs et à renforcer constitutionnellement les bases d'un État de droit.

La Charte des Nations unies traite de la notion d'État de droit[1], d'ailleurs son préambule indique que l'une des finalités de l'organisation consiste à *« créer les conditions nécessaires au maintien de la justice et du respect des obligations nées des traités et autres sources du droit international »*. Cette notion est également traitée dans la Déclaration universelle des droits de l'homme de 1948[2] ; celle-ci affirme, en outre, à ce propos qu'*« il est essentiel que les droits de l'homme soient protégés*

[1] J. CHEVALLIER, « L'État de droit », *Revue des sciences sociales du politique*, 1994, pp. 163-165, M. FROMONT, « République fédérale d'Allemagne. L'État de droit », *Revue du droit public et de la science juridique en France et à l'étranger*, 1984, p. 1205, T. V. MINAH, « Réflexions sur l'État de droit dans le tiers-monde », in *Mélanges Gonidec, L'État moderne*, Horizon 2000, Paris, LGDJ, 1985, p. 275.

[2] « La DUDH définit les droits civils, politiques et sociaux qui devraient revenir à tout être humain en raison de sa dignité intrinsèque. La protection de la personne humaine est garantie par trente articles qui comprennent, notamment, le droit à la vie, l'interdiction de l'esclavage, l'interdiction de la torture, l'interdiction d'arrestations et de détentions arbitraires, etc., les droits procéduraux (le droit à des moyens de recours efficaces, etc.), les libertés et droits fondamentaux classiques comme par ex. la liberté d'opinion, la liberté de religion, le droit à la propriété ou la liberté matrimoniale, ainsi que les droits économiques, sociaux et culturels (le droit à la sécurité sociale, le droit au travail, le droit à l'alimentation et à la santé, le droit à l'éducation) ». Disponible sur : https://cutt.ly/2fC7Sfu.

par un régime de droit pour que l'homme ne soit pas contraint, en suprême recours, à la révolte contre la tyrannie et l'oppression ».
C'est dans cette perspective que nous étudierons respectivement les principes du constitutionnalisme international ou grands principes de l'architecture constitutionnelle auxquels s'est inscrite la nouvelle Constitution, notamment le principe de la primauté du droit **(Section 1)** et le principe du pluralisme **(Section 2)**.

Section 1 :
La consécration du principe de la primauté du droit

DICEY affirme que : ***« Le Roi lui-même ne devrait pas être assujetti à un homme, mais à Dieu et à la loi, car c'est la loi qui le fait Roi*[3] *»*. La citation de cet éminent juriste met en exergue le principe de l'égalité de tous sous la loi[4]. Ce principe s'inscrit d'emblée dans les principes constitutionnels fondamentaux, et s'applique par ailleurs dans de nombreux États, conformément aux valeurs communément admises[5].

Tout en considérant la Constitution tunisienne de la Seconde République, on ne peut passer sous silence le rôle central qu'occupe le principe de primauté du droit. L'essence même de ce principe et des liens qu'il entretient avec d'autres principes fondamentaux est sujette à polémique. En outre, le but de cette étude n'a pas pour prétention de clore le débat, mais il s'agit d'une tentative de saisir les manifestations de ce principe notamment à travers la consécration de la volonté du peuple **(Paragraphe 1)** et le renforcement de l'État de droit **(Paragraphe 2)**.

---

[3] BRACTON, juge et ancien auteur sur le droit anglais, qui avait déclaré : L'expression anglaise « rule of law » nous vient du juriste anglais DICEY, qui l'a formulée dans son ouvrage intitulé *Introduction to the Study of the Law of the Constitution* (1885).

[4] En France, le Conseil constitutionnel dans sa décision du 27 décembre 1973 et du 22 août 2002 a affirmé la valeur constitutionnelle du principe d'égalité. Ce principe a été consacré aussi par le juge administratif. Selon lui, *« le principe d'égalité est un principe général du droit ou un principe écrit lorsqu'il s'agit de l'égalité devant la loi »*.

[5] Le principe d'égalité se concrétise en sous-principes : égalité d'accès des usagers au service public, égalité de traitement, égalité d'accès aux fonctions publiques, égalité devant les charges publiques. Il demeure un principe essentiel dans le champ des politiques publiques.

Paragraphe 1 : La volonté du peuple, assise du régime représentatif

L'internationalisation de la nouvelle Constitution s'introduit à travers la réforme du modèle constitutionnel tendant de plus en plus vers une uniformisation à laquelle va adhérer la Tunisie en transition démocratique. Le mécanisme suit, par cette logique, la voie de l'imitation et de l'influence mutuelle.

Sous cet angle de vision, nous pouvons communément admettre que le droit constitutionnel peut servir de source d'inspiration à étendue internationale. Le professeur Yadh BEN ACHOUR adopte cette vision et présente cette internationalisation sous une perspective sociologique, il admet qu'il s'agit de l'idéologie constitutionnaliste en ce qui est des principes de la volonté du peuple **(A)** et du régime représentatif **(B)**.

A. La volonté du peuple

Dans le paragraphe 5 de la nouvelle Constitution, il est annoncé d'emblée dans le préambule cette conception de la volonté du peuple. L'article 2 qui lui est consacré dispose en ces termes que : *« La Tunisie est un État civil, fondé sur la citoyenneté, la volonté du peuple et la primauté du droit. Le présent article ne peut faire l'objet de révision*[6] *»*.

Cette conception moderne des nouveaux systèmes démocratiques accorde au peuple la possibilité de s'exprimer en manifestant, voire en imposant ses propres choix, et ce, par des moyens légaux. Le peuple est désormais capable d'intervenir quant aux questions qui le concernent que ce soit du domaine politique, économique, social, culturel ou tout autre sujet pouvant comporter un intérêt public crucial[7].

Il doit exister une nuance entre la notion de « volonté du peuple » et celle de « souveraineté du peuple[8] », puisque la première mène par effet

---

[6] Article 2 de la Constitution tunisienne de 2014.

[7] Dictionnaire des termes et expressions de la Constitution tunisienne de 2014 (dir.), R. BEN ACHOUR et H. GUELDICH, S. GOUIA, 2014, p. 45.

[8] *« La souveraineté du peuple, le primat de la volonté générale sur les volontés particulières, l'égalité des droits, les concepts éminents de la doctrine jacobine telle que la prônent les orateurs révolutionnaires à la Convention, et en particulier leur chef de file, Robespierre, s'appuient sur des postulats anthropologiques aux conséquences sociales, hérités du rousseauisme : la nature a créé l'homme bon, libre, et perfectible la vie sociale l'a corrompu, sa réforme passe par la réforme des institutions sociales et le développement de ses facultés naturelles par l'éducation, au sens large, et l'instruction »*,

de causalité à la seconde. Signalons, toutefois, que la notion de volonté du peuple n'a pas pris sa pleine dimension dans la Constitution de 1959, où elle a été simplement évoquée pour rendre hommage à la volonté du peuple qui avait réussi à mettre fin au protectorat français[9].

Il est essentiel de préciser que la finalité du politique n'est pas de faire croître les divergences en les faisant évoluer chacune dans un sens. Il est nécessaire de recadrer son but qui n'est autre que l'unification des volontés afin que l'application de la législation soit conforme à une volonté universellement déterminée[10].

Les philosophes KANT et ROUSSEAU sont en désaccord concernant leurs visions relatives au régime politique représentatif. KANT affirme qu'il est essentiel pour les Constitutions d'adopter un « régime représentatif », quant à ROUSSEAU, il conteste cette idée. À la lecture de KANT, on est troublé par une certaine incertitude, en effet on ne retrouve à aucun moment, de manière clairement formulée, une équivalence entre un « régime représentatif » et un « gouvernement représentatif », en l'occurrence, on ne peut affirmer qu'il s'agit d'un fait reconnu. En soumettant la notion de « représentation », il évoque un régime basé sur la séparation des pouvoirs. On peut conclure suite à cette réflexion que « représentation » équivaut pour le philosophe à « séparation des pouvoirs ». Il en découle par ailleurs que l'acception de Kant quant au régime représentatif ne se réfère aucunement à une institution ou à un gouvernement représentatifs. Néanmoins, la « représentation populaire » a besoin d'être prise dans son ensemble, pour être considérée comme une vraie représentation politique *« Volksvertretung*[11] *»*.

J. BOULAD-AYOUB, « Le concept de souveraineté du peuple : de Rousseau à la Déclaration des droits de '93 », *Man and Nature/L'Homme et la Nature*, p. 13.

[9] Dictionnaire des termes et expressions de la Constitution tunisienne de 2014, *op. cit.*, p. 58.

[10] D. MINEUR, « Représentation et régime représentatif chez Kant », *Revue française d'histoire des idées politiques*, 2005, p. 78.

[11] A. PHILONENKO affirme bien que : *« L'idée fondamentale de cette philosophie juridique en un sens foncièrement réaliste est que la souveraineté se délègue, d'abord aux représentants du peuple, les députés, puis à la personne désignée comme souveraine. Kant va même plus loin en affirmant que la souveraineté du peuple n'est qu'un être de raison (représentant le peuple entier) tant qu'il n'y a pas encore de personne physique qui représente la puissance suprême de l'État et qui procure à cette Idée son efficacité sur la volonté du peuple »*, mais PHILONENKO se borne par ailleurs à noter que *« dans la Doctrine du droit, Kant semble avoir voulu montrer qu'en définitive tout se ramenait à la personne souveraine sans mettre en évidence le rapport conceptuel entre la conception kantienne de la souveraineté du peuple qui en fait une Idée et par conséquent,*

En continuant sur la lancée de Kant, on aboutit à la fin de sa réflexion que le « régime représentatif » est considéré comme essentiel dans une perspective où la volonté universelle est prise en compte dans la législation, de manière à ce que la représentation puisse inclure la volonté de tous. Néanmoins, cette aptitude est attribuée exclusivement aux représentants car ayant la possibilité de résumer la volonté universelle. Cette représentation reste toutefois incapable d'atteindre une totalité unifiée.

Le système représentatif[12], qui n'est autre qu'une mise en abyme de la pluralité populaire sous l'égide d'une unification ayant pour ligne directrice un vouloir universel, serait qualifié en d'autres termes de « délégation ». C'est d'ailleurs clairement formulé dans la Déclaration universelle des droits de l'homme dans son article 21 alinéa 3, où on peut lire que la volonté du peuple constitue le *« fondement de l'autorité des pouvoirs publics »*. La Constitution tunisienne s'est approprié la philosophie explicitement clarifiée dans le cadre de cet article.

En outre, la volonté populaire, considérée comme étant la base du pouvoir et du droit constitutionnel, permet de légitimer les régimes politiques dans toutes les Constitutions du monde, d'ailleurs ceci se présente comme étant une règle universelle. La volonté populaire demeure, d'un commun accord universel, la base de l'État, peu importe le régime politique[13].

B. Le régime représentatif

Il conviendrait de commencer par définir ce qu'est la représentation. On entend par celle-ci un acte qui consiste à mandater une personne ou un groupe de personnes afin de représenter une ou d'autres personnes que ce soit par l'action ou par la parole. Par définition, tout gouvernement

---

avant tout, une représentation et l'importance attribuée au chef de l'État en tant qu'il remplit une fonction de représentation, dans les deux sens du terme ».

12 P. PACTET, *Institutions politiques, droit constitutionnel*, A. Colin, 26e éd., 2007, p. 85. Dans ce même contexte, le professeur GICQUEL écrit qu'un *« État est démocratique, lorsque le peuple dispose de la souveraineté, que les gouvernés sont leurs propres gouvernants, en un mot, que le pouvoir est attribué à l'universalité des citoyens, conformément aux principes de l'égalité juridique et des droits fondamentaux »* : J. GICQUEL, *Droit constitutionnel et institutions politiques*, Montchrestien, 2003, p. 186.

13 P. ARDANT, *Institutions politiques et droit constitutionnel*, L.G.D.J., 2006.

démocratique puise sa légitimité dans la représentation[14]. En effet, les souverains exercent le pouvoir qui leur est accordé par le biais de représentants qui ont été désignés par voix électorale au suffrage universel, qu'il soit direct ou indirect. Par conséquent, les assemblées et les conseils élus sont des autorités représentatives à travers lesquelles le peuple exerce la souveraineté ; les membres qui les composent sont des représentants[15].

Les règles du *« suffrage universel, libre, direct, secret, honnête et transparent*[16] *»* sont prévues par plusieurs articles de la Constitution de 2014, dans le cadre des élections législatives, présidentielles et locales. Ajoutons à cela que l'article 34 traite des *« droits d'élection, de vote et de se porter candidat »*.

Le régime représentatif tunisien a fait un grand pas en avant en octroyant, d'un côté, aux Tunisiens résidant à l'étranger le droit de devenir représentants, et en prévoyant, de l'autre côté, l'élection des représentants aux conseils des collectivités locales.

Il est à noter que moult débats ont eu lieu au sein de l'ANC concernant certaines questions soulevées par ce processus de transition. Tout d'abord il s'agit de la limite d'âge pour être éligible à la présidentielle. Cette controverse a suscité maintes polémiques car certains candidats éventuels aux élections présidentielles de 2014 ont été mis sous les projecteurs, avec l'objectif de les empêcher de présenter leurs candidatures. Ce débat s'est finalement soldé par une décision de la commission des consensus, qui a supprimé la limitation d'âge dans le cadre de la candidature à la magistrature suprême, anciennement limitée à 75 ans, et qui a, par ailleurs, réduit l'âge minimal à 35 ans.

Puis, il a été question d'accorder ou non le droit aux binationaux d'être candidats aux élections présidentielles. Il est à noter que cette problématique est d'autant plus fragile qu'il est essentiel de considérer la population tunisienne détenant une double nationalité. Suite à l'implication importante de la société civile et des membres binationaux de l'ANC, une décision a été prise, au cours d'une séance plénière

---

[14] J. ROMILLY, *L'Élan démocratique dans l'Athènes ancienne*, De Fallois Éditions, 2005. G. LAVAU, La démocratie, in M. GRAWITZ, J. LECA, *Traité de science politique, Les régimes politiques contemporains*, PUF, 1985, p. 44.

[15] Dictionnaire des termes et expressions de la Constitution tunisienne de 2014, *op. cit.*, p. 60.

[16] Art. 55,75 et 133 de la Constitution tunisienne de 2014.

tumultueuse, par le vote de l'article 74[17], permettant aux binationaux d'être candidats à la fonction suprême.

Dans cet esprit, il existe une autre manifestation de la relation entretenue entre la démocratie et l'État de droit ; il s'agit bel et bien de la justice électorale. Elle permet de garantir la légalité de toute décision, action ou procédure en lien avec les élections gérées par l'instance chargée de l'organisation des élections. Elle veille à ce que les droits des électeurs et des élus soient respectés et protégés. Afin de veiller au bon déroulement électoral, tout citoyen ayant eu affaire à une injustice quelconque est en droit de porter plainte devant le juge électoral. Il est évident d'affirmer que pour assurer le bon fonctionnement d'un État de droit et pour garantir le bon fonctionnement démocratique avec des élections libres, justes et transparentes, il est primordial d'adopter un système de justice électoral.

La Commission mondiale sur la démocratie et la sécurité a présenté dans un rapport datant dc 2012[18] une énumération des éléments nécessaires au bon déroulement du processus démocratique. Il faudrait de ce fait des élections intègres, basées sur l'égalité, la transparence et la responsabilité. Il est sans dire que pour garantir le bon fonctionnement de ce processus, il était nécessaire de voir intervenir d'autres instruments internationaux. Citons, à cet effet, le Pacte international relatif aux droits civils et politiques, la Convention sur l'élimination de toutes les formes de discrimination à l'égard des femmes et la liste est encore longue[19].

En effet, l'une des principales difficultés serait la réalisation d'élections intègres et transparentes, conditions essentielles pour un État de droit. Il est donc primordial d'instaurer une justice électorale afin de permettre un recours juridique garantissant les droits de chacun, et ce,

---

[17] L'article 74 dispose que : *« La candidature à la présidence de la République est un droit pour toute électrice et pour tout électeur jouissant de la nationalité tunisienne par la naissance, et étant de confession musulmane. Le jour du dépôt de candidature, le candidat doit être âgé de 35 ans minimum. S'il est titulaire d'une autre nationalité que la nationalité tunisienne, il doit présenter dans le dossier de candidature un engagement stipulant l'abandon de l'autre nationalité à l'annonce de son élection en tant que président de la République. Le candidat doit être coopté par un certain nombre de membres de l'Assemblée des représentants du peuple ou de présidents des conseils de collectivités locales élus ou d'électeurs inscrits, tel que prévu par la loi électorale ».*

[18] Commission mondiale sur les élections, la démocratie et la sécurité, Renforcer la démocratie : une stratégie pour améliorer l'intégrité des élections dans le monde, une initiative conjointe de la Kofi ANNAN Foundation et International IDEA, septembre 2012. Disponible sur : https://cutt.ly/ifBZo8V.

[19] S. GOYARD-FABRE, *Qu'est-ce que la démocratie ?*, Armand Colin, 1998, p. 63.

pour garantir des élections[20] libres, transparentes et incontestables. La loi est le maître-mot de tout ce processus, puisqu'elle est l'œuvre du peuple souverain. Il s'agit d'ailleurs de la ligne directrice pour pouvoir affirmer qu'il est question d'un État démocratique, étant donné que les droits de l'Homme et du citoyen sont le but ultime derrière tout ce processus[21].

Paragraphe 2 : Le renforcement de l'État de droit

Pour pouvoir parler d'un État de droit, il faut comme condition *sine qua non* un texte constitutionnel, qui permette de dénombrer les différents aspects et caractéristiques de cette structure[22]. Le droit international n'est pas moins concerné par cette question. En témoigne la déclaration de l'Assemblée générale des Nations unies du 24 septembre 2012, qui prévoit que : *« les droits de l'Homme, l'État de droit et la démocratie sont interdépendants, se renforcent mutuellement et font partie des valeurs et des principes fondamentaux, universels et indissociables de l'Organisation des Nations unies*[23] *»*. Lorsque les valeurs de l'État de droit sont bien établies, l'accession au pouvoir ne peut se réaliser que grâce à un processus démocratique. Un gouvernement démocratiquement élu est censé répondre aux besoins des citoyens en garantissant leurs intérêts. C'est dans ce contexte qu'on va tout d'abord en révéler la portée **(A)** pour énumérer ensuite ses impératifs **(B)**.

A. La portée de l'État de droit

L'État de droit est une notion englobante couvrant un mode particulier de gouvernance, un ensemble de principes et de libertés tournant autour de l'Homme et du citoyen.

---

[20] Ainsi d'autres défis comme : la création d'organismes électoraux professionnels, compétents ; la création d'institutions et de normes de la concurrence multipartite et la division du pouvoir ; l'élimination des obstacles à la participation politique de tous les citoyens ; et la réglementation des finances politiques incontrôlées, non divulguées et opaques.

[21] B. MANIN, *Principes du gouvernement représentatif*, Calmann-Lévy, janvier 1995, p. 209.

[22] Préambule et articles 1. 2. 6. 7. 8. 10. 12. 13. 14. 16. 17. 32. 33. 34. 38. 39. 40. 43. 44. 45. 46. 47. 48. 49. 54. 66. 67. 72. 77. 80.

[23] Voir para. 5 dans la « Déclaration de la Réunion de haut niveau de l'Assemblée générale sur l'état de droit aux niveaux national et international » (A/67/L.1), 19 septembre 2012, disponible sur : https://cutt.ly/QfBXvRB.

Cette notion représente la base même de la démocratie[24]. La consolidation de l'État de droit va au-delà des modèles ou encore des règles posées par le législateur. En effet, le gouvernant occupe une place essentielle pour assurer la protection des droits de chacun en s'inscrivant dans une logique de gouvernance plus vaste visant le développement humain. L'État de droit et la démocratie se rejoignent sur un point commun, en effet le cadre théorique à lui seul avec toutes ses procédures, ses règlements et ses bien-fondés ne peut pas suffire. Il est certes nécessaire d'avoir un cadre institutionnel formel mais le cadre pratique doit confirmer la mise en application du cadre théorique longuement réfléchi.

Pour conclure cette réflexion, il est à noter que la démocratie s'inscrit dans une vision d'un État de droit régi par la loi. En effet, il est primordial de poser des limites au pouvoir ; ces limites représentent autant de garanties pour le peuple qui est la source de tous les pouvoirs.

L'État de droit se perçoit dans son lien avec des accomplissements d'une certaine ampleur tels que la justice et la gouvernance démocratique. La dualité entre l'aspect « formel » et l'aspect « substantiel » de l'État de droit représente une différence à mettre en exergue[25].

Les notions d'« État de droit » et de « démocratie[26] » sont complémentaires, surtout quand on a affaire à une définition générique de l'État de droit. Dans ce cas de figure, il faudrait un cadre formel et procédural pouvant lui accorder plus de légitimité. Il existe un lien étroit entre ce qui est « formel » et ce qui est « substantiel », ces deux perceptions de l'État de droit peuvent aller dans un sens comme dans un autre : elles peuvent être « modestes » ou « exigeantes ». Pour synthétiser, on peut dire que l'une met en exergue le processus de formulation et d'application des règles, alors que l'autre, plus rigoureuse, a pour objectif la protection des droits et le développement humain[27].

L'État de droit tel qu'il se définit par la perception « exigeante » doit être constitué d'une Constitution solide, d'élections dans les normes, d'actions visant à garantir l'égalité des droits et des devoirs entre les sexes, d'un cadre légal protégeant toute minorité et d'une société civile active.

---

[24] M. TROPER, « Démocratie continue et justice constitutionnelle », in D. ROUSSEAU (dir.), *La démocratie continue*, LGDJ, 1995, pp. 132-133.

[25] P. BRAUD, *La Démocratie politique*, Seuil, coll. Points Essais, 2003, p. 121.

[26] O. OUANJAN, « L'État de droit démocratique », *Histoire constitutionnelle*, 2017, p. 56.

[27] M. DUVERGER, *Institutions politiques et droit constitutionnel, Les grands systèmes politiques*, PUF, Thémis, 1980, p. 92.

Un État de droit, soutenu par un cadre juridique, permet de garantir les droits de chacun. En effet, il défend les droits civils, les droits politiques ; consacre l'égalité entre les citoyens et respecte la dignité de tous. Le respect de ces valeurs sert de référence permettant de juger du bon fonctionnement des différents organismes et de repérer tout dépassement dans le cadre étatique[28].

Dans les rapports sur l'État de droit de 2004, le secrétaire général des Nations unies, Kofi ANNAN, a cité des acceptions exigeantes de l'État de droit en affirmant que l'ONU le définit comme étant : *« un principe de gouvernance en vertu duquel l'ensemble des individus, des institutions et des entités publiques et privées, y compris l'État lui-même, ont à répondre de l'observation de lois promulguées publiquement, appliquées de façon identique pour tous et administrées de manière indépendante, et compatibles avec les règles et les normes internationales en matière de droits de l'Homme. Il implique, d'autre part, des mesures propres à assurer le respect des principes de la primauté du droit, de l'égalité devant la Loi, de la responsabilité au regard de la Loi, de l'équité dans l'application de la Loi, de la séparation des pouvoirs, de la participation à la prise de décisions, de la sécurité juridique, du refus de l'arbitraire et de la transparence des procédures et des processus législatifs*[29] *»*.

En outre, le secrétaire général BAN KI-MOON se référera, à propos de la démocratie, à cette définition dans le cadre de sa note d'orientation de 2009 ; il confirme la participation active de l'ONU qui offre soutien au : *« développement de la législation et au renforcement des institutions législatives, exécutives et judiciaires en vertu de ces principes pour assurer qu'elles ont la capacité, les ressources et l'indépendance nécessaires pour jouer leurs rôles respectifs*[30] *»*.

Elles proposent un soutien quant à la réalisation de la Constitution sur plusieurs niveaux : à l'échelle juridique nationale, au niveau des institutions de justice, dans le cadre de gouvernance, à propos de la sécurité et des droits de l'Homme, concernant la justice transitionnelle et enfin au niveau du renforcement de la société civile. Ainsi, cette structure engagée contribue activement dans le processus de l'État de droit à l'échelle nationale.

---

[28] S. MILACIC, « Faut-il réinventer la démocratie ? Du néodémocratisme pour équilibrer le néolibéralisme », Politeia, 2004, p. 446.

[29] « L'État de droit et la justice transitionnelle dans les sociétés en situation de conflit ou d'après conflit », 23 août 2004. Disponible sur : https://cutt.ly/4fBXPoQ.

[30] Voir la note d'orientation du secrétaire général sur la démocratie, disponible sur : https://cutt.ly/cfBXJpD.

Pour mener à bien une telle entreprise, il est essentiel de délimiter le cadre en adoptant une approche guidée par des principes fondamentaux. D'où la contribution active du secrétaire général concernant la stratégie des Nations unies pour l'assistance aux pays en matière d'État de droit de 2008. Il est cependant utile de préciser que dans sa note d'orientation de 2009, concernant l'assistance quant à l'élaboration des Constitutions, il a exposé les constituants des mécanismes de réalisation des Constitutions et affirmé qu'ils correspondent à des axes essentiels aux transitions démocratiques. La Constitution pose les assises des droits fondamentaux. C'est dans cette mesure que l'État de droit exige la mise en application de ces fondements prioritaires à toutes les autres lois.

La procédure de révision peut présenter certaines contraintes car les Constitutions ont tendance à vouloir ancrer et pérenniser les valeurs et les principes qu'elles véhiculent. D'ailleurs dans certaines Constitutions, la procédure de révision est tellement difficile à mettre en œuvre qu'elle en devient presque impraticable. Le cadre juridique, sous l'égide de la loi, a pour fonction de garantir l'État de droit. Pour pouvoir évoquer un État de droit, il est impératif d'avoir accès aux droits basiques : avoir recours à la justice et être en droit d'avoir un procès équitable[31].

Dans cette perspective, l'acception de l'État de droit[32] n'est pas récente en Tunisie, que ce soit dans les domaines politique, juridique ou institutionnel. Ce concept s'inscrit dans un mouvement de propagation qui touche une grande partie des États du monde, c'est dans cette mesure qu'on peut affirmer être dans une acception de « communauté de valeurs » dont l'État de droit est contributif. D'ailleurs, la littérature juridique et politique met en exergue un tel développement, en ce qui concerne essentiellement le Droit constitutionnel dont l'axe central est le constitutionnalisme, la démocratie, la bonne gouvernance, les droits de l'Homme et l'État de droit[33]. Cette marée montante de l'État de droit a englobé, entre autres pays, la Tunisie.

---

[31] International IDEA, A Practical Guide to Constitution Building: Principles and Cross-cutting Themes, Stockholm, 2012, p. 17-18. Disponible sur : https://cutt.ly/0fBXNFD.

[32] K. TUORI, « L'État de droit », in *Traité international de droit constitutionnel*, sous la direction de M. TROPER, D. CHAGNOLLAUD, Dalloz, Paris, 2012, p. 649.

[33] J.-E. GICQUEL, *Droit constitutionnel et Institutions politiques*, Paris, Montchrestien, 2011, p. 11 ; P. PACTET et F. MELIN-SOUCRAMANIEN, *Droit constitutionnel*, Paris, Dalloz, 2012, p. 2 ; FAVOREU L., *Droit constitutionnel*, Paris, Dalloz, 2012 ; P. ARDANT, et B. MATHIEU, *Institutions politiques et droit constitutionnel*, Paris, LGDJ, 2008, p. 50.

Le Préambule de la Constitution tunisienne accorde une place de choix à l'islam sans pour autant faire de la Tunisie un État islamique. Il y est précisé qu'il s'agit bel et bien d'un État civil sous l'égide de la loi, de la volonté populaire et les *hauts principes universels des droits de l'Homme*. Notons que l'article 145 accorde au préambule la même valeur que le reste de la Constitution. Ainsi, la Constitution tunisienne s'inscrit dans la continuité des nouveaux textes dits « modernes » et ce d'autant plus qu'on y retrouve l'ensemble des droits et des libertés fondamentaux, avec certes quelques limitations, et une Cour constitutionnelle garantissant l'effectivité de ces droits.

Cela dit, le cadre théorique ne peut à lui seul garantir totalement le respect de ces droits. C'est pourquoi Jacques Chevallier considère que *« la référence à l'État de droit qu'on retrouve dans les Constitutions nouvelles des pays en transition »* doit traduire *« une volonté d'adhésion à un certain modèle d'organisation politique d'inspiration libérale »*. Il développe d'ailleurs la question en affirmant que l'État de droit, en tant qu'indicateur de la transition, serait le référent permettant la visibilité des changements politiques. Par conséquent, adopter le titre d'État de droit accorde une légitimité étatique aux États dans un processus de démocratisation car il s'agit indéniablement de la référence incontestable. Cependant, il faut se méfier de certaines appellations fallacieuses car prétendre être un État de droit[34] n'est pas forcément véridique vu le cas de certains pays du monde s'affirmant comme tels sans pour autant l'être.

L'État de droit servira de passerelle entre les sociétés à l'échelle nationale puis à l'échelle internationale. Il est lié par ailleurs à plusieurs axes comme par exemple la démocratie, la gouvernance adaptée et les droits de l'Homme ; à ceci s'ajoute un travail acharné pour garantir la paix, la sécurité, la stabilité et le développement via la séparation des pouvoirs législatifs, exécutifs et judiciaires.

Plusieurs polémiques ont été soulevées lorsque l'ANC a entamé la discussion relative à la séparation des « pouvoirs législatif et exécutif, et des relations entre ces deux pouvoirs[35] ». Au commencement du processus tunisien, Ennahdha et ses partisans ont pris le parti de défendre le régime parlementaire, or la majorité des différents partis élus à l'ANC

---

[34] C. GOYARD, *L'État de droit et la démocratie*, *op. cit.*, p. 300.

[35] La Commission des experts a été composée, notamment d'Iyadh BEN ACHOUR, Hafidha CHKIR, Mohamed Salah BEN ISSA, Mohamed GUESMI et Abdelkader MHIRI pour la précision linguistique.

voulaient d'un régime présidentiel contrôlé, instaurant un système de limitation des pouvoirs pour moduler tout excès.

B. Le respect de la séparation des pouvoirs et la hiérarchie des normes au cœur des impératifs de l'État de droit

Limiter le pouvoir est essentiel pour le bon fonctionnement de l'État de droit[36]. Tout au long de leur combat contre l'absolutisme et le despotisme, les sociétés modernes ne faisaient que lutter contre le pouvoir illimité. Mettre fin à un tel pouvoir représente le but ultime de la théorie constitutionnelle libérale.

Vu les tensions qui avaient accompagné la discussion de certains articles traitant du partage des pouvoirs, la commission du consensus s'est vue dans l'obligation de recourir au comité mixte de coordination et de rédaction. Suite à cette intervention externe, la décision a été tranchée en faveur du Parlement et du Gouvernement qui bénéficient de pouvoirs plus importants que ceux du président de la République. Il est à préciser que cette décision s'applique malgré le fait que le président soit élu au suffrage universel.

La répartition des pouvoirs entre les deux têtes du pouvoir exécutif a pris sa forme finale dans le quatrième projet de Constitution datant du 1er juin 2013, et ce, conformément aux résultats auxquels avait abouti le Dialogue national[37].

Selon l'article 71 de la Constitution, *« le pouvoir exécutif est exercé par le président de la République et par un Gouvernement présidé par le chef du Gouvernement »*. Certes, le régime est essentiellement parlementaire, basé autour de *l'Assemblée des représentants du peuple*, dont le gouvernement et son chef retirent leur légitimité, mais il ne faut pas non plus omettre que la Constitution accorde une place non négligeable au chef de l'État, élu au suffrage universel direct. Ce dernier se voit accorder des prérogatives propres et d'autres partagées avec le chef du Gouvernement. Le régime politique en vigueur est donc mixte, avec un exécutif bicéphale.

S'agissant des prérogatives du résident de la République elles ont été définies essentiellement dans l'article 77, où il y est mentionné : *« Le président de la République représente l'État. Il détermine les politiques générales dans les domaines de la défense, des relations étrangères et de*

---

[36] J. CHEVALLIER, *L'État de droit*, RDP, 1988, p. 365.

[37] La deuxième étape, celle dite du palais Dar Dhiafa à Carthage, organisée par la présidence de la République et à laquelle ont participé sept des plus importants partis.

la sécurité nationale relative à la protection de l'État et du territoire national, contre toutes menaces intérieures ou extérieures, après consultation du chef du Gouvernement ». D'après le même article, le président de la République est également habilité à :

– dissoudre l'Assemblée des représentants du peuple conformément aux cas énoncés par la Constitution ;

– présider le Conseil de la sécurité nationale auquel il convoque le chef du Gouvernement et le président de l'Assemblée des représentants du peuple ;

– prendre les mesures qui doivent être adoptées dans des circonstances exceptionnelles, après consultation du chef du gouvernement[38] ;

– ratifier les traités et ordonner leur publication ;

– assurer le haut commandement des forces armées ;

– déclarer la guerre et conclure la paix après approbation de l'Assemblée des représentants du peuple à la majorité des trois cinquièmes de ses membres.

Il a, par ailleurs, conformément à l'article 79, la possibilité de s'adresser à l'Assemblée des représentants du peuple.

À cela s'ajoute un large pouvoir de nomination. Il procède, par voie de décrets présidentiels à la nomination et la révocation dans les hautes fonctions militaires, diplomatiques et relatives à la sécurité nationale, après consultation du chef du Gouvernement[39] ; la nomination du gouverneur de la banque centrale sur proposition du chef du Gouvernement, après approbation de la majorité absolue des membres de l'Assemblée des représentants du peuple (art. 78) ; la nomination, par décret présidentiel, des hauts magistrats, après concertation avec le chef du Gouvernement et sur proposition exclusive du Conseil supérieur de la magistrature. Les magistrats sont également nommés par décret présidentiel sur avis conforme du Conseil supérieur de la magistrature (art. 106). Ainsi, selon l'article 62 de la Constitution : *« L'initiative des lois est exercée par des propositions de loi émanant de dix députés au moins ou par des projets de loi émanant du président de la République ou du chef du Gouvernement. Le chef du Gouvernement est seul habilité à présenter les projets de loi d'approbation des traités et les projets de loi de finances. Les projets de loi ont la priorité »*.

Quant au chef du Gouvernement, il *« détermine la politique générale de l'État »* (art. 91) et préside le Conseil des ministres (art. 93). Il assume

---

[38] Comme prévu dans l'article 80.

[39] L'Article 78 de la Constitution tunisienne de 2014.

également plusieurs prérogatives dont la création, modification et suppression des ministères et des secrétariats d'État, ainsi que la détermination de leurs attributions et prérogatives, après délibération en Conseil des ministres, la révocation d'un ou de plusieurs membres du gouvernement ou l'examen de sa/leur démission (art. 92) ; la création, modification et suppression des établissements publics, des entreprises publiques et des services administratifs, ainsi que la fixation de leurs attributions et prérogatives, après délibération en Conseil des ministres[40] ; la nomination et révocation aux emplois civils supérieurs[41] ; la gestion de l'administration et la conclusion des traités internationaux à caractère technique[42] ; l'exercice du pouvoir réglementaire général (art. 94) ; le chef du Gouvernement peut déléguer certaines de ses prérogatives aux ministres, et en cas d'empêchement provisoire d'exercer ses fonctions, il délègue ses pouvoirs à l'un des ministres (art. 92).

Chargé de l'exécution des lois[43], le Gouvernement est responsable devant l'Assemblée des représentants du peuple (art. 95). Une motion de censure peut être votée à l'encontre du Gouvernement suite à une demande motivée présentée au président de l'Assemblée des représentants du peuple par le tiers de ses membres au moins (art. 97). Le vote de défiance à l'encontre du Gouvernement se fait à la majorité absolue des membres de l'Assemblée sous réserve de l'approbation, lors du même vote, de la candidature d'un remplaçant au chef du Gouvernement est considérée comme une démission de l'ensemble du gouvernement (art. 98).

La collaboration entre le président de la République et le chef du Gouvernement s'avère être nécessaire ; toute décision concernant les articles 77, 78, 80 et 106 font l'objet d'une consultation de la part du président auprès du chef du gouvernement. Certaines tâches reviendront de droit comme la ratification des traités ainsi que le fait d'ordonner leur publication (art. 77), quant au chef du Gouvernement (art. 62), il a pour mission de *« présenter les projets de loi de ratification des traités »*.

Cette répartition des prérogatives fait l'objet d'une réflexion récurrente dans un cadre analytique critique. Dans le cas, par exemple, où le chef du Gouvernement refuse de proposer un projet de loi de ratification ou encore s'il dépasse le délai imparti, ne risque-t-il pas d'obstruer le processus ?

---

40 *Ibid.*

41 *Ibid.*

42 *Ibid.*

43 *Ibid.*

Dans cette mesure, l'équilibre des pouvoirs, n'est-il pas exposé au danger d'abus ?

En cas de litige entre les pouvoirs, l'équilibre serait menacé étant difficilement résoluble. D'ailleurs son coût élevé pourrait même dissuader, à cet effet, l'article 99 précise que : *« le président de la République peut demander à l'Assemblée des représentants du peuple de renouveler sa confiance au Gouvernement, à deux reprises au maximum, durant le mandat présidentiel » ; « en cas de non-renouvellement de la confiance, il charge la personnalité la plus apte à former un nouveau Gouvernement dans un délai ne dépassant pas trente jours » ; « en cas d'expiration des délais, ou en cas de non-obtention par le nouveau Gouvernement de la confiance de l'Assemblée, le président de la République peut dissoudre l'Assemblée et convoquer des élections législatives anticipées. En cas de vote de confiance à deux reprises, le président de la République est réputé démissionnaire*[44] *»*.

Afin de prévenir de telles conséquences, risquées pour une démocratie récente surtout dans le cadre politique marqué par l'instabilité, il est impératif que pouvoir et contre-pouvoir se doivent de dialoguer afin de trouver un terrain d'entente. C'est seulement grâce à la conscience collective que le cadre démocratique a pu s'ancrer dans le contexte vécu par la Tunisie.

Il va sans dire que si l'on évoque pouvoir, on va parler d'opposition, reste à voir quel rôle lui est accordé et quels sont les droits de cette dernière ?

Cette question fut débattue dans le cadre du Dialogue national. Sur la base de ce dialogue, la Commission des consensus a pu formuler l'article 6 où il est mentionné :

« L'opposition est une composante essentielle de l'Assemblée des représentants du peuple [...], la présidence de la commission chargée des finances et la fonction de rapporteur de la commission chargée des relations extérieures lui sont impérativement attribuées. Elle a le droit, une fois par an, de former une commission d'enquête et de la présider ». Les termes de cet article montrent que la Constitution, en donnant de telles prérogatives à l'opposition, cherchait à mettre les bases d'un processus démocratique. En effet, d'après l'article 120, la constitutionnalité peut être contrôlée et ce après renvoi par le président de la République si

---

[44] G. WEICHSELBAUM, PH. XAVIER, *Le processus constituant et la Constitution tunisienne du 27 janvier 2014 : un modèle à suivre ?*, Maghreb-Machrek, 2015, pp. 49-69.

condition étant que trente membres saisissent la Cour constitutionnelle. En outre, d'après l'article 62, la proposition de loi peut être réalisée par un ensemble de dix membres de l'Assemblée. Chaque pouvoir a son rôle dans l'accomplissement démocratique, notamment le « pouvoir judiciaire ». Ainsi, l'article 109 souligne que : *« Toute ingérence dans le fonctionnement de la justice est proscrite*[45] *»*.

Pour la première fois depuis la révolution, la magistrature est libérée de la domination de l'exécutif, et ce, grâce à la Constitution qui rompt avec une tradition anti-démocratique. Le pouvoir judiciaire est désormais un pouvoir à part entière. Ainsi selon l'article 114, le Conseil supérieur de la magistrature s'occupe des *« questions relatives à la carrière et à la discipline des magistrats »*, il *« garantit le bon fonctionnement de la justice et le respect de son indépendance »*. Selon l'article 106, les hauts magistrats sont désignés par un décret présidentiel avec consultation du chef de Gouvernement *« sur avis conforme du Conseil supérieur de la magistrature »*. Conformément à l'article 104, le magistrat bénéficie de l'immunité pénale ; en effet, ce n'est qu'*« en cas de flagrant délit de crime »* qu'un magistrat peut perdre cette immunité *« et le Conseil de la magistrature dont il relève doit en être informé pour se prononcer sur la demande de levée de l'immunité »*.

De réflexion en réflexion, la répartition du Conseil supérieur de la magistrature a pris plusieurs formes, en se conformant à des critères internationaux permettant la faisabilité de la prise d'indépendance des magistrats. De plus, l'article 112 de la Constitution énonce que *« le Conseil supérieur de la magistrature est composé de quatre organes : le conseil de la juridiction judiciaire, le conseil de la juridiction administrative, le conseil de la juridiction financière et l'assemblée générale des trois conseils juridictionnels »*.

Dans une même perspective de séparation des pouvoirs indépendants, d'autres facteurs déterminants « œuvrent au renforcement de la démocratie », l'Assemblée des représentants du peuple élit cinq instances constitutionnelles indépendantes.

Les cinq instances précédemment présentées font l'objet de cinq articles au sein de la Constitution qui les définissent tour à tour, par ordre croissant on citera les articles 126, 127, 128, 129 et 130. L'ISIE est *« chargée de la gestion des élections et des référendums, de leur organisation et de leur supervision dans leurs différentes phases »*, l'Instance de la communication audiovisuelle est *« chargée de la*

---

[45] Le pouvoir judiciaire doit réaliser la légalité juridique.

régulation et du développement du secteur de la communication audiovisuelle » et *« veille à garantir la liberté d'expression et d'information ainsi que l'instauration d'un paysage médiatique pluraliste et intègre »*, l'Instance des droits de l'Homme *« veille au respect des libertés et des droits de l'Homme et œuvre à leur renforcement »* et *« enquête sur les cas de violation »*, l'Instance du développement durable et des droits des générations futures *« est impérativement consultée sur les projets de loi relatifs aux questions économiques, sociales, environnementales, ainsi que sur les plans de développement »*, et l'Instance de la bonne gouvernance et de la lutte contre la corruption participe à ces politiques et *« assure le suivi de leur mise en œuvre »* et *« la promotion de la culture de la bonne gouvernance et de la lutte contre la corruption »* ; elle *« consolide les principes de transparence, d'intégrité et de responsabilité »* et *« est chargée d'identifier les cas de corruption dans les secteurs public et privé*[46] *»*.

On peut remarquer suite à cette analyse que le régime politique tunisien sous la nouvelle Constitution est caractérisé par une apparence simple, tout d'abord le Parlement est constitué d'une chambre unique, puis, l'exécutif est codirigé par le président de la République et le chef du Gouvernement. Il est à noter cependant que cette répartition de pouvoirs, qui paraissait simple, s'avère être quelque peu compliquée, aussi bien au niveau des relations entre le pouvoir législatif et le pouvoir exécutif qu'au niveau des rapports entre les deux têtes de l'exécutif.

Section 2 :
La consécration du libéralisme sociopolitique

L'article 19 de la Déclaration universelle des droits de l'homme définit la liberté en ces termes : *« tout individu a droit à la liberté d'opinion et d'expression, ce qui implique le droit de ne pas être inquiété pour ses opinions et celui de chercher, de recevoir et de répandre, sans considération de frontières, les informations et les idées par quelque moyen d'expression que ce soit »*. Il en résulte que *« nul ne doit être inquiété pour ses opinions, mêmes religieuses, pourvu que leur*

[46] La constitutionnalisation de ces autorités vise à donner un rang constitutionnel aux autorités de régulation. Elles peuvent alors exercer les pouvoirs que la Constitution leur autorise, de les exercer sans entraîner des interrogations relatives à l'ignorance du principe de séparation des pouvoirs.

manifestation ne trouble pas l'ordre public établi par la loi[47] » et que *« la libre communication des pensées et des opinions est un des droits les plus précieux de l'homme, tout citoyen peut donc parler, écrire et imprimer librement, sauf à répondre de l'abus de cette liberté dans les cas déterminés par la loi*[48] ».

Les membres de l'ANC ont d'emblée traité la question dans le préambule, où on peut lire que les réclamations populaires exigeant : *« un régime républicain démocratique et participatif, dans le cadre d'un état civil [...] qui garantit la primauté de la loi, le respect des libertés et des droits de l'homme*[49] ». On relève que parmi les libertés fondamentales, la liberté d'expression occupe une place de choix au sein de la Constitution. Toute liberté associée à la liberté d'expression, c'est-à-dire, l'opinion, les médias, l'information, l'art et la publication, se trouve garantie. Ainsi, la liberté d'expression se présente comme étant garante de la promotion de toutes les libertés fondamentales[50].

En donnant une place de choix à la liberté d'expression, la nouvelle Constitution exprime son attachement à la démocratie libérale. Cette liberté est garante des autres, si elle est limitée, les autres cèderont. La liberté d'expression permet une ouverture aux autres libertés fondamentales et ceci est rendu possible par la libre circulation d'informations, d'images, et d'opinions. Ce qui fait réellement changer les choses, c'est le libre débat politique qui, dans cette perspective, apparaît comme un vrai indice permettant de mesurer le degré du respect des libertés fondamentales. Le principe de la liberté d'expression est si fondamental qu'il est nécessaire de retracer son évolution depuis la Constitution de 1959 **(Paragraphe 1)** jusqu'à celle de 2014 **(Paragraphe 2)**.

Paragraphe 1 : La liberté d'expression dans la Constitution de 1959 : entre négation et contrôle asphyxiant

Les démocraties encadrent certaines libertés afin d'en protéger d'autres, et ce, dans l'objectif de favoriser l'accomplissement de ces dernières. Par contre, les régimes autoritaires profitent de cette technique

---

[47] Article 10 de la Constitution tunisienne.

[48] Article 11 de la Constitution tunisienne.

[49] S. MAAOUI-KACEM, « Tunisie », *Annuaire international de justice constitutionnelle*, 2016, p. 355.

[50] A. ELLOUMI, « Les limites de la liberté d'expression relatives à la protection de certains intérêts publics fondamentaux », Séminaire, Faculté de droit de Sfax, 2013, p. 11.

pour mieux contrôler la société et étouffer toutes les libertés. En analysant le contexte tunisien d'avant la révolution, on constate que les droits fondamentaux souffraient de deux sortes de restrictions. D'une part, même si ces droits occupaient une place indéniable au sein de la Constitution de 1959, leur exercice restait contrôlé, voire même limité par le biais de certaines lois adoptées délibérément à cette fin **(A)**.

D'autre part, le pouvoir politique, sous prétexte de protéger la liberté d'expression, ne ménageait pas ses efforts pour vider ces droits de leur substance **(B)**.

A. Une liberté limitée par la loi

La liberté d'expression représente l'essence même de la liberté politique, elle est partie intégrante des libertés fondamentales de chacun. Il est plus qu'évident que, sans liberté d'expression, on ne peut parler de démocratie. Depuis la Constitution de 1959[51], la Tunisie reconnaît les droits fondamentaux, la République tunisienne était censée être basée sur les valeurs de la primauté de l'État de droit et du pluralisme. Elle devait respecter la dignité humaine, contribuer à l'évolution de l'être humain et garantir l'inviolabilité de la personne humaine. Elle était, de plus, censée assurer la liberté de conscience et le libre exercice de la foi[52].

La Constitution tunisienne de 1959 est en apparence en accord avec le respect des libertés, notamment la liberté d'expression. Toutefois, ce qui est prévu par la Constitution peut être vidé de son sens par la loi. En effet l'article 8 de la Constitution dispose que : *« Les libertés d'opinion, d'expression, de presse, de publication, de réunion et d'association sont garanties et exercées dans les conditions définies par la loi »*. Comme exemples, on peut citer :

– L'article 121 (ter) de l'ancien Code de la presse[53] qui disposait que : *« Sont interdites la distribution, la mise en vente, l'exposition aux regards du public et la détention en vue de la distribution, de la vente, de l'exposition dans un but de propagande, de tracts, bulletins et papillons d'origine étrangère ou nom, de nature à nuire à l'ordre public ou aux bonnes mœurs. Toute infraction à l'interdiction édictée par l'alinéa*

---

[51] La Constitution du 1er juin 1959 protégeait ainsi la liberté d'opinion et d'expression. L'article 8 dispose que : *« Les libertés d'opinion, d'expression, de presse, de publication, de réunion et d'association sont garanties et exercées dans les conditions définies par la loi »*.

[52] Voir article 5 de la Constitution.

[53] Ajouté par la loi organique n° 2001-43 du 3 mai 2001portant amendement du Code de la presse.

précédent pourra entraîner, outre la saisie immédiate, un emprisonnement de 6 mois à 5 ans et une amende de 120 à 1 200 dinars ».

– L'article 245 du même Code allait même jusqu'à prévoir une peine d'emprisonnement pour sanctionner la diffamation, qu'il définit comme étant *« toute allégation ou imputation publique d'un fait qui porte atteinte à l'honneur ou à la considération d'une personne ou d'un corps constitué »*. Ainsi, les individus ou les *« corps constitués »* peuvent jouer le rôle de victimes par rapport à une parole ou un écrit dits mensongèrement « diffamatoires », et ce, dans une démarche visant à faire exposer leurs auteurs à des sanctions pénales[54].

– L'article 306 (ter) du même Code[55] sanctionne la propagation d'informations falsifiées, il s'agit en l'occurrence d'un autre subterfuge laissant au juge une large marge d'appréciation lui permettant d'incriminer qui que ce soit. Cet article liberticide dispose qu'*« est puni d'un à cinq ans d'emprisonnement et de deux cents dinars à quatre mille dinars d'amende, quiconque, ayant propagé, sciemment, de fausses nouvelles, aura exposé la sécurité de tout moyen de transport terrestre, maritime ou aérien à un danger. Est puni de six mois à cinq ans d'emprisonnement et de deux cents dinars à quatre mille dinars d'amende, quiconque aura communiqué ou propagé, sciemment, de fausses nouvelles, dans le but de faire croire à un attentat contre les personnes ou les biens, passible des peines criminelles. La tentative est punissable »*.

Pour parvenir à limiter autant que possible les différentes libertés, l'ancien régime profitait d'une défaillance au niveau de la rédaction de la Constitution qui consistait dans l'absence de sanctions contre les possibles violations de ces libertés. Aussi, peut-on affirmer que *« la singularité du cas tunisien provenait du fait que face à la richesse de la liste des droits fondamentaux proclamés par la Constitution tunisienne, nous notions paradoxalement l'absence de sanctions sérieuses contre toute violation de ces droits*[56] *»*.

Il est vrai que la Constitution de 1959 assurait la liberté médiatique, pourtant la télévision publique et les journaux faisaient l'objet d'un contrôle drastique, et étaient soumis à des directives leur interdisant toute prise de position critique à l'égard du régime. En réalité, les médias

---

[54] E. BEN MOUSSA, H. CHEKIR, M.-S. BEN AISSA, *op. cit.*, p. 8.

[55] Ajouté par la loi n° 77-56 du 3 août 1977 modifiant et complétant le Code pénal.

[56] S. HAMROUNI, « Les droits fondamentaux et les Constitutions maghrébines », in *Mélanges offerts au Doyen Abdelfattah Amor*, Tunis, CPU, 2005, p. 561.

servaient de canal qui relayait une parole unique imposée à toute une population. C'est d'ailleurs ce qui explique que les gouvernements tunisiens n'étaient pas favorables à l'apparition de médias indépendants. Le comble de la domination sur les médias résidait dans l'interdiction, par le Code de la presse de 1975, de la diffusion de toute nouvelle pouvant déclencher des critiques à l'encontre des autorités ; il est à noter que ceci est applicable même si les informations relayées *bénéficient de crédibilité*.

Il ressort de ce qui précède que l'arsenal législatif, sous l'ancien régime, freinait l'accomplissement des libertés, notamment la liberté d'expression. Ceci était d'ailleurs communément admis à l'échelle internationale. En effet, la Commission des Nations unies sur les droits humains avait fait savoir son inquiétude quant à cette situation, et ce, dans ses analyses critiques de 2008 sur la Tunisie, concernant la liberté d'expression. Premièrement, il y est question de l'ambiguïté dans la définition très large de l'acte terroriste, donnée par la loi du 10 décembre 2003 concernant la collaboration avec les efforts internationaux de lutte contre le terrorisme et à la répression du blanchiment d'argent[57]. Deuxièmement, le Code de la presse[58] qui s'articule autour d'une définition très précise du crime de diffamation, plus précisément lorsque ces paroles touchent d'une manière quelconque l'armée ou l'administration.

En 2010, le rapporteur spécial des Nations unies sur la promotion et la protection des droits humains et des libertés fondamentales dans la lutte antiterroriste, Martin SCHEININ, affirme qu'en Tunisie, l'expression du texte, plus précisément la signification englobante donnée du terrorisme dans le cadre de la législation contre le terrorisme ainsi que le danger de glisser dans la criminalité par le simple fait d'utiliser de noms, termes, symboles et signes dans la loi du 10 décembre 2003 quant à la collaboration avec des efforts internationaux de lutte contre le terrorisme et à la répression du blanchiment d'argent ne peut être que l'expression des restrictions injustifiées de la liberté d'expression.

Le respect de ces libertés, dépourvues de garanties constitutionnelles, était constamment menacé. Les autorités, qui devaient normalement veiller au respect de telles libertés, se sont rapidement montrées en deçà

---

[57] Loi n° 2003-75 du 10 décembre 2003 relative au soutien des efforts internationaux de lutte contre le terrorisme et à la répression du blanchiment d'argent, *JORT*, 2003, p. 3592.

[58] Loi n° 75-32 du 28 avril 1975 portant promulgation du Code de la presse, *JORT*, 1975, p. 1234.

de cette responsabilité[59]. Il en a résulté que ces droits et libertés étaient systématiquement bafoués et faisaient régulièrement l'objet de tous les abus et dépassements[60].

B. Un contrôle asphyxiant par les pouvoirs politiques sur l'exercice de la liberté d'expression

Lors de sa déclaration du 7 novembre 1987, l'ancien président de la Tunisie évoque une nouvelle phase où il promet la démocratie. Aussi a-t-il proposé en 1990 des réformes confirmant son intention d'amorcer une transition démocratique. La mise en place d'institutions chargées de promouvoir les libertés publiques était un pas dans ce sens. Toutefois, il s'est révélé rapidement que ces institutions n'étaient en réalité que des outils destinés à contrôler l'exercice des libertés.

Tout un mécanisme de propagande a ensuite été mis en place, en effet l'Agence tunisienne de communication extérieure (ATCE) voit le jour suite à la loi du 7 novembre 1990 ; il s'agit tout simplement d'une agence médiatique publique à visée commerciale. Elle est chargée de propager une certaine image en instaurant une présence médiatique du pays à l'extérieur afin de promouvoir la politique nationale sur tous les plans. C'est dans ce cadre qu'elle a pour mission de procurer à la presse internationale accréditée en Tunisie l'aide dont elle a besoin. Pourtant, il existe un décalage entre ce qu'elle était censée faire et ce qu'elle a fait réellement. Censée relayer les nouvelles nationales à l'échelle internationale, cette Agence était en réalité guidée par l'idée d'embellir l'image du régime. Ainsi, toutes sortes de pressions étaient exercées sur les médias, y compris la privation de certains d'entre eux de la possibilité de bénéficier du marché publicitaire. La publicité s'avérait donc être un outil de contrôle dont usait l'ancien régime pour domestiquer les médias écrits et audiovisuels. L'ATCE manipulait les informations à volonté par le biais du monopole publicitaire institutionnel et public. Grâce à cette politique de contrôle sur le marché publicitaire, le régime a pu asservir les médias.

L'Agence tunisienne d'Internet (ATI), conformément à la loi du 12 mars 1996, avait pour fonction de promouvoir Internet. Grâce à cette agence, qui relevait du ministère des Technologies et de la Communication, le Gouvernement parvenait à contrôler Internet. Comme

[59] L'autorité législative et l'autorité judiciaire.
[60] R. BEN ACHOUR, « Les protections et les garanties constitutionnelles des droits et des libertés en Tunisie », *op. cit.*, p. 63.

évoqué précédemment, l'agence n'est autre qu'un outil dont use le régime pour exercer son contrôle sur la population. Une *« cyber police »*, de plusieurs centaines de personnes, avait pour mission de surveiller quotidiennement le Net et de censurer à volonté tout ce qui pourrait représenter une menace au pouvoir. Les plateformes de partage de vidéos[61] ou encore les sites personnels évoquant de temps en temps des questions politiques[62] faisaient l'objet de censure. De ce fait, l'ATI, par le ratissage de la toile, représentait la censure par excellence sous l'ancien régime. Ainsi, l'Agence, qui devait normalement garantir la liberté d'expression, était devenue un outil servant à limiter et à punir toute critique ou refus du pouvoir.

La censure peut prendre plusieurs formes et peut apparaître dans tous les domaines[63]. Elle peut être pratiquée par une division du pouvoir ayant pour fonction de réviser les informations avant leur parution. Ainsi, toute publication fait l'objet d'une autorisation auprès du Gouvernement. Elle peut également prendre la forme de poursuites en justice contre certains médias accusés, mensongèrement, de diffuser de fausses informations ou des informations compromettantes pour la sûreté de l'État. Elle peut aussi prendre plusieurs autres formes telles que : l'intimidation ou l'agression contre les journalistes intègres ou même leur emprisonnement ; l'imposition d'amendes vertigineuses ; la fermeture de locaux ; la destruction ou la mise sous scellé d'imprimeries de journaux ou d'équipements d'émission pour radios et télévisions. Il existe, par ailleurs, une censure par la corruption, par la mainmise sur l'audiovisuel ou encore par des lois interdisant toute critique. Toute une stratégie de contrôle économique et financier des médias est mise en place pour contrôler les techniques de production et les moyens de diffusion ; tous les moyens sont bons pour censurer, que ce soit à travers le contrôle des lignes téléphoniques, les coupures d'électricité ou le blocage des réseaux sociaux.

En analysant plus en profondeur cette censure, on constate un paradoxe indéniable. D'un côté, la Tunisie reconnaissait, dans sa Constitution, la liberté d'expression et œuvrait à mettre en place des organismes ayant

---

[61] YouTube, Dailymotion, Wat.tv, et autres.

[62] R. LECOMTE, « Expression politique et activisme en ligne en contexte autoritaire. Une analyse du cas tunisien », *Réseaux*, 2013, p. 62.

[63] *« La censure c'est l'exercice par l'administration d'un contrôle sur les publications en dehors de l'intervention des tribunaux »*, A. ELLOUMI, « Les limites de la liberté d'expression relatives à la protection de certains intérêts publics fondamentaux », Séminaire, Faculté de droit de Sfax, 2013, p. 11.

pour rôle principal de contrer et sanctionner tout abus de pouvoir en la matière. Mais, de l'autre côté, la réalité était tout autre : le régime n'avait pour objectif que l'anéantissement de ces libertés[64].

Afin d'éviter que l'Histoire se répète, suite à la révolution de 2011, le pouvoir constituant assure le renforcement des droits et des libertés en les encadrant par des règles servant à les protéger. Ceci apparaît dans l'article 49, qui délimite le pouvoir législatif afin d'éviter tout abus éventuel pour ne pas vider les libertés de leur essence[65].

Paragraphe 2 : L'affirmation d'une protection constitutionnelle de la liberté d'expression dans la Constitution de 2014

La nouvelle Constitution de 2011 développe dans son texte les principes permettant une transition démocratique effective. Toutefois, la réussite de cette transition dépend de la portée pratique de ces principes, qui, elle-même, est tributaire de l'arsenal de garanties mis en place. Ces garanties devraient représenter un rempart contre toute forme d'abus éventuel de la part du pouvoir politique. On va, à cet effet, étudier tout d'abord les garanties textuelles de la liberté d'expression et d'opinion **(A)** et ensuite, les garanties institutionnelles **(B)**.

A. Des garanties assurant le respect de la liberté d'expression par le texte de la loi

La Constitution tunisienne de 2014 redéfinit la liberté d'expression avec beaucoup plus d'exhaustivité. Cette définition implique le droit à la recherche, à la réception et à la diffusion d'informations ainsi que d'opinions. Elle présente un panorama englobant les formes d'expression et les modes de communication. L'article 31 de la Constitution déclare que : *« Les libertés d'opinion, de pensée, d'expression, d'information et de publication sont garanties. Aucun contrôle préalable ne peut être exercé sur ces libertés »*. En évoquant la notion de « garanties », cet article ne fait que reprendre l'esprit de l'article 19 du Pacte international relatif aux droits civils et politiques[66].

---

[64] Pendant les années de BEN ALI, des ONG comme Reporters sans frontières, Amnesty International ou Human Rights Watch ont alerté l'opinion publique internationale contre les multiples violations de droits de l'Homme commises par le régime tunisien.

[65] H. GUELDICH, *Liberté d'expression, de pensée et d'information*, Ordine Internazionale Diritti Umani, 2017, p. 708.

[66] *« Nul ne peut être inquiété pour ses opinions. Toute personne a droit à la liberté d'expression ; ce droit comprend la liberté de rechercher, de recevoir et de répandre des*

Il existe un enchevêtrement délicat à traduire, le texte constitutionnel est renforcé par des institutions diverses afin d'éviter tout dépassement dans le cadre pratique de l'application de la Constitution. Pour renforcer cette affirmation, plusieurs articles s'inscrivant dans une perspective démocratique mentionnent clairement l'interdiction d'amender les dispositions relatives aux droits de l'Homme. Il s'agit d'une mesure préventive adoptée afin de ne pas tomber dans le même piège que celui de la Constitution de 1959 ; en effet, les libertés prévues dans cette Constitution faisaient l'objet d'une manœuvre légale sans limitation aucune[67]. De ce fait, le pouvoir du législateur n'était plus encadré par le texte de la Constitution, et était en réalité placé sous le bon vouloir du pouvoir exécutif.

Pour ne plus retomber dans la même situation, des limites ont été posées dans l'article 49 de la nouvelle Constitution, visant à encadrer le pouvoir législatif quand il légifère en matière de droits et libertés. Le texte fixe alors trois exigences. D'abord, s'il est possible pour le législateur de restreindre les droits et libertés, il ne peut pourtant le faire qu'à condition de ne pas vider cesdits droits et libertés de leur substance. Ainsi, le législateur n'a aucunement la possibilité de porter atteinte à l'essence même de ces droits et libertés. L'article 49 précise que les restrictions possibles « ne peuvent être établies que pour répondre aux exigences d'un État civil et démocratique, et en vue de sauvegarder les droits d'autrui ou les impératifs de la sûreté publique, de la défense nationale, de la santé publique ou de la moralité publique ».

---

informations et des idées de toute espèce, sans considération de frontières, sous une forme orale, écrite, imprimée ou artistique, ou par tout autre moyen de son choix. L'exercice des libertés prévues au paragraphe 2 du présent article comporte des devoirs spéciaux et des responsabilités spéciales. Il peut en conséquence être soumis à certaines restrictions qui doivent toutefois être expressément fixées par la loi et qui sont nécessaires : au respect des droits ou de la réputation d'autrui, a la sauvegarde de la sécurité nationale, de l'ordre public, de la santé ou de la moralité publiques ».

[67] La Constitution de 1959 comportait une clause sommaire de limitation des droits dans l'article 7 qui dispose que : *« Les citoyens exercent la plénitude de leurs droits dans les formes et conditions prévues par la loi. L'exercice de ces droits ne peut être limité que par une loi prise pour la protection des droits d'autrui, le respect de l'ordre public, la défense nationale, le développement de l'économie et le progrès social »*. Ce texte attribuait compétence au seul pouvoir législatif pour encadrer les droits et libertés et se limitait à énoncer les buts de la limitation. *« L'avancée majeure de la Constitution de 2014 a consisté à fixer les critères de nécessité et de proportionnalité pour encadrer la limitation »*, G. WEICHSELBAUM, X. PHILIPPE, *Le processus constituant et la Constitution tunisienne du 27 janvier 2014 : un modèle à suivre ?*, *op. cit.*, p. 65.

Ensuite, pour plus de précautions, l'article 49 impose au législateur de respecter autant que possible la proportionnalité entre les restrictions envisagées et leurs justifications[68]. Cette condition, qui consacre le principe de la proportionnalité en tant que critère d'encadrement de la limitation des droits et libertés, est une belle avancée sur la voie menant à l'instauration d'un État démocratique. Désormais, toute limitation des droits et libertés doit être proportionnée à la finalité visée. Puisque la Constitution représente la *« loi fondamentale et suprême d'un pays »*, elle constitue la forme de protection juridique par excellence, quant à la garantie d'une liberté. Par conséquent, la constitutionnalisation des libertés d'expression et d'opinion exige la promulgation de lois avec la rigueur nécessaire pour assurer le respect, la protection et l'exercice de ces libertés.

Enfin, pour mieux garantir le respect par le législateur des deux conditions susmentionnées, l'article 49 charge les instances juridictionnelles d'assurer la protection des droits et libertés contre toute atteinte. Ainsi, toute législation intervenant en matière de droits et libertés est susceptible de faire l'objet de plusieurs formes de recours juridictionnels.

B. Des garanties assurant le respect de la liberté d'expression par des Instances constitutionnelles indépendantes

L'une des principales questions ayant été débattues au sein de l'ANC portait sur les libertés publiques ; celles-ci ont été inscrites de manière solennelle dans la norme suprême. En effet, et ce dès le Préambule, les constituants ont accordé une importance primordiale à ces libertés en les consacrant par l'énonciation de l'édification d'*« un Régime républicain démocratique et participatif, dans le cadre d'un état civil [...] qui garantit la primauté de la loi, le respect des libertés et des droits de l'homme »*.

Pour renforcer l'arsenal de garanties dont bénéficient ces libertés, la Constitution prévoit dans son chapitre VI un certain nombre d'instances dites « instances constitutionnelles indépendantes », bénéficiant de la personnalité juridique. Au nombre de cinq, ces instances sont responsables devant l'Assemblée des représentants du peuple. Ces instances interviennent dans divers domaines tels que les finances, la communication audiovisuelle, les droits de l'Homme, le développement

---

[68] G. WEICHSELBAUM, X. PHILIPPE, *Le processus constituant et la Constitution tunisienne du 27 janvier 2014 : un modèle à suivre ?*, *op. cit.*, p. 65.

durable et la lutte contre la corruption. Plusieurs de ces instances constitutionnelles indépendantes bénéficient d'un pouvoir qui leur est propre, comme le pouvoir réglementaire dans leur domaine de compétence, d'autres sont obligatoirement consultées par le législateur dans leurs domaines de compétence respectifs[1].

Selon l'article 128 de la Constitution : *« L'Instance des droits de l'Homme contrôle le respect des libertés et des droits de l'Homme et œuvre à leur renforcement ; elle formule des propositions en vue du développement du système des droits de l'Homme. Elle est obligatoirement consultée sur les projets de loi se rapportant à son domaine de compétence. L'Instance enquête sur les cas de violation des droits de l'Homme, en vue de les régler ou de les soumettre aux autorités compétentes. L'Instance est composée de membres indépendants, neutres, choisis parmi les personnes compétentes et intègres qui exercent leurs missions pour un seul mandat de six ans ».* Les dispositions de cet article sont conformes aux normes internationales en ce qui concerne les droits de l'Homme. Par conséquent, la nouvelle instance n'aura aucun rôle décisionnel, et ce conformément à l'article 128 de la Constitution qui met l'accent sur la nécessité de solliciter l'avis de l'instance sur toutes les législations relatives aux droits de l'Homme.

De ce fait, si une plainte est formulée par la société civile, des personnes ou des organisations, ou même de la propre initiative de la nouvelle instance, celle-ci aura le pouvoir de mener des enquêtes sur les différents abus qui pourraient violer les droits de l'Homme. En définitive, elle représente un second rempart pour la défense des droits et des libertés tels que la liberté de pensée et de conscience.

Dans le secteur de la communication audiovisuelle, la HAICA est chargée par l'article 127 de veiller au respect de la liberté d'expression[2].

---

[1] L'instance des droits de l'Homme est obligatoirement consultée pour les projets de loi relatifs à son domaine de compétence. L'instance enquête sur les cas de violation des droits de l'Homme en vue de les régler ou de les soumettre aux autorités compétentes.

[2] *« La Haute Autorité indépendante de la communication audiovisuelle (HAICA) est une instance constitutionnelle dotée de pouvoirs réglementaires et consultatifs. Elle œuvre à la promotion de la culture de régulation et de pluralisme, et à l'instauration d'un nouveau mode de gouvernance de l'audiovisuel. Créée par le décret-loi n° 2011-116 du 2 novembre 2011, relatif à la liberté de la communication audiovisuelle, la HAICA a été annoncée officiellement le 3 mai 2013, à l'occasion de la Journée mondiale de la liberté de la presse. La régulation de l'audiovisuel consiste à y garantir la liberté de la communication, la qualité de l'information, l'exercice de la liberté d'expression, le pluralisme médiatique et le respect des règles éthiques et déontologiques du métier ».*

Cet article dispose que : *« L'Instance de la communication audiovisuelle est chargée de la régulation et du développement du secteur de la communication audiovisuelle, elle veille à garantir la liberté d'expression et d'information, et à garantir une information pluraliste et intègre. L'Instance dispose d'un pouvoir réglementaire dans son domaine de compétence. Elle est obligatoirement consultée sur les projets de loi se rapportant à ce domaine. L'Instance est composée de neuf membres indépendants, neutres, choisis parmi les personnes compétentes et intègres qui exercent leurs missions pour un seul mandat de six ans. Le tiers de ses membres est renouvelé tous les deux ans ».*

Par ailleurs, l'article 15 du décret-loi du 2 novembre 2011 relatif à la liberté de la communication audiovisuelle et à la création de la Haute Autorité indépendante de la communication audiovisuelle[3] dispose que : *« La HAICA veille à l'organisation et à la régulation de la communication audiovisuelle, conformément aux principes suivants : le renforcement de la démocratie et des droits de l'Homme et la consécration de la suprématie de la loi, le renforcement et la protection de la liberté d'expression ».* Dans ce sens, elle bénéficie d'une indépendance organique et fonctionnelle ainsi que d'un ensemble de pouvoirs, notamment un pouvoir réglementaire spécial et un pouvoir de sanction, dans le but d'assurer la protection de cette liberté.

En plus des instances indépendantes, le pouvoir juridictionnel, tous ordres confondus, assure lui aussi la protection de ces libertés. Les droits et libertés de chacun sont donc protégés, principalement par les juridictions administratives, contre de possibles violations par le biais du pouvoir exécutif. À cela s'ajoute la possibilité pour les juridictions administratives et judiciaires de saisir la future Cour constitutionnelle en s'appuyant sur une question préjudicielle de constitutionnalité afin de vérifier la légitimité d'une loi en vigueur qui pourrait être mise en cause lors d'un procès. Une question qui sera abordée en profondeur à la fin du chapitre 2[4].

---

[3] Décret-loi du 2 novembre 2011 relatif à la liberté de la communication audiovisuelle et à la création de la Haute Autorité indépendante de la communication audiovisuelle, *JORT*, 2011, p. 2430.

[4] A. NJEHI, « La liberté d'expression et d'opinion. Les avancées de la nouvelle Constitution tunisienne », *Journal of political trends*, 2019, p. 126.

CHAPITRE II :

Une nouvelle Constitution consacrant « l'idéal commun » en matière des droits de l'Homme

De nos jours, les droits de l'Homme deviennent de plus en plus irréductibles, c'est-à-dire qu'ils ont évolué à un point de devenir la quintessence des valeurs par lesquelles nous affirmons, ensemble, que nous sommes une seule communauté humaine. Pouvant être qualifiés d'insignes de la modernité politique, les droits de l'Homme empruntent les chemins du national pour atteindre le niveau de l'universalité. Les droits de l'Homme sont devenus une norme internationale de représentation et de concrétisation de la dignité humaine. De manière progressive, la communauté internationale se démarque du relativisme et conçoit les droits de l'Homme comme un patrimoine commun *« Rescommunis*[1] *»*.

Comme nous le pouvons déduire de la nouvelle Constitution, l'État tunisien tente de valoriser de plus en plus les citoyens à travers la consécration des droits de l'Homme. Il s'agit de l'adoption des droits fondamentaux garantis par les instruments internationaux et qui visent à protéger et à valoriser la dignité humaine[2].

Ainsi, d'un abord généraliste et non exhaustif, seront analysés ici quelques droits fondamentaux consacrés et protégés par la nouvelle Constitution, notamment ceux liés aux droits civils et politiques **(Section 1)** mais aussi ceux dont le contenu renvoie aux droits sociaux,

---

[1] P. BRECHON, « La citoyenneté et ses conditions d'expression », *Cahiers français*, 2011, p. 65.

[2] A. HAMMAMI-MARRAKCHI, « Constitution tunisienne et universalité des droits de l'Homme », in N. BACCOUCHE, É. DUBOUT, dir., Nouvelle Constitution tunisienne et transition démocratique, LexisNexis, 2015, p. 140.

économiques, garantis par la mise en place de certains mécanismes coercitifs **(Section 2)**.

Section 1 :
Une consécration variable des droits de l'Homme

L'avènement de la nouvelle Constitution, qui s'inscrit à la tête d'une dynamique géopolitique qui a bouleversé toutes les balances du monde arabe, pourrait paraître à la fois innovant et distinctif. On constate, d'une part, la proclamation d'une liste considérable de droits et de libertés et, d'autre part, l'engagement inconditionnel de l'État à les garantir. L'adoption d'une nouvelle Constitution qui consacre les principes de gouvernance démocratique constitue une étape importante en vue de l'instauration d'une démocratie. La mise en œuvre des dispositions constitutionnelles et la concrétisation des garanties constitutionnelles demeurent nécessaires en vue de l'instauration d'une gouvernance démocratique. La question centrale se rapporte donc à la protection constitutionnelle des droits de l'Homme contre les abus de pouvoirs politiques.

La Constitution paraît en outre répondre aux revendications des différents acteurs de la société civile, notamment les associations de défense des droits de l'Homme, qui militaient pour le renforcement et la protection des droits humains, la fin de l'impunité, la reddition des comptes, etc. La nouvelle Constitution semble faire la synthèse des différentes revendications de la société civile et des partis politiques à travers une solide consécration des droits civils et politiques **(Paragraphe 1)**. Toutefois, il faut l'avouer, la consécration des droits sociaux, économiques et culturels semble être moins ferme **(Paragraphe 2)**.

Paragraphe 1 : Une large consécration des droits civils et politiques

Les États membres des Nations unies considèrent, conformément aux vœux de la Déclaration universelle des droits de l'homme, que *« l'idéal de l'être humain libre, jouissant des libertés civiles et politiques et libéré de la crainte et de la misère, ne peut être réalisé que si des conditions permettant à chacun de jouir de ses droits civils et politiques, aussi bien que de ses droits économiques, sociaux et culturels, sont créées*[3] ».

Les droits civils et politiques sont les premiers droits de la personne humaine, dits de première génération, qui défendent la personne en tant qu'individu à part entière et qui garantissent l'exercice de la citoyenneté. Parmi les premiers textes qui évoquent certains de ces droits, on peut trouver le *Bill of Rights* anglais de 1689[4], la Déclaration d'indépendance des États-Unis du 4 juillet 1776[5] et la Déclaration française des droits de l'homme et du citoyen du 26 août 1789.

La nouvelle Constitution a bel et bien consacré ces droits, qui concernent d'une part, les droits de l'individu face à l'État **(A)** et d'autre part, la participation de l'individu à la vie collective **(B)**.

A. Les droits de l'individu face à l'État

La Charte de l'ONU prévoit dans ses articles 55 et 56 la promotion des droits de l'Homme et invite les États membres à agir en ce sens[6]. Donc, il incombe à la Tunisie, en vertu de cette Charte dont elle fait partie, de faire la promotion du respect des droits et des libertés de l'Homme.

Le deuxième chapitre de la Constitution, consacré aux droits et libertés[7], a connu au fur et à mesure de l'avancement des travaux de l'ANC une importante évolution et beaucoup de changements. Initialement mentionné dans le chapitre premier relatif aux principes généraux, l'essentiel des droits fondamentaux va réapparaître au second chapitre à partir du quatrième projet, excepté les libertés de conscience et de croyance qui préservèrent leur place dans le premier chapitre et plus

---

[3] Extrait du Préambule du Pacte international relatif aux droits civils et politiques.

[4] La déclaration des droits *Bill of Rights* garantit aux citoyens américains la liberté d'expression, de religion et la liberté de la presse. Elle est composée d'un ensemble de dix amendements rajoutés dès 1787 à la Constitution de Philadelphie car le texte original n'avait pas fait un point précis sur les libertés individuelles.

[5] La Déclaration d'indépendance s'inspire de la philosophie des Lumières et servira de référence à la Déclaration des droits de l'homme et du citoyen rédigée pendant la Révolution française.

[6] *« Le terme "droit de l'Homme" est mentionné à sept reprises dans la Charte fondatrice des Nations unies, faisant de la promotion et de la protection des droits de l'Homme un objectif primordial et un principe directeur de l'Organisation. En 1948, la Déclaration universelle des droits de l'homme a placé les droits humains à la lumière du droit international. Depuis, l'Organisation protège activement les droits humains par des instruments juridiques et par un travail de terrain ».* Disponible sur : https://cutt.ly/ufMtU2H.

[7] Ce chapitre se compose de vingt-neuf articles dans la version finale.

précisément dans l'article 6, comme *« prolongement »* de la question identitaire.

Les dégradations subies par les droits et libertés sous l'ancien régime, en raison de la marginalisation du texte constitutionnel au profit de la loi, ont fait l'objet d'une attention particulière. Après plusieurs débats tendus au sein de l'ANC, les membres de celle-ci se sont mis d'accord sur la nécessité de supprimer du projet de la Constitution tout obstacle pouvant limiter l'effectivité des droits et libertés fondamentaux.

Les droits politiques et civils essentiels sont mentionnés dans le chapitre II. Ce chapitre s'ouvre par l'article 21 où il est question de l'égalité en droits et en devoirs devant la loi sans discrimination, ainsi que de l'obligation de l'État de garantir l'exercice effectif des libertés et des droits individuels et collectifs. Le caractère sacré de la vie fait l'objet de l'intérêt de l'article 22 où il est mentionné que « le droit à la vie est sacré ». Toutefois, il peut y être porté atteinte dans des cas extrêmes fixés par la loi[8].

L'article 23 du même chapitre aborde, quant à lui, la préservation de l'être humain dans sa dignité et son intégrité physique ; la proscription de la maltraitance ainsi que de la torture physique et morale et enfin l'imprescriptibilité du crime de la torture. En outre, l'article 24 développe d'autres questions, en l'occurrence la garantie de la protection de la vie privée, le droit de choisir son lieu de résidence, la liberté de circuler dans le pays et le droit de le quitter. Enfin, l'article 25 dispose qu'il est interdit de déchoir de sa nationalité tunisienne tout citoyen, de l'exiler, de l'extrader ou de l'empêcher de retourner dans son pays.

Conformément à l'article 26 de la Constitution, le droit d'asile politique est garanti, et toute personne qui en bénéficie ne peut pas être extradée. L'article 27, quant à lui, garantit la présomption d'innocence et le droit à un procès équitable. De sa part, l'article 30 garantit le droit à tout détenu d'avoir un traitement humain préservant sa dignité. Selon l'article 36, le droit syndical, y compris le droit de grève, est garanti. Concernant cet article, on peut faire trois remarques. Premièrement, on peut noter que le droit de grève est reconnu de manière bien explicite comme un droit complémentaire du droit syndical, même si la l'expression *« y compris le droit de grève »* peut être sujette à discussion, étant donné que cela peut signifier que ce droit n'est pas autonome.

---

[8] L. DAKHLI, « Une Révolution trahie ? Sur le soulèvement tunisien et la transition démocratique », *La Vie des idées*, mis en ligne le 19 février 2013, consulté le 12 novembre 2018, disponible sur : https://cutt.ly/RfMt6eQ.

Deuxièmement, le personnel de l'armée nationale est privé du droit syndical, y compris, bien sûr, le droit de grève. Troisièmement, les agents des forces de sécurité intérieure et ceux de la douane, tout en bénéficiant du droit syndical, n'ont pas le droit à la grève. Signalons ici que le contexte post 2011, qui a vu apparaître des grèves sauvages, y compris parmi par les agents des forces de sécurité intérieure et de la douane, a ouvert la voie à une conception restrictive du droit syndical[9].

Le droit de l'enseignement est aussi garanti par l'article 39. Jusqu'à l'âge de 16 ans, l'enseignement est obligatoire. Pour garantir ce droit aux familles les plus démunies, l'État assure la gratuité de l'éducation publique dans tous les cycles, et met tout en œuvre pour que l'enseignement et la formation soient de qualité. Toujours dans le souci d'améliorer les qualités humaines et les compétences, la Constitution garantit, dans son article 42, le droit à la culture et la liberté de création.

Une des principales nouveautés acquises avec la nouvelle Constitution est l'apparition du droit au travail dans l'article 40. Sur le plan juridique, ce droit est un réel gain. Effectivement, grâce à cet article, l'État se doit de prendre les mesures nécessaires pour garantir ce droit, et ce, dans le respect des critères de compétence et d'égalité. Ceci est dans le but de faire face au chômage qui touche une grande partie de la population, surtout les diplômés universitaires dans les zones communément appelées intérieures[10]. Et c'est peut-être pour aider ces zones que l'article 12, dédié aux principes généraux, énonce d'emblée que l'État doit agir en vue *« d'assurer la justice sociale, le développement durable et l'équilibre entre les régions, en tenant compte des indicateurs de développement et du principe de l'inégalité compensatrice »*. L'article 44, qui garantit le droit à l'eau, peut s'inscrire dans cette optique[11].

On peut relever que la nouvelle Constitution a été fortement influencée par la Déclaration universelle des droits de l'homme de 1948 et notamment par le Pacte international sur les droits civils et politiques adopté le 16 décembre 1966 par l'Assemblée générale des Nations unies. Rappelons que ce Pacte énonce un certain nombre de droits et principes tels que le droit à la vie ; l'interdiction de la torture et des peines ou traitements cruels, inhumains ou dégradants ; l'interdiction de l'esclavage

---

[9] N. BACCOUCHE, *op. cit.*, p. 477.

[10] S. GHORBAL, « Constitution tunisienne : droits et libertés, les compromis les plus audacieux », mis en ligne le 17 janvier 2014. Disponible sur : https://cutt.ly/lfMyiEG.

[11] R. BEN ACHOUR, « La Constitution tunisienne du 27 janvier 2014 », *Revue française de droit constitutionnel*, 2014, p. 720.

et des travaux forcés ; le droit à la liberté et à la sécurité ; l'interdiction de la détention arbitraire ; l'égalité devant les tribunaux et les cours de justice ; le droit à la liberté de pensée, de conscience et de religion ; le droit de réunion pacifique ainsi que les droits culturels et des minorités[12].

La reconnaissance par la nouvelle Constitution d'un certain nombre de droits et libertés est en elle-même une avancée importante, mais insuffisante. Ces droits et libertés doivent être garantis. C'est à cette fin que l'article 49 a été établi. En effet, celui-ci précise que *« toute restriction des droits et libertés doit être fondée sur le respect du principe de proportionnalité et doit être compatible avec un état civil et démocratique, ne peut porter atteinte à l'essence même de ces droits et libertés »*. En combinant l'article 49 avec l'article 102, qui met l'accent sur l'indépendance de la magistrature, on prend la mesure de l'importance du rôle qui peut être joué par les différentes juridictions dans la protection des droits et libertés. Bref, tous les acquis en termes de droits de l'homme et de libertés ne peuvent être atteints par nul amendement, étant protégés par la Constitution[13].

À l'avenant, cette dernière a présenté une panoplie des droits civils et politiques concernant la participation de l'individu à la vie collective.

B. Les droits de la participation de l'individu à la vie collective

Le concept de participation citoyenne, quoique déjà ancien, continue d'inspirer de nombreux textes de loi ainsi qu'une abondante littérature scientifique, particulièrement, dans le domaine des politiques sociales et urbaines. L'hypothèse présentée ici est qu'au-delà des différences d'interprétations, son usage récurrent s'explique par le fait qu'il désigne une, ou plutôt, des manières possibles de mettre en œuvre l'idéal démocratique et le principe d'égalité des citoyens, en insistant sur l'impératif que les « gens d'en bas » puissent peser sur « les décisions d'en haut » qui les concernent. Ces droits s'articulent principalement autour du droit de vote et des libertés fondamentales.

---

[12] La Charte internationale des droits de l'homme se compose de 5 textes : la Déclaration universelle des droits de 1948, simple résolution de l'ONU, et deux Pactes internationaux de 1966 qui donnent une forme juridiquement obligatoire aux droits reconnus : droits économiques, sociaux et culturels (PIDESC) et droits civils et politiques (PIDCP) ; deux Protocoles facultatifs complètent enfin le PIDCP : le premier permettant les réclamations individuelles (entré en vigueur le 23-03-1976) et le deuxième pour l'abolition de la peine de mort (entré en vigueur le 11-07-1991).

[13] Rapport, « La Constitution tunisienne du 27 janvier 2014 et la gouvernance du secteur de la sécurité », DCAF, 2015, p. 14.

La vie publique locale s'est vue envahie par la société civile qui cherchait plus ou moins à s'approprier le processus de transition. L'affaiblissement de l'État tunisien, en raison du contexte politique, y était pour beaucoup. Ce qui est remarquable, c'est la nouvelle approche de la société civile tunisienne : elle rompt avec une tradition de résistance contre le pouvoir pour s'engager, sous diverses formes, dans un long processus visant à créer un État démocratique.

La société civile joue une fonction primordiale dans le processus de démocratisation du pays, elle peut assurer un double rôle que ce soit d'observation ou encore de contrôle de ce qui se joue sur la scène publique. Pour mieux permettre à la société civile d'être plus présente, un décret-loi a été adopté à cet effet. Ce texte, datant du 24 septembre 2011, prévoit des conditions plus souples quant à la création d'associations et surtout des dispositions renforçant les droits de celles-ci[14], leur permettant, par conséquent, de jouer un rôle plus influent dans la bonne gouvernance et le développement du pays.

Suite à la révolution tunisienne, la Tunisie voit l'éclosion d'un nombre important d'associations atteignant les deux mille, et ce, d'après un décomptage effectué par une mission de l'UE[15]. Cette profusion s'explique par le cadre légal libérant le droit à la parole et faisant l'éloge de la volonté citoyenne. Ceci est d'autant plus encouragé par le processus de transition accordant un rôle décisif à la société civile dans le cadre du développement du pays[16].

La Constitution de 2014 a, de son côté, pavé la voie à l'éclosion d'une démocratie participative, tout au moins locale. En effet, l'article 139 s'inscrit dans cet esprit et appelle les collectivités locales à s'engager dans cette voie. Cet article dispose que *« les collectivités locales adoptent les mécanismes de la démocratie participative et les principes de la gouvernance ouverte afin de garantir la plus large participation des citoyens et de la société civile à la préparation de projets de développement et d'aménagement du territoire et le suivi de leur*

[14] Décret-loi n° 2011-88 du 24 septembre 2011, portant organisation des associations, *JORT*, 2011, p. 1977.

[15] S. HAMROUNI, M. TABEI, A. HOUSSEIN ABBASSI, « Tunisie », *Annuaire international de justice constitutionnelle*, 2017, p. 977.

[16] L. LABIADH, *La Tunisie à l'épreuve de la territorialisation : réalités et perspectives du modèle de développement territorial*, Thèse, Université de Grenoble Alpes, 2017, p. 243.

exécution, conformément à la loi[17] ». Il est prévu, par ailleurs, dans l'article 133, que *« la loi électorale garantit la représentativité des jeunes au sein des Conseils des collectivités locales »*.

Le budget participatif représente un bon moyen qui pourrait aider à surmonter les difficultés rencontrées par les collectivités locales, qui peinent à allouer de manière efficiente leurs ressources limitées, et se trouvent souvent incapables de satisfaire les besoins des citoyens. Il pourrait donc être utile de faire en sorte que ces derniers participent activement à l'affectation et à l'utilisation des ressources. Pour ce faire, tout un processus participatif a été mis en place, et ce, au travers d'un Budget dit lui aussi participatif[18]. Grâce à ce type de budget, il est demandé aux citoyens de collaborer afin de faciliter le processus de budgétisation annuelle. De par ce fait, ils peuvent peser sur les orientations socio-économiques de leurs communes[19].

Pour garantir la bonne gouvernance ainsi que la démocratie à l'échelle locale, il faut impliquer le citoyen dans les prises de décision. Le budget participatif est un moyen de codécision permettant d'instaurer entre les citoyens et les autorités une relation basée sur la confiance et la coopération. Une telle relation participe à améliorer le résultat fiscal et la démocratie active ; à encourager les investissements ; à développer les infrastructures et les équipements locaux selon la demande des citoyens. Et le plus important, c'est qu'elle permet une prise de décision en toute transparence. Les Budgets participatifs sont appliqués dans le cadre d'un grand nombre de municipalités tunisiennes.

L'idée est simple, il faudrait impliquer les citoyens dans la prise de décision relative aux dépenses d'une partie de l'argent public consacrées aux investissements[20]. Ceux-ci sont appelés à répondre aux nécessités

---

[17] La Constitution marocaine a consacré aussi la démocratie participative dans l'article : *« le régime constitutionnel du royaume est fondé sur la séparation, l'équilibre et la collaboration des pouvoirs ainsi que sur la démocratie citoyenne et participative et les principes de la bonne gouvernance et de la corrélation entre la responsabilité et la reddition des comptes »*.

[18] Le budget participatif est apparu en Brésil depuis 1989 dans la ville de Porto Allègre pour être développé dans la plupart des pays du monde tels que la France.

[19] I. LABIADH, *op. cit.*, p. 225.

[20] *« Tous les projets de développement en Tunisie ont été participatifs et je le dis parce que le ministère de l'Intérieur a envoyé aux municipalités un guide de participation. Il n'y a pas de procédure pour contrôler la mise en place de l'approche participative, la seule consigne reçue par les municipalités était qu'ils doivent tenir au moins deux réunions sans aucun indicateur concernant la représentativité des citoyens, pas de pourcentage, et je le dis parce que j'ai assisté à l'ensemble du processus dans une*

considérées comme prioritaires par les citoyens ; c'est dans cette mesure que ces derniers parviennent à promouvoir le développement de la commune, que ce soit au niveau de l'infrastructure ou encore des équipements.

Un grand nombre de communes tunisiennes se sont mises, conformément à l'article 139 de la Constitution, à adopter les mécanismes de la démocratie participative et les principes de la gouvernance ouverte. Ainsi on peut citer, à titre d'exemple, la commune de Gabès qui a commencé à faire utilisation du budget participatif dès 2014, puis la commune de Sfax en 2015 ou encore celle de Sbeïtla en 2016. Si nous nous penchons sur le cas de Gabès, on note que celle-ci a appliqué ce concept. En effet, un groupe de citoyens a voté pour la réalisation d'un projet appelé *« embellissement de la ville*[21] *»*. Prenant en considération cette initiative, le Conseil municipal a consacré une part du budget annuel afin de mettre à bien la réalisation du « projet citoyen ». Le gouverneur finit par approuver cette décision unanime puis le projet débute en 2015[22].

---

municipalité [...]. Les municipalités ont juste besoin de tenir au moins deux réunions et elles doivent juste documenter ça avec des photos et les envoyer en tant que rapport. On précise également le montant à dépenser et les rubriques qui peuvent être soumises à la discussion (routes, entretien, etc.). Donc, les autorités ont limité le processus à quelques rubriques. Et même si vous suivez une démarche participative telle que précisée dans le document, vous devez passer par la session du conseil municipal ordinaire pour voter les décisions prises. Donc, même si les citoyens décident de manière participative ce qu'ils veulent faire, vous devez passer décisions au vote du conseil municipal, et même lorsque vous validez ces décisions en tant que conseil municipal, vous avez besoin de les soumettre au ministère de l'Intérieur pour les approuver et cela s'appelle approche participative pour le budget du développement ». H. YOUSFI, *op. cit.*, p. 14.

[21] En mai 2014, le forum de délégués a eu lieu, les 24 délégués de tous les quartiers ont défini les priorités budgétaires dans le domaine de « l'embellissement de la ville » pour un total de 200 000 DTN portant sur des priorités diverses telles que la création d'un jardin public, l'éclairage, le nettoyage de plusieurs rues du quartier.

[22] Pour plus de détails : « Dans la municipalité de Gabès, 8 fora citoyens ont été organisés dans les quartiers de la ville de mars à avril 2014. Plus que 300 citoyens ont décidé sur des projets portant sur le thématique "embellissement de la ville" et ont élu leurs délégués de quartier. En mai 2014, le forum des délégués a eu lieu. Les 24 délégués, de tous les quartiers, ont défini les priorités budgétaires dans le domaine de "l'embellissement de la ville", pour un total de 200 000 DTN. Les priorités ont porté sur le nettoyage de plusieurs rues du quartier de "Boulbeba", 25 000 DTN, la création d'un jardin public avec des espaces et jeux pour enfants du quartier de "Chatt Salam", 25 000 DTN, l'éclairage, l'embellissement et l'implantation d'arbres dans les différents espaces publics du quartier de "El Manara" (l'école primaire, l'hôpital, la poste, le marché hebdomadaire), 25 000 DTN, la création d'un parcours de santé du quartier de "El Menzel" pour les habitants, 25 000 DTN. Ces projets ont été votés par les citoyens et adoptés par le conseil

On peut aussi donner l'exemple de la commune de Sfax qui a tenté d'appliquer la budgétisation participative pour l'année 2015, il y était question de faire en sorte que les projets sélectionnés par les citoyens aient leur place dans le projet du budget de 2016. Le Conseil municipal finit par consacrer un budget de 3 millions de dinars dans le cadre d'investissements dans les secteurs de la voirie, de l'éclairage public et de la construction de trottoirs. Cette expérience réussie a motivé la Commune de Gabes à développer ce projet en le reproduisant l'année suivante pour une part budgétaire assez consistante incluant d'autres secteurs d'interventions[23].

Ces droits assurés par la démocratie participative accordent aux citoyens la possibilité d'être membres actifs de la communauté en ayant la capacité de peser sur la prise de décision politique finale, ce qui correspond à un renvoi démocratique au peuple. Le citoyen régit, par le vote, sa volonté ; il est désormais membre actif quant aux décisions politiques. Le fait de consacrer un budget participatif a permis de créer une relation fiable avec le citoyen. On remarque par ailleurs une amélioration notable quant à la transparence dans toutes les étapes du processus, grâce à la communication ouverte entre citoyens et municipalité. Ceci devrait permettre à la Constitution de faire ses preuves en enracinant les droits socio-économiques.

Paragraphe 2 : Une consécration « molle » des droits sociaux économiques

Au XVIIIe siècle, les droits économiques et sociaux n'étaient pas considérés comme fondamentaux, étant donné qu'à cette époque, la pensée libérale était dominée par les droits civils et politiques. À partir de 1946, les problèmes économiques et sociaux sont davantage mis en avant. Ainsi, on a cherché à garantir de nouveaux droits, en comptant désormais sur l'État pour assurer la prospérité économique et sociale.

Parmi ces droits, nous trouvons le droit syndical, le droit de grève ou encore le droit au travail. On parle de droits-créances, étant donné qu'on

municipal qui a inclus les propositions dans son budget annuel et les a fait approuver par le gouverneur. Les travaux vont débuter en 2015 ». A. BEN YAKHLEF, « La démocratie locale et la participation des citoyens à l'action municipale », 1er juin 2014, p. 55.

[23] Expérience décrite par Ahmed Guidra, « Le Budget participatif : Un pas vers la démocratie locale en Tunisie l'expérience de la commune de Sfax, 2015 », mis en ligne le 30 octobre 2010, consulté le 12 mai 2018, URL : https://cutt.ly/VfMoxsZ.

demande l'intervention de l'État pour les garantir[24]. Cela dit, certaines questions demeurent d'actualité. Il est légitime de se demander pourquoi les droits socio-économiques doivent être reconnus dans le texte constitutionnel, et pourquoi les dispositions relatives à ces droits doivent avoir une valeur constitutionnelle.

La réponse se trouve dans les arguments suivants : la Constitution est un toit protecteur de droits économiques et sociaux et un outil pour promouvoir la démocratie économique et sociale[25]. En outre, la protection des droits économiques et sociaux est considérée comme une donnée essentielle à l'existence même et à la survie de l'État démocratique[26]. L'État est essentiel à l'évolution de la vie économique et sociale, mais il est souvent à l'origine des violations de ces droits. La nécessité d'une Constitution est alors inévitable pour la protection desdits droits.

Dans ce sens, la Constitution du 27 janvier 2014 a proclamé l'essentiel des droits socio-économiques et culturels **(A)**, avec une consécration marginalisée des droits culturels **(B)**. Néanmoins, cette consécration reste inachevée **(C)**.

A. Une avancée remarquable mais non suffisante des droits économiques et sociaux

La Tunisie offre, tout au long de son histoire contemporaine, une illustration frappante de la corrélation étroite entre la modernité et les conquêtes sociales. L'abolition de l'esclavage en Tunisie, depuis 1846 par Ahmed Ier Bey, a ouvert la voie à la consécration progressive des droits humains et à la modernisation sociale. En ces temps-là, le pays s'est doté,

---

[24] R. MARTINEZ, « Préparer le statut de l'Instance de bonne gouvernance et de lutte contre la corruption : établir l'autorité constitutionnelle indépendante conformément à l'article 130 de la Constitution du 26 janvier 2014 », SNAC, Tunisie, 30 octobre 2014, p. 16.

[25] La démocratie économique et sociale ne doit pas être vue comme un régime politique achevé, mais plutôt comme un projet porté par des acteurs économiques et politiques qui ont réussi à en faire appliquer certains aspects, historiquement datés. Elle se caractérise, d'une part, par un contenu en termes de prestations fruits de la redistribution des revenus opérée par l'État providence et, d'autre part, par un cadre institutionnel qui complète les institutions de la démocratie parlementaire. Voir, en particulier, Arcq (E.), « Existe-t-il encore une démocratie économique et sociale ? », *Revue du Centre d'études et de recherches en administration publique*, 2013, p. 185.

[26] Commission européenne pour la démocratie par le droit : en coopération avec la Cour constitutionnelle de Croatie, *La protection des droits fondamentaux par la Cour constitutionnelle : Actes du Séminaire UniDemorganisé à Brioni, Croatie (23-25 octobre 1995)*, Strasbourg, Éd. du Conseil de l'Europe, 1996, p. 17.

sous la pression extérieure, du Pacte fondamental en 1857 (une véritable Déclaration des droits de l'homme) et d'une Constitution en 1861 (la première dans le monde arabo-musulman). Ce dispositif constitutionnel, qui représentait une rupture avec ce qui existait dans le monde arabo-musulman, avait l'ambition de consacrer de nombreux droits économiques et sociaux tels que le droit à la propriété, le droit à la sécurité juridique, la légalité fiscale, la légalité pénale et la liberté de commerce et d'industrie.

Concernant la Constitution de 1959, celle-ci n'a pas abordé la question économique en profondeur[27]. Elle s'est contentée d'une présentation sommaire de l'ordre socio-économique[28]. On y trouve une brève référence à certains droits sociaux, comme celui du travail, de l'éducation et de la santé. Par contre, en ce qui concerne les droits économiques, ils sont presque inexistants.

Les rares dispositions à teneur économique sont floues car toute la rédaction est orientée vers l'organisation politique de l'État[29].

L'évolution historique continue avec la Constitution de 2014, où l'État semble vouloir prendre en main le management de l'économie ; en effet on constate qu'il existe un travail de réflexion quant à la relocalisation de la politique économique, et ce, en prenant en considération les zones défavorisées et les classes sociales jusque-là inexistantes au regard de l'État. La nouvelle Constitution essaie, autant que possible, de rompre avec une mauvaise tradition qui consistait à affaiblir l'État au profit des intérêts privés, et à sacrifier les classes sociales faibles sur l'autel de l'économie de marché[30].

---

[27] D. LINOTTE, R. ROMI, *op. cit.*, p. 40.

[28] F. HORCHANI, *Le commentaire de la Constitution tunisienne article par article*, Édition Association tunisienne de droit constitutionnel et l'article, D.-J. VERGES, « La Constitution tunisienne du 1er juin 1959 et les traités », RTD, 1975, pp. 84-140.

[29] L'encadrement constitutionnel de la question économique et sociale en Tunisie ne constitue pas habituellement une préoccupation fondamentale des faiseurs de Constitution. Focalisée sur le phénomène politique, la Constitution se limite aux règles minimales du phénomène économique. Cette attitude semble pouvoir expliquer la suppression dans le texte final de la Constitution de 1959 de l'ensemble des droits à caractère social et économique retenus dans le projet du 9 janvier relatif à la monarchie constitutionnelle et reconduits de manière incomplète dans le texte initial de la Constitution présenté à l'ANC le 30 janvier 1958. Elle explique aussi la négligence de la part du constituant tunisien du régime économique auquel il n'a été consacré que quelques dispositions fort disparates et peu cohérentes.

[30] A. BEN MUSTAPHA, *Politique économique et dispositions de la Constitution*, Kapitalis, 2014, p. 5.

La Révolution a donné la note quant aux revendications socio-économiques des citoyens. À partir de là, la consécration des droits socio-économiques par la Constitution de 2014 était prévisible.

Dans cette mesure, l'État sera tenu responsable pour tout manquement, car ces droits sont désormais des droits-créances ; l'État doit garantir la sécurité sociale, un emploi librement choisi ou encore la santé (etc.[31]). L'État se doit également d'agir dans le sens des revendications sociales pour pouvoir assurer la pleine effectivité à ces droits fondamentaux.

L'article 38 de la Constitution garantit un certain nombre de droits, tels que le droit à la santé et à une couverture sociale. On peut y lire ce qui suit :

« L'État garantit la prévention et les soins de santé à tout citoyen et assure les moyens nécessaires à la sécurité et à la qualité des services de santé. L'État garantit la gratuité des soins pour les personnes sans soutien ou ne disposant pas de ressources suffisantes. Il garantit le droit à une couverture sociale conformément à ce qui est prévu par la loi ». Malheureusement, cette proclamation généreuse peut rester un simple slogan. Vu la situation économique du pays, il est légitime de se demander dans quelle mesure ce texte peut être réaliste. Plus grave encore : quelles peuvent être les conséquences du décalage fort possible entre le texte et la pratique[32] ?

Malgré la richesse des droits sociaux dans la nouvelle Constitution, il y a des principes importants qui n'ont pas trouvé leur place au sein de la Constitution comme, par exemple, le dialogue social. Le refus par l'Assemblée nationale constituante de constitutionnaliser ce principe est étonnant puisque c'est au sein de la constituante qu'un important document, dit le Pacte social, a été signé le jour anniversaire de la Révolution. Le texte en question souligne l'importance de la démocratie sociale et plus précisément le droit à négociation collective en tant que valeur politique par défaut. Le refus de constitutionnaliser le dialogue social a eu pour effet de mettre aux oubliettes le Pacte social, signé un an auparavant. Ce qui est intrigant, c'est que le contexte postrévolutionnaire du pays se prêtait pour la constitutionnalisation du dialogue social, mais rien de tel n'a été fait. Ce dialogue aurait dû être intégré dans la

---

[31] J. SAYAH, *L'Acte II de la révolution tunisienne : La Constitution*, Paris, L'Harmattan, 2015, p. 172. « Les droites créances ne peuvent recevoir satisfaction qu'avec la mise en place d'un appareil destiné à répondre aux exigences des particuliers : tant que le service n'est pas créé […] le droit du créancier ne peut s'exercer ». J. RIVERO, *Libertés publiques*, Paris, PUF, 1973, p. 122.

[32] N. BACCOUCHE, *op. cit.*, p. 478.

Constitution pour pointer le nouvel esprit démocratique qui animait la Tunisie. Des conséquences directes voient le jour. Un désordre social apparaît : voyant leur pouvoir d'achat diminuer, les employés entament une série de grèves dans tous les secteurs. Ces grèves affectent l'économie qui se voit fragilisée, et on entre dans une boucle destructrice qui aurait pu être évitée par le dialogue social.

Il existe par ailleurs d'autres omissions dérangeantes, les finances sociales n'apparaissent aucunement dans la Constitution, ce qui est étonnant compte tenu du déficit presque structurel dont souffre le système de sécurité sociale. Il en résulte que la gestion de ces finances restera loin de l'intervention du législateur. Il aurait fallu peut-être envisager une loi annuelle régissant les finances sociales, en tenant compte de leur spécificité et en imposant l'incontournable équilibre aux différentes caisses sociales[33].

L'ANC a instauré un modèle social et une politique de développement en misant sur la réforme de la fonction économique de l'État. Cette vision peut ne pas correspondre à la Tunisie qui, en réalité, ne dispose pas des moyens nécessaires pour mener à bien un tel projet[34].

B. Une consécration constitutionnelle souffrant de l'interventionnisme de l'État

La Constitution tunisienne représente, à travers le prisme politique, incontestablement une Constitution libérale. On y retrouve l'ensemble des techniques de gouvernance libérale, on peut citer à titre d'exemple le fait qu'il y ait une Constitution rédigée, que les pouvoirs soient séparés, et enfin qu'il y ait une consécration des droits et libertés fondamentaux. Pourtant on est en droit de se demander si cette logique libérale est transposée sur le plan économique ?

Si l'on revient au Pacte fondamental de 1857 et à la Constitution de 1861, on retrouve la consécration des prémisses des droits et des libertés économiques. Avec la Constitution de 1959, on constate un changement indéniable, certaines consécrations ont complètement disparu du texte. Puis en 2014, on relève un décalage flagrant entre une profusion des droits socio-économiques dans le texte constitutionnel et la dénudation de ces droits de leurs conceptions libérales.

---

[33] N. BACCOUCHE, *op. cit.*, p. 481.

[34] G. WEICHSELBAUM, X. PHILIPPE, *Le processus constituant et la Constitution tunisienne du 27 janvier 2014 : un modèle à suivre ?*, Maghreb-Machrek, 2015, p. 65.

L'expérience française a inspiré l'Assemblée constituante de 1956 qui a adopté une vision libérale du droit de propriété[35]. Dans cette mesure, le principe de la garantie de propriété a été traité en ces termes : *« l'exercice de ce droit ne relève pas du pouvoir règlementaire, ce qui fait que la reconnaissance d'une compétence générale, au ministère chargé du patrimoine, pour ajouter des règlements relatifs aux abords des monuments historiques, sans déterminer les procédures d'édiction de ces règlements ou le contenu de ces dernières dans le texte de loi, est incompatible avec le principe de la garantie du droit de propriété et avec ce que prévoit l'article 34 de la Constitution*[36] *»*.

Le texte de la Constitution de 1959 n'était pas très clair en ce qui concerne le principe de liberté du commerce et de l'industrie ; on retrouve une référence indirecte au niveau de l'article 7 dans lequel il est reconnu aux citoyens :

« l'exercice de la plénitude de leurs droits dans les formes et conditions prévues par la loi », et celles de l'article 14 qui *« garantit de la plénitude du droit de la propriété, exercé dans les limites prévues par la loi*[37] *»*.

Par ailleurs, l'article 242 du Code des obligations et contrats de 1906 traite indirectement de la question. En effet, les juristes affirment que la liberté du commerce et de l'industrie inclut nécessairement la propriété individuelle et la liberté contractuelle. Ainsi on y retrouve l'affirmation des principes de la liberté contractuelle et de l'autonomie de la volonté[38].

Le Code pénal apporte plus de précision par rapport à la Constitution de 1959, il pose des limites légales contre toute atteinte à ce principe et aux lois du marché[39].

Si la Constitution tunisienne de 1959 n'appréhende pas explicitement la notion de concurrence, mais accorde par contre une valeur constitutionnelle au développement économique, au droit de la propriété, certains auteurs en ont déduit que le droit de la concurrence n'est pas en

---

[35] F. MOUSSA, *La Constitution et le droit de propriété en Tunisie*, RTD, 1986, p. 74.

[36] Avis n° 43-2004 du Conseil constitutionnel, concernant certaines dispositions du projet de la loi de finances pour l'année 2005, *JORT*, pp. 3766-3771.

[37] R. JAIDANE, *op. cit.*, p. 65.

[38] L. CHIKAOUI, *op. cit.*, p. 135.

[39] En vertu de l'article 139 du Code pénal : *« Tous ceux qui par des faits faux ou calomnieux semés sciemment dans le public, par des offres jetées sur le marché à dessein de troubler les cours, par des suroffres faites aux prix que demandaient les vendeurs eux-mêmes par des voies ou moyens frauduleux quelconques. Ou qui, en exerçant ou tentant d'exercer, soit individuellement, soit par réunion ou coalitions, une action sur le marché dans le but de se procurer un gain qui ne serait pas le résultat du jeu naturel de l'offre et de la demande »*.

rupture totale avec la Constitution pour deux raisons. D'abord, l'option pour un modèle de planification indicative et libérale en Tunisie fait en sorte que la concurrence, bien qu'elle soit apparue dans un contexte économique libéral, joue un rôle décisif, permettant de protéger la liberté du commerce et d'industrie. Ensuite, on estime que le droit de la concurrence est imprégné par la logique interventionniste car il s'agit pour les pouvoirs publics d'utiliser leur pouvoir normatif pour encadrer les comportements des opérateurs économiques qui sont susceptibles de fausser le libre jeu de concurrence. Dans cette logique, le droit de la concurrence devient un arsenal juridique par lequel l'État tente de réguler le marché[40]. En se référant à l'esprit qui anime les droits et libertés fondamentaux, le Conseil constitutionnel tunisien, qui avait vocation de combler les lacunes de la lettre de la Constitution de 1959, pourrait avoir conféré une valeur constitutionnelle au principe de la libre concurrence.

De nos jours, même avec l'apogée d'une nouvelle Constitution postrévolutionnaire, la consécration des droits et libertés économiques reste toujours limitée. La nouvelle Constitution a proclamé l'essentiel des droits en essayant d'être plus riche et plus explicite que celle du 1er juin 1959. En dépit de cette richesse, elle reste en deçà des espérances et du concept de Constitution économique. Le débat public national, qui avait précédé l'élection de l'ANC, et le programme de transition économique ne semblent pas avoir réussi à déroger aux grands choix de politique économique. Aussi solennelle soit-elle, la nouvelle Constitution se limite aux règles minimales du phénomène économique et, partant, incapable de permettre une réelle jouissance des droits économiques. Une preuve qui ne trompe pas : l'entreprise a été malencontreusement oubliée dans le texte de la Constitution, alors qu'elle occupe une place de choix dans le monde et dans la création des richesses que l'on redistribue[41].

Alors qu'elle a confirmé le caractère constitutionnel du droit de propriété (art. 41) et du principe d'égalité (art. 21), le texte de la Constitution n'a pas jugé utile de consacrer le principe de la liberté du commerce et d'industrie, pourtant proclamée depuis 1857 par le Pacte fondamental et considéré, en plus, comme étant l'un des piliers du capitalisme et de l'économie de marché. Il ne s'agit certainement pas d'un simple oubli, puisque la puissante organisation patronale tunisienne, l'Union tunisienne de l'industrie, du commerce et de l'artisanat (UTICA), est intervenue auprès de l'Assemblée constituante pour demander la

---

[40] H. BEN M'RAD, *Liberté du commerce et de l'industrie en Tunisie*, *op. cit.*, p. 134.
[41] N. BACCOUCHE, *op. cit.*, p. 473.

consécration des droits qu'elle jugeait nécessaires pour l'avenir du pays. Manifestement, les demandes présentées par l'UTICA n'ont pas été accueillies très favorablement. La méfiance à l'égard du capital, conjuguée avec les doutes que soulevaient les liens étroits entre les anciens dirigeants de l'UTICA et plusieurs personnalités clés de l'ancien régime, n'ont pas favorisé la reconnaissance au profit des agents économiques d'un certain nombre de droits économiques[42].

Par ailleurs, l'institut arabe des chefs d'entreprise a présenté à l'ANC une proposition visant à introduire le principe de la liberté de l'activité économique dans la nouvelle Constitution. L'institut a fait souligner que l'introduction du principe de la liberté de l'activité économique dans la Constitution devrait permettre à l'État tunisien d'exercer ses fonctions économiques régulatrices, conformément à un référentiel constitutionnel économique sain et adéquat avec les principes caractérisant la mondialisation économique à laquelle la Tunisie a adhéré. Malheureusement, cette proposition est restée sans réponse. Si elle avait été adoptée, elle aurait clarifié, de manière consensuelle, les choix économiques à faire, ce qui aurait permis de faciliter la tâche de tous les acteurs économiques, d'assurer la pérennité de l'économie tunisienne et d'améliorer le positionnement de la Tunisie sur le plan international. Regrettant la position adoptée par l'ANC, M. Hédi BEN M'RAD relève que la constitutionnalisation du principe de la liberté de l'activité économique aurait levé définitivement l'équivoque sur *« la réalité économique libérale ancestrale de la Tunisie »*, et aurait eu pour effet « d'enrichir le patrimoine constitutionnel économique tunisien[43] ».

Le 14 janvier 2011 était bel et bien un discours de dignité, mais aussi de liberté et de démocratie. Mais dans cette éphorie, il semblerait que le libéralisme politique ait pris le dessus sur le libéralisme économique. Dans tous les cas, les droits consacrés par la nouvelle Constitution, quelle que soit leur famille d'appartenance, sont assortis de garanties, ce qui représente une nouveauté dans l'histoire constitutionnelle tunisienne.

---

[42] *Ibid.*, p. 477.

[43] H. BEN M'RAD, « Constitution et économie : Pour quels principes constitutionnels économiques ? », mis en ligne, consulté le 8 avril 2018, URL : https://cutt.ly/QhmJ8Ti.

Section 2.
Une consécration assortie de garanties

La lecture de la Constitution de 2014 nous permet de confirmer une certaine adéquation entre les droits annoncés dans ce texte et ceux proclamés dans les textes internationaux relatifs aux droits de l'homme. Toutefois, ce rapprochement constaté peut n'être que de façade, si les droits incorporés dans la Constitution tunisienne ne sont pas assortis de garanties. La meilleure garantie consiste à soumettre la partie étatique à divers contrôles. Le respect des droits de l'homme, en Tunisie, est garanti par un contrôle juridictionnel **(Paragraphe 1)** et un contrôle extrajuridictionnel **(Paragraphe 1)**.

Paragraphe 1 : Un contrôle juridictionnel

Comme nous venons de le montrer, les droits de l'homme ont été garantis textuellement par leur inclusion dans la nouvelle Constitution. Cette garantie textuelle a été renforcée par une deuxième garantie de nature juridictionnelle. Étant donné que la mise en œuvre du texte constitutionnel s'appuie sur des textes législatifs, ceux-ci doivent être soumis à un contrôle juridictionnel visant à assurer leur conformité ou du moins leur compatibilité avec la Constitution. Connu sous le nom de contrôle de constitutionnalité des lois, ce type de contrôle a été prévu par la nouvelle Constitution et confié au pouvoir juridictionnel. Il prend la forme de contrôle *a priori* **(A)** et la forme de contrôle *a posteriori* **(B)**.

A. Le contrôle *a priori* de la constitutionnalité des lois

Le contrôle de la constitutionnalité des lois[44] est garanti *a priori* par la Cour constitutionnelle. Mais dans l'attente de mettre en place cette Cour, ce contrôle est exercé temporairement par l'Instance de contrôle de la constitutionnalité des lois.

L'article 122 règle la question des effets de la décision d'inconstitutionnalité d'un projet de loi par la Cour constitutionnelle qui oblige le président de la République à renvoyer obligatoirement ce dernier

---

[44] Le contrôle de constitutionnalité parachève la théorie de l'État de droit et consacre la primauté de la Constitution. Par conséquent, la création de l'IPCCPL par l'article 148 de la Constitution du 27 janvier 2014 est venue combler le vide qu'aurait connu le contrôle de constitutionnalité entre la date de promulgation de la Constitution et celle de la mise en place effective de la Cour constitutionnelle créée par l'article 118 du même texte, organisée par la loi organique du 3 décembre 2015.

devant l'Assemblée des représentants du peuple pour une deuxième lecture. Ce renvoi s'opère dans le but de purger le texte de son inconstitutionnalité et lui réaffirmer sa cohérence.

L'article 122 instaure également un deuxième contrôle de constitutionnalité automatique par la Cour constitutionnelle au moment où le projet de loi est modifié et adopté par le Parlement. Ce mécanisme de contrôle à double détente n'est pas en soi inédit, on le retrouve dans nombre d'États ayant instauré un contrôle de constitutionnalité a priori. L'originalité de l'article 122 repose sur son automatisme qui réside dans le fait qu'il s'agisse d'un projet de loi amendé dont le renvoi est la conséquence directe d'une inconstitutionnalité explicitement déclarée ou qu'il s'agisse d'une deuxième lecture suscitée par le président de la République à l'issue de l'expiration du délai dans lequel la Cour aurait dû rendre sa décision, la Cour constitutionnelle possède la garantie qu'en cas de deuxième lecture d'un texte législatif adopté, quels qu'en soient les motifs, une nouvelle saisine sera effectuée[45].

Ce mécanisme a pour effet de créer un contrôle de constitutionnalité automatique en cas de deuxième lecture, d'autant qu'il garantit, d'une part, que le contrôle de constitutionnalité reviendra en dernier lieu à la Cour constitutionnelle, organe juridictionnel chargé de cette mission et d'autre part, que l'inconstitutionnalité éventuelle affectant un texte législatif en cours d'adoption sera d'une façon ou d'une autre expurgée en cas d'inconstitutionnalité[46].

On remarquera que le texte n'envisage pas l'abandon pur et simple du texte inconstitutionnel et qu'à la lecture de l'article 122, le président de la République se trouve dans l'obligation de renvoyer une disposition déclarée inconstitutionnelle devant le Parlement, situant dont il ne pourra s'affranchir qu'en décidant de l'abandon du projet déclaré inconstitutionnel. On remarquera toutefois que ceci ne vaut que pour les textes transmis à la Cour constitutionnelle, car si cette dernière n'est pas saisie dès l'origine, elle ne pourra pas s'autosaisir ou faire l'objet d'une saisine automatique. Le contrôle a priori n'est donc pas systématique. Quant à l'Instance de contrôle de la constitutionnalité des lois, l'Article premier de la présente loi dispose que : *« Il est créé, en vertu de la présente loi organique, une instance juridictionnelle provisoire indépendante*

---

[45] X. PHILIPPE, « Contrôle juridictionnel et Cour constitutionnelle dans la Constitution », in *La Constitution de la Tunisie, processus, principes et perspectives*, PNUD, 2014, p. 544.

[46] *Ibid.*, p. 547.

chargée du contrôle de constitutionnalité des projets de loi, dénommée l'instance provisoire de contrôle de constitutionnalité des projets de loi ». Siégeant à Tunis et disposant de l'indépendance administrative et financière[47]. Tel que stipulé dans l'article 148 de la Constitution et conformément à l'article 4 de la loi portant sur sa création, cette instance serait composée de six membres : les présidents de la Cour de cassation, du Tribunal administratif et de la Cour des comptes, ainsi que 3 membres nommés par le président de la République, le président du Gouvernement et le président de l'Assemblée nationale constituante.

Selon l'article 6 de la loi portant sur la création de cette instance, les six membres n'auront ni le droit de se porter candidats à la présidence de la République ni de siéger au sein de la future Cour constitutionnelle. Par ailleurs, les membres de l'Instance jouissent de l'immunité pénale et ne peuvent donc être poursuivis pendant la durée de leur mandat, à moins qu'une procédure de levée de ladite immunité soit entreprise devant l'Assemblée des représentants du peuple.

Selon l'article 11 de la loi portant création de l'Instance, est réputé démissionnaire, tout membre s'absentant, trois fois consécutives aux sessions de l'Instance sans motif légal. Ainsi ladite personne perdra sa qualité de membre. Il en va de même en cas de violation des obligations découlant de cette loi. Une fois la violation constatée (par l'Instance elle-même, par le président de la République, par le président du Gouvernement ou par le président de l'Assemblée des représentants du peuple), l'Instance se réunit à huis clos afin d'en vérifier la teneur. Par la suite, l'Instance rend sa décision de révocation dudit membre à la majorité de 4 des 5 membres restants. « En cas de vacances d'un des membres par démission, abandon, révocation, impossibilité ou décès, la partie à l'origine de sa nomination se chargera de nommer un nouveau membre ». Enfin, il est prévu par la Constitution que les fonctions de l'Instance prendront fin avec l'instauration de la Cour constitutionnelle.

Quant à la procédure même de contrôle de constitutionnalité des projets de loi, c'est conformément à l'article 3 qu'on peut lire que l'Instance procède au contrôle des projets de loi sur demande du président de la République, du président du Gouvernement, du président de l'Assemblée nationale constituante ou du président de l'Assemblée des représentants du peuple, ou d'au moins 30 députés. Cet article définit, de même, ce que sont les projets de loi : il s'agit de l'ensemble des textes

[47] Art. 2 : *« L'Instance jouit de l'autonomie administrative et financière dans le cadre du budget de l'État »*.

législatifs émanant de l'Assemblée nationale constituante ou de l'Assemblée des représentants du peuple, n'ayant pas encore été promulgués. Telle que prévue dans l'article 18, cette requête doit être adressée à l'Instance dans un délai de 7 jours, à partir de la date de l'adoption par l'Assemblée des représentants du peuple, de la loi ou de la disposition contestée.

Avant de procéder à un examen de fond, l'Instance vérifie les conditions de formes formulées à l'article 19. Les décisions de l'Instance sont prises à la majorité absolue de ses membres dans un délai de 10 jours prolongeables d'une semaine. Cette décision doit être motivée et publiée au Journal officiel de la République tunisienne. Une fois publiée, elle est considérée imposable à tous.

Cependant, il existe une procédure d'« urgence » dans le but d'accélérer le contrôle de constitutionnalité d'un projet de loi, et ce, à l'initiative du président de la République, du président du Gouvernement ou du président de l'Assemblée. Dans ce cas, l'Instance devra informer la partie concernée dans les 2 jours, si elle accepte, ou rejette, cette procédure d'urgence. En cas d'acceptation, l'Instance devra rendre sa décision sur la constitutionnalité du projet de loi, dans un délai d'une semaine, qui pourrait osciller entre 3 niveaux selon les requêtes qui lui seront présentées[48] :

- Si la décision de l'Instance détermine que le projet de loi contesté est conforme à la Constitution, celui-ci sera transmis au président de la République pour sa promulgation ou son renvoi, selon les cas.
- Si la décision de l'Instance déclare l'inconstitutionnalité d'un projet de loi, celui-ci sera transmis au président de la République qui le transmettra à l'Assemblée pour une deuxième lecture en tenant compte des arguments de l'Instance, et ce dans un délai de 10 jours à partir de sa transmission. Une fois modifié et avant sa promulgation, le président de la République devra le retransmettre une nouvelle fois à l'Instance afin qu'elle vérifie, de nouveau, sa constitutionnalité.
- Si l'Instance décide qu'une ou plusieurs dispositions d'un projet de loi sont anticonstitutionnelles, le projet de loi pourra être promulgué à l'exception des dispositions susvisées.

Enfin, si l'Instance n'arrive pas à rendre une décision dans les 10 jours, comme prévu dans l'article 23, elle devra immédiatement le transmettre

[48] L. CHIKAOUI, « Le rôle de l'Instance provisoire de contrôle de la constitutionnalité des projets de loi en période de transition », *Revue juridique des étudiants de la Sorbonne*, 2019, p. 45.

au président de la République pour promulgation. Une des principales critiques que soulève cette Instance provisoire de contrôle de constitutionnalité des projets de loi est l'absence de l'exception d'inconstitutionnalité.

L'exception d'inconstitutionnalité est la possibilité pour un citoyen de soulever devant un juge judiciaire le fait qu'une loi ou une de ses dispositions est contraire à la Constitution. Le juge devra, à ce moment-là, se tourner soit vers la Cour constitutionnelle, soit vers une haute juridiction qui tranchera sur la question. Ainsi, l'Instance ne pourra pas se prononcer sur les lois déjà promulguées avant sa création, ce qui pourrait s'expliquer par son caractère provisoire, gérant les « urgences » et laissant donc cette prérogative à la future Cour constitutionnelle.

B. Le contrôle *a posteriori* de la constitutionnalité des lois

L'article 120 prévoit la possibilité pour la Cour constitutionnelle d'exercer un contrôle de constitutionnalité *a posteriori* sur les textes législatifs en vigueur renvoyés par les tribunaux, suite à une exception d'inconstitutionnalité soulevée par l'une des parties.

L'article 123 précise que la Cour constitutionnelle ne doit se prononcer que sur les moyens invoqués. Cela implique que cette Cour doive s'abstenir de se saisir de l'intégralité du texte de la loi en question et doive également s'abstenir de soulever des moyens de son propre chef. Elle doit simplement porter son examen sur les dispositions contestées, et ce, uniquement au regard des arguments soulevés par les parties au litige devant les tribunaux[49].

Pour rendre sa décision, la Cour dispose, selon l'article 123, d'un délai de trois mois *« renouvelable une seule fois pour la même période »*. Ce délai paraît raisonnable, compte tenu des difficultés auxquelles peut se heurter la Cour, et qui peuvent être en rapport soit avec la sensibilité de la question soulevée, soit avec le nombre des dispositions contestées. Le même article ne précise pas, toutefois, les conséquences qui peuvent résulter du non-respect de ce délai. À l'inverse de ce qui est mentionné dans l'article 121 pour le contrôle de constitutionnalité *a priori*, le contrôle de constitutionnalité *a posteriori* ne comporte pas de

[49] X. PHILIPPE, « Contrôle juridictionnel et Cour constitutionnelle dans la Constitution », in *La Constitution de la Tunisie, processus, principes et perspectives*, PNUD, 2014, p. 544.

transmission de la loi objet du contrôle au président la République, en cas d'expiration du délai imparti à la Cour[50].

Quant aux effets de la décision de la Cour, l'article 23 précise que : *« Si la Cour constitutionnelle déclare l'inconstitutionnalité, l'application de la loi est suspendue, dans les limites de ce qui a été jugé »*. Cette formulation est ambiguë. L'inconstitutionnalité entraîne normalement l'abrogation, c'est-à-dire la disparition pour l'avenir des dispositions déclarées inconstitutionnelles : le texte constitutionnel parle ici de suspension et pas d'abrogation. Suspendre signifie que le texte reste encore en vigueur. Il reviendra, normalement, au législateur d'en tirer les conséquences et de procéder à l'abrogation. D'autre part, la Constitution reconnaît à la Cour le pouvoir de définir les effets de sa décision d'inconstitutionnalité : applicabilité immédiate ou différée, au cas d'espèce, renvoi devant le législateur. Aucune information supplémentaire ne figure dans le texte constitutionnel.

À vrai dire, la mise en place d'un contrôle de constitutionnalité *a posteriori* pose des défis, les recours peuvent être trop nombreux ou infondés, ce qui perturberait le fonctionnement des différentes juridictions. Ces risques liés au contrôle de constitutionnalité *a posteriori* imposent une organisation rigoureuse permettant de rationaliser les modalités de contrôle. L'idée d'un filtrage des recours s'est ainsi manifestée pour permettre une organisation rationnelle et efficace du traitement des recours fondés sur une exception d'inconstitutionnalité soulevée devant les tribunaux. La difficulté tient en réalité à l'organisation du filtrage et à son équilibre en termes de rationalité dans l'exercice des recours et de protection des droits des parties ayant soulevé l'exception d'inconstitutionnalité.

Les principaux modèles de filtrage consacrés en droit comparé sont les suivants :

* La Cour constitutionnelle filtre elle-même les recours en inconstitutionnalité (Allemagne). Ce système exige une organisation logistique importante pour permettre le tri des recours surtout quand ils sont nombreux.

* Chaque juridiction filtre les recours en inconstitutionnalité sans pour autant pouvoir se prononcer elle-même sur le fond (Italie, France, Afrique du Sud). Toutefois, l'étendue du rôle du juge ordinaire dans le filtrage des recours varie d'un État à l'autre. Certains États se limitent à imposer au juge saisi de vérifier que le problème posé se rapporte bel et

[50] *Ibid.*, p. 547.

bien à une disposition constitutionnelle, sans pour autant lui accorder le pouvoir d'apprécier la pertinence de la question de constitutionnalité soulevée. D'autres États ont en revanche choisi de confier un rôle plus actif au juge du fond en lui imposant de vérifier que la disposition constitutionnelle est pertinente et que le raisonnement de constitutionnalité invoqué se rapporte bien au problème soulevé par l'affaire au fond.

En pratique, le choix de l'étendue du filtrage accompli par les juridictions ordinaires dépend du contexte politique et du degré de confidence dont elles bénéficient. L'expérience comparée montre que tout de suite après l'instauration d'une procédure de contrôle de constitutionnalité *a posteriori*, le flux des recours est important puis commence à fléchir pour se stabiliser à un niveau raisonnable lorsque les requérants et leurs représentants en justice comprennent parfaitement le fonctionnement du mécanisme de contrôle. Il n'en reste pas moins que cette procédure de contrôle *a posteriori* devient rapidement la voie dominante lorsque les deux voies de contrôle sont ouvertes (*a priori* et *a posteriori*). Ce fut le cas en Italie, en Espagne ou encore en Afrique du Sud.

Le législateur tunisien n'a pas encore instauré des filtrages, est-ce une avancée ? Est-ce un mutisme volontaire ? Est-ce que cela sera laissé à la loi organique relative à l'organisation de la Cour constitutionnelle et aux procédures suivies devant elle ? Quelle qu'en soit la réponse et quelles que soient les prérogatives dont vont bénéficier les juges ordinaires, on peut affirmer, sur la base de l'article 120 de la Constitution, que la Cour constitutionnelle tunisienne est fondée sur le modèle européen (kelsénien) où le contrôle de constitutionnalité est concentré dans les mains d'une seule juridiction, et ce, contrairement au modèle américain où le contrôle de constitutionnalité est exercé par toutes les juridictions.

L'instauration du contrôle de constitutionnalité *a posteriori* est une avancée non négligeable. Elle fait passer la Tunisie d'un « État légal » à un « État de droit ». Reste à savoir si les dispositions de la loi relative à l'organisation de la Cour constitutionnelle et aux procédures suivies devant elle vont amplifier ou, au contraire, atténuer les progrès dans lesquels le constituant avait cherché à s'engager. Cela dit, il ne faut pas passer sous silence le fait que la mise en place de la Cour constitutionnelle rencontre des difficultés[1]. Ces difficultés concernent essentiellement l'élection des quatre membres de la Cour, soit le tiers des membres, qui

[1] Les quatre membres que doit choisir le Parlement.

doivent être choisis par l'Assemblée des représentants du peuple. On précisera que la majorité exigée par la loi est de deux tiers des représentants, soit 145 voix pour, nécessaires à l'élection de ses membres[2].

À côté du contrôle juridictionnel de la constitutionnalité des lois, qu'il soit *a priori* ou *a posteriori*, on relève l'existence d'un autre type de contrôle, qui est cette fois-ci non juridictionnel.

Paragraphe 2 : Un contrôle non juridictionnel

Les mouvements populaires dans les différents pays du monde arabe et la crise financière mondiale[3] ont massivement renforcé le principe d'interdépendance entre les droits de l'Homme, les projets au développement et les processus de maintien de la paix, qui constituent les trois piliers de la mission de l'Organisation des Nations unies et l'esprit même de la Charte.

On ne pourra parler de croissance économique ni même de sa durabilité si elle n'est pas jumelée à des mesures en faveur d'un développement participatif. En effet, l'absence d'État de droit et de responsabilisation dans la sphère économique, la corruption, l'inégalité, la mauvaise gestion des ressources publiques, les mesures d'austérité et les conditions imposées continuent d'alimenter dans différentes régions du globe des troubles qui, en retour, menacent la pérennité et le développement des États. Le tableau de bord annonçant des conflits imminents et un effondrement de l'État a pour origine le déni permanent des droits économiques, sociaux et culturels. Si rien n'est fait afin de remédier aux causes, les contrastes de développement provoquent la répétition des mêmes cycles : l'amincissement de la sphère démocratique, une discrimination persistante et un mépris flagrant de l'État de droit.

Ces problèmes révèlent une inadéquation entre, d'un côté, la portée et l'impact des forces et des acteurs économiques, et, de l'autre, la volonté

---

[2] X. PHILIPPE, « Contrôle juridictionnel et Cour constitutionnelle dans la Constitution », *op. cit.*, p. 544.

[3] Après la crise mondiale de 2008, plusieurs banques aux États-Unis ont connu des difficultés et même des faillites telles que *Bear Stearns* qui présentait une des plus grandes banques d'investissement de *Wall Street*, ainsi que la banque *Lehman Brothers* qui a annoncé sa faillite le 15 septembre 2008. L'État a choisi de faire une action exceptionnelle en intervenant afin de soutenir la banque de *Bear Stearns* par le biais de la réserve fédérale. Cette action dévoile un retour explicite de l'État encadreur et protecteur de la vie économique.

politique et la capacité des États de remplir leurs obligations en matière de droits de l'Homme et d'assurer une protection contre les atteintes à ces droits. L'évolution des modes d'investissement et le pouvoir croissant des nouvelles entités économiques présentent de nouveaux défis pour les États. Ces derniers, notamment les États bénéficiaires de l'aide internationale, doivent rendre des comptes quant à leur conformité aux lois et aux normes et à leur respect des droits de l'Homme. Cela va entraîner un double contrôle sur l'État : un contrôle par les bailleurs de fonds étrangers, étant détenteurs d'obligation **(A)**, et un autre exercé par les citoyens puisqu'ils s'estiment les vrais bénéficiaires de l'aide internationale **(B)**.

A. Le contrôle par les bailleurs de fonds étrangers

Les Constitutions, législations et politiques protègent de mieux en mieux les droits de l'Homme, en prêtant une attention particulière à la non-discrimination et à l'égalité entre les sexes. Ainsi on constate, de par le monde, une utilisation accrue par les différentes juridictions de normes relatives à l'égalité et à la non-discrimination, ainsi qu'une augmentation du nombre de ratifications des instruments internationaux relatifs aux droits de l'Homme et des réexamens des réserves. Ainsi, apparaissent progressivement des mécanismes nationaux prévoyant l'application effective par les États et le secteur privé des normes relatives aux entreprises et aux droits de l'Homme et encourageant les recours juridictionnels en cas d'atteintes aux droits de l'Homme.

Toute cette évolution représente en réalité un écho aux efforts des Nations unies visant à promouvoir les droits de l'Homme. Au centre de ces efforts, on trouve le Haut-Commissariat des Nations unies aux droits de l'Homme (HCDH). Celui-ci participe activement à l'élaboration progressive du droit international et régional des droits de l'Homme. Il veille, de par son mandat et grâce à son indépendance et son expertise, au respect de l'application des normes énoncées dans des instruments internationaux, tels que la Charte internationale des droits de l'Homme, la

Déclaration sur le droit au développement[1] ou la Déclaration sur les droits des peuples autochtones[2].

Dans le cadre des politiques économiques et de développement, le HCDH[3] assure le rôle de défenseur de l'imprégnation des valeurs des droits de l'Homme. En outre, il a largement participé à la création des principes directeurs à l'échelle internationale au niveau des entreprises. Le HCDH est le seul organe des Nations unies qui possède un mandat lui accordant le pouvoir d'intégrer les droits de l'Homme directement au sein des programmes et stratégies des Nations unies. Il est le seul organe des Nations unies qui détient autant d'avantages au service de sa cause. Grâce à quoi, il arrive à permettre aux programmes économiques et de développement d'aller de l'avant. De plus, il parvient à défendre comme il se doit les droits de l'Homme, et ce, grâce à un discours international équilibré visant à réduire certains phénomènes inhumains, et grâce à son action en faveur d'une perspective plus humaine[4]. Vu son rôle axial en matière de droits de l'Homme, le HCDH peut être considéré comme étant dépositaire de la conscience humaine.

Il existe un lien indélébile entre droits de l'Homme, d'un côté, et croissance économique, égalité et développement de l'autre côté, ce qui explique que le HCDH encourage de plus en plus les débats dits stratégiques. C'est pourquoi les États membres et la totalité du système des Nations unies ont de plus en plus recours au concours technique du HCDH pour promouvoir les droits de l'Homme dans le cadre de stratégies économiques, de développement et de diminution de la pauvreté. Ainsi, les États sont de plus en plus ouverts aux propositions faites par le HCDH dans ce domaine.

---

[1] La Déclaration des Nations unies sur le droit au développement établit sans équivoque le développement comme un droit et met les gens au centre du processus de développement. Le document révolutionnaire, adopté par l'Assemblée générale des Nations unies le 4 décembre 1986, a d'abord proclamé ce droit inaliénable, en déclarant que tout le monde a « le droit de participer et de contribuer, et profiter du développement économique, social, culturel et politique dans lequel tous les humains, les droits et les libertés fondamentales peuvent être pleinement réalisés ».

[2] La Déclaration des Nations unies sur les droits des peuples autochtones a été adoptée par l'Assemblée générale de l'ONU le 13 septembre 2007.

[3] Le Haut-Commissariat des Nations unies aux droits de l'Homme (HCDH) est une des agences spécialisées de l'ONU qui a pour but de promouvoir, de contrôler et de renseigner sur le respect du droit international des droits de l'Homme et du droit international humanitaire dans le monde.

[4] J. SAYAH, *L'Acte II de la Révolution tunisienne : La Constitution*, Paris, L'Harmattan, 2015, p. 78.

Les projets du HCDH aident à l'intégration des droits de l'Homme dans des projets stratégiques à l'échelle internationale ainsi que dans les politiques nationales de développement des Plans-cadres des Nations unies pour l'aide au développement (PNUD). Lors de conférences internationales, le HCDH collabore activement en proposant des stratégies efficientes. Aussi parvient-il à influencer les politiques publiques dans le sens de l'amélioration de leur cohérence et de leur impact sur les droits de l'Homme. En outre, le HCDH est en charge d'assurer l'universalité, la durabilité, l'équilibre et l'utilité des programmes de développement portant sur les droits de l'Homme, préparés par le secrétariat général des Nations unies[5].

Le document final de Rio+20 et l'examen quadriennal complet de l'Assemblée générale des Nations unies appliquent rigoureusement les valeurs des droits de l'Homme. Cette dimension constitue un des piliers de la déclaration historique du Deuxième Dialogue de haut niveau sur les migrations internationales et le développement[6].

C'est au HCDH qu'incombe, à titre principal, la tâche de promouvoir les droits de l'Homme au sein du système des Nations unies ; à ce titre, il préside et dirige les travaux du Mécanisme de transversalisation des droits de l'Homme du Groupe des Nations unies pour le développement et copréside plusieurs mécanismes de coordination inter-institutions, notamment sur la question des migrations. Par ailleurs, c'est grâce à sa contribution active que les entités onusiennes intervenant dans des secteurs comme l'alimentation, le logement et l'eau ont commencé à se pencher sur la question de la gouvernance responsable des systèmes mondiaux. Par exemple, un mécanisme de coordination pour l'ensemble du système des Nations unies – l'Équipe spéciale de haut niveau sur la sécurité alimentaire et nutritionnelle mondiale – a été mis en place en 2008 par le secrétaire général des Nations unies. Cette Équipe a pris acte du rôle joué par les marchés et les échanges internationaux dans la crise alimentaire et reconnu que les réformes du commerce international devraient favoriser la réalisation des droits de l'Homme universellement reconnus.

En conséquence, un système d'information et d'alerte rapide sur le marché international des denrées alimentaires a été établi. Les mécanismes de défense des droits de l'Homme des Nations unies ont joué

---

[5] Site web Nations unies, Haut-Commissariat des droits de l'Homme. Disponible sur le lien : https://cutt.ly/hhKNSEF.

[6] *Ibid.*

un rôle important dans ce processus, en publiant des orientations sur les moyens de protéger les droits de l'Homme dans le contexte des accords internationaux sur le commerce et les investissements.

La collaboration entre le HCDH et les organismes nationaux de défense des droits de l'Homme exige que les contributions financières soient suivies et contrôlées afin de crédibiliser et pérenniser cette coopération. Ainsi, il est presque inévitable de mettre en place une plateforme capable de rendre plus pratique et plus facile la collaboration entre, d'une part, le HCDH et, d'autre part, les différents gouvernements et les autres acteurs dans le domaine du développement[7].

En outre, le HCDH possède un réseau vaste sur le terrain lui permettant d'aider à l'exécution des orientations qu'il recommande et à leur imprégnation dans les stratégies et politiques nationales de développement. Le HCDH œuvre afin que les entreprises, les États, les organisations de la société civile, les organisations internationales et tous les membres impliqués puissent réaliser, dans un effort de groupe, des progrès remarquables dans le sens d'un meilleur savoir et d'une meilleure pratique des normes correspondant aux droits de l'Homme[8].

En fin d'analyse, il paraît clair que les vrais bénéficiaires de cette coopération sont en réalité les citoyens. D'où l'intérêt pour ces derniers de veiller à ce que ces programmes de coopération donnent les résultats escomptés.

B. Le contrôle par les citoyens

Les politiques publiques et la prise de décision sont autant de prérogatives devant normalement impliquer la participation des titulaires des droits, à savoir les citoyens. Cette implication devrait porter sur l'élaboration des budgets ou encore des programmes de développement relatifs à un droit précis, tel que le droit à l'alimentation, le droit à un logement décent, le droit à l'eau, le droit à l'assainissement et le droit d'accéder aux ressources naturelles. L'ensemble de ces droits devraient être garantis par toute Constitution.

Les membres de la société civile, en particulier les jeunes et les femmes, revendiquent de plus en plus leurs droits. Souvent, les droits de l'Homme, notamment ceux relatifs à l'accès aux services sociaux de base, tels que les soins médicaux, l'assainissement, l'éducation et le logement, sont proclamés par les États sans que ceux-ci reconnaissent les obligations

---

[7] *Ibid.*

[8] *Ibid.*

qui en découlent. Plus exactement, les États manquent souvent à leur devoir de formuler des plans de développement sur la base d'une participation libre et réelle des citoyens. Au contraire, ces derniers sont généralement mal informés des lois auxquelles les différents acteurs économiques devraient se conformer, ce qui rend plus difficile la prévention des effets négatifs de l'activité économique sur les droits de l'Homme. Une économie aujourd'hui mondialisée offre peu de garanties en matière de droits de l'Homme. Une telle situation peut compromettre tous les droits, notamment sociaux, et peut même entraîner de graves crises économiques et sociales allant jusqu'à la famine, notamment dans les pays pauvres importateurs de produits alimentaires.

Les conséquences de la crise financière mondiale de 2008 ont surpris le monde qui n'était pas préparé à y faire face. La politique adoptée alors s'est rapportée à une mission de sauvetage des institutions financières. Cette mission a eu de mauvaises répercussions sur les classes sociales fragiles, notamment les minorités marginalisées et les migrants. Ces mesures d'urgence exclusives ont fait l'objet d'une résistance politique faible, même s'il était évident qu'elles menaçaient les droits de l'Homme ainsi que le développement économique sur le long terme. La crise a révélé les failles profondes du système monétaire et financier international, plus précisément l'absence de politiques de reddition des comptes pour les entités de régulation et les institutions financières[9].

Désormais, la pauvreté occupe une importance majeure dans les préoccupations internationales[10], et ce, depuis l'adoption des huit Objectifs du Millénaire pour le développement (OMD). Ces OMD sont toutefois lacunaires quant aux droits de l'Homme tant dans leur cadre théorique que dans leur cadre pratique. Ils s'éloignent de la vision initiale et des principes fondamentaux caractéristiques de la Déclaration du Millénaire auxquels ils étaient censés se conformer. D'autres défaillances sont à noter, on peut citer un déséquilibre thématique au détriment des droits civils et politiques, s'agissant notamment de la garantie de la sécurité des personnes, de l'exercice de la justice ou de la participation politique. Les indicateurs et les cibles des OMD présentent des lacunes, essentiellement au niveau qualitatif, et ne sont même pas cohérents avec

[9] Site web Nations unies, Haut-Commissariat des droits de l'Homme.

[10] Les huit OMD : réduire l'extrême pauvreté et la faim, assurer l'éducation primaire pour tous, promouvoir l'égalité des sexes et l'autonomisation des femmes, réduire la mortalité infantile, améliorer la santé maternelle, combattre le VIH/Sida, le paludisme et d'autres maladies, assurer un environnement durable, mettre en place un partenariat mondial pour le développement.

les normes et principes édictés dans les instruments internationaux relatifs aux droits de l'Homme. Par ailleurs, les visées mondiales présentent une inadéquation avec les contextes nationaux. À ceci s'ajoutent l'absence de mesures de lutte contre le creusement des inégalités et l'absence également de l'obligation de présenter un compte rendu de la démarche et de sa portée. Enfin, le mode opératoire n'est pas dans une perspective participative, il n'a même pas fait l'objet d'une considération quelconque.

Les programmes de développement, dans le contexte actuel, favorisent l'intégration des principes des droits de l'Homme au sein de la sphère du commerce, des investissements, de l'économie, de la réglementation et du développement. Ainsi, on peut retrouver des valeurs telles que la transparence, la responsabilisation, la participation, la non-discrimination, ainsi que la cohérence des politiques. Dans la perspective de mondialisation, il est essentiel de renforcer les relations internationales dans le cadre de projets de coopération, en mobilisant toutes les ressources nécessaires pour l'accomplissement des droits de l'Homme[11].

On constate par ailleurs le recours excessif aux systèmes de protection nationaux par les titulaires de droits, essentiellement dans le cadre de conflits stratégiques consistant en la défense des droits économiques, culturels et sociaux. On remarque d'ailleurs la croissance du nombre et de la variété des détenteurs de droits et des acteurs de la société civile. Ces derniers peuvent avoir recours aux outils des organes onusiens et régionaux de défense des droits de l'Homme.

In fine, les droits de l'Homme font partie intégrante de la conception et de l'application des programmes de développement. Les acteurs, que ce soit à l'échelle internationale, régionale ou nationale, incluent de plus en plus, dans leurs politiques financières, commerciales, d'investissement et de développement, les règles et valeurs relatives aux droits de l'Homme, parmi lesquelles on trouve le droit au développement. Les Nations unies sont pionnières en la matière : les règles et valeurs concernant les droits de l'Homme sont omniprésentes dans leurs programmes pour le développement.

[11] *Ibid.*

TITRE II :

La constitution tunisienne au centre des rapports juridiques entre le droit international et le droit national

Traditionnellement, les questions relatives aux rapports du droit international et du droit interne divisent la doctrine et trouvent des réponses qui varient selon les États. Sur le plan théorique, deux conceptions s'affrontent : la conception moniste, d'une part, et la conception dualiste, de l'autre part.

Selon les théories monistes, l'ordre juridique international et l'ordre juridique interne ne font qu'un seul système et appartiennent à un même ensemble juridique. Par conséquent, les règles du droit international bénéficient d'une application immédiate dans le droit interne des États. Cela dit, en cas de conflit entre les deux ordres juridiques, l'approche moniste se scinde en deux : le monisme avec prépondérance du droit international, qui prône la primauté de celui-ci, et le monisme avec primauté du droit interne, qui bien entendu favorise ce dernier. À l'opposé de cette théorie, on trouve la théorie dualiste qui considère que le droit international et le droit interne sont deux systèmes juridiques distincts suivant deux trajectoires parallèles[1]. Conformément à cette théorie, le droit international ne peut produire d'effets dans les ordres juridiques internes que s'il y est introduit formellement par des instruments juridiques internes[2].

---

[1] C. EMMANUELLI, « L'application des traités internationaux et des règles dérivées dans les pays de droit civil et de common law », *Revue générale de droit*, 2007, p. 273.

[2] Cette condition doit être distinguée de celle voulant que la ratification d'un traité soit approuvée par un ou des organes législatifs nationaux dans les systèmes politiques où ces organes participent à la conclusion des traités. La première concerne l'application, et parfois la mise en œuvre, d'un traité dans l'ordre juridique interne des États parties. Elle

Ces différentes théories s'inspirent de philosophies différentes sur les fondements du droit en général et plus particulièrement sur les fondements du droit international. Concernant la conception moniste avec prépondérance du droit international, elle trouve essentiellement sa source dans la doctrine du droit naturel, mais elle est aussi en rapport avec la doctrine solidariste de G. Scelle et la doctrine formelle de H. Kelsen ou de A. Verdross. En revanche, la théorie moniste avec prépondérance du droit interne et la théorie dualiste sont fondées sur le volontarisme juridique. Défendue par plusieurs auteurs dont A. Décencière-Ferrandière, la conception moniste avec prépondérance du droit interne considère que le droit international n'est qu'une projection du droit interne. De leur côté, les auteurs dualistes (H. Triepel, D. Anzilotti) soulignent que le droit international et le droit interne diffèrent s'agissant des sources, des sujets et des rapports juridiques qu'ils engendrent. Quels que soient leurs fondements philosophiques sous-jacents, la théorie moniste reflète une vision universaliste des rapports du droit international et du droit interne, alors que la théorie dualiste est fortement imprégnée par le principe de la territorialité des lois[3].

En pratique, on peut considérer qu'aucune des deux approches n'est satisfaisante en soi. Même si l'on admet que l'ordre juridique international et l'ordre juridique interne se distinguent à bien des égards, on ne peut pas nier par contre qu'ils se complètent. Il suffit de signaler que les droits nationaux contribuent à l'élaboration des règles du droit international et vice-versa. Cela dit, dans l'ordre juridique international, les rapports du droit international et du droit interne penchent en faveur du premier, et la jurisprudence internationale favorise, sans la moindre hésitation, le droit international en cas de conflit. En revanche, dans l'ordre juridique interne, les rapports du droit international et du droit interne dépendent du droit constitutionnel de chaque État. Dans l'ensemble, ces rapports sont également en faveur du droit international, sauf s'il s'agit de règles constitutionnelles[4].

Vu l'importance de cette question, il est légitime de s'intéresser à la position de la nouvelle Constitution tunisienne quant aux rapports entre le droit international et le droit national, étant donné que la nature de ces

---

peut être remplie après la conclusion du traité mais aussi avant. La seconde se confond avec la conclusion du traité : en France, aux États-Unis, par exemple. La distinction peut conduire à l'adoption de lois visant chaque condition. Les deux conditions sont parfois remplies par une seule et même loi, ce qui crée une certaine confusion.

3 C. EMMANUELLI, *op. cit.*, p. 275.

4 C. EMMANUELLI, *op. cit.*, p. 276.

rapports conditionne le degré d'internalisation de ladite Constitution. À cet égard, il nous paraît tout d'abord utile d'envisager la position de la nouvelle Constitution tunisienne sous l'angle traditionnel des rapports entre ordres juridiques, tel que ceux-ci sont généralement étudiés dans la doctrine **(Chapitre I)**. Puis, dépassant ce cadre d'analyse, nous tenterons de dégager de ce phénomène d'internationalisation de la Constitution tunisienne, les éléments d'une évolution formelle et/ou substantielle de l'ordre juridique international **(Chapitre II)**.

CHAPITRE I :

La Constitution tunisienne entre monisme ostensible et dualisme opiniâtre

Si l'on s'appuie sur les théories traditionnelles des rapports entre l'ordre juridique international et les ordres juridiques internes, tel qu'elles ont été abondamment développées dans la doctrine de droit international[1], il semble évident que l'internationalisation de la Constitution tunisienne, comme toute autre Constitution, ne peut être envisagée que dans le cadre d'une conception moniste avec primat du droit international[2].

---

[1] H. TRIEPEL, « Droit interne et droit international », *RCADI*, 1923, p. 88.

[2] Sur la question d'interdépendance, voir G.-A. WALZ, « Les rapports du droit international et du droit interne », *RCADI*, 1937, p. 388. Voir également Hervé Diompy, *Le paradoxe de l'internationalisation du droit constitutionnel en Afrique : réflexions sur les interactions normatives, institutionnelles et politiques dans l'espace CEDEAO*, Thèse, Droit, Université de Bordeaux, 2017, p. 69. Au regard des prémisses sur lesquelles reposent les différentes théories et des implications qu'elles induisent, seule une approche unitaire du droit public fondée sur une primauté du droit international permet d'expliquer la prise en charge au niveau international des processus constituants des États et, surtout, l'apparente soumission au droit international des Constitutions matériellement internationalisées. Une telle conclusion est évidemment facilement perceptible si l'on considère chacune des théories, même en les analysant à grands traits. En effet, si l'on considère que l'internationalisation de la Constitution tunisienne de 2014, telle que nous l'avons systématisée, repose à la fois sur une soumission formelle et organique ainsi que sur une soumission matérielle du texte fondamental et donc de son ordre juridique respectif à l'ordre juridique international, il en va de soi, a priori, que cette dernière ne peut être interprétée dans le cadre d'une approche dualiste des rapports entre le droit international et le droit interne tunisien. La raison en est toute simple, elle paraît en totale contradiction avec la Constitution à la fois du point de vue de la différence des sources que de celle de l'objet même. La même impossibilité d'explication et de justification d'une internationalisation de la Constitution apparaît sous d'autres traits si l'on opte pour une conception des rapports entre les ordres juridiques fondée sur un monisme avec primat de l'ordre interne. Néanmoins, le peu de succès qu'a connu cette doctrine et

Envisagée comme telle, la Constitution tunisienne paraît pouvoir répondre à l'ensemble des postulats de base de cette construction doctrinale, dont les fondements reposent à la fois sur l'idée qu'il n'existe pas de dualité d'ordres juridiques et que l'unité du droit public est évidente et débouchant nécessairement sur une hiérarchisation en faveur du droit international[3]. Dès lors, il est compréhensible d'être tenté d'affirmer que l'internationalisation de la Constitution tunisienne est synonyme du triomphe du monisme avec primat du droit international.

Toutefois, l'examen minutieux du texte de la Constitution tunisienne met en apparence un paradoxe concernant l'internationalisation de celle-ci. S'il est vrai que cette dernière affirme relativement un monisme avec primat du droit international **(Section 1)**, il n'en reste pas moins qu'on y décèle quelques marques persistantes d'un certain dualisme **(Section 2)** qui se manifeste par le fait que la Tunisie cherche à conserver, en théorie et/ou en pratique, la maîtrise de son ordre juridique.

Section 1 :
Une affirmation apparente d'un monisme avec prééminence du droit international

Au-delà même des postulats théoriques normativistes, qui représentent la base de l'ensemble de la conception moniste avec primauté du droit international, il est admis que selon cette théorie, les rapports entre l'ordre juridique international et les ordres juridiques internes ne peuvent être envisagés que dans le cadre de deux idées principales. D'une part, la nécessaire ou l'inéluctable conformité entre les normes internationales et les normes internes, de manière à ce qu'aucune contradiction ne puisse exister entre elles. D'autre part, et au-delà de cette conformité, les normes internes doivent être inférieures à celles du droit international, de telle sorte que les secondes se trouvent consacrées en cas de conflit de normes[4].

Étant la norme fondamentale de l'ordre juridique tunisien, la Constitution tunisienne représente indiscutablement l'interface par laquelle cette double idée doit se confirmer. Non seulement elle doit œuvrer à mettre en conformité les normes juridiques internes avec celles

---

l'insoutenable postulat sur lequel elle repose nous obligent à ne pas y consacrer plus de développements, d'autant plus que, de notre point de vue, elle manque totalement de pertinence à la fois d'un point de vue historique et d'un point de vue théorique.

[3] A. VERSROSS, « Le fondement du droit international », *RCADI*, 1927, p. 255.

[4] C. ROUSSEAU, « Principes de droit international public », *RCADI*, 1958, pp. 373-550.

de l'ordre juridique international, mais elle doit en plus régler la question de la primauté en procédant à la hiérarchisation des normes juridiques.

Sous ce double aspect, la Constitution tunisienne internationalisée semble parfaitement répondre à de telles exigences. En effet, et grâce à la technique de la constitutionnalisation, la nouvelle Constitution a procédé, sans ambiguïté, à la reprise des standards internationaux en matière de droits de l'Homme, avec une insistance particulière sur la question des garanties, se distinguant ainsi de la précédente Constitution de 1959 **(Paragraphe 1)**. De plus, elle s'est engagée à consacrer, du moins théoriquement, la primauté des normes internationales par rapport aux normes internes **(Paragraphe 2)**.

Paragraphe 1 : Le passage d'une constitutionnalisation dépourvue de garanties à une autre généreuse en garanties

Le concept d'internationalisation des constitutions ou, plus largement, d'internationalisation du droit constitutionnel, permet, tout d'abord, de mesurer l'emprise, le retentissement du droit international sur la formation et le contenu des règles constitutionnelles nationales[5]. Les rapports contemporains entre Constitutions nationales et droit international présentent l'un des aspects particuliers de l'*« inépuisable question »* des rapports entre droit international et droits internes[6].

Le terme « constitutionnalisation[7] » peut avoir différents sens selon la conception du droit constitutionnel à laquelle on adhère[8]. On peut en distinguer trois. Selon une conception formelle, la constitutionnalisation signifie l'inclusion dans la constitution formelle de normes reprenant des standards internationaux.

Selon une deuxième conception, dite matérielle, le terme « constitutionnalisation » semble plus difficile à saisir du fait qu'il traduit l'idée d'un mouvement à la suite duquel un phénomène, ou des normes

---

[5] H. TOURARD, *L'Internationalisation des Constitutions nationales*, Paris, LGDJ, 2000, p. 5, 12.

[6] E. ZOLLER, « Droit constitutionnel et droit international », in K. D. KERANEUS, M. GAVONNELI (dir.), Rapports généraux, XIVe Congrès international de droit comparé, Athènes, août 1994, La Haye/Boston, Kluwer Law International, 1996, pp. 577-593.

[7] J-PH. FELDMAN, « Le Constitutionnalisme selon Benjamin CONSTANT », *Revue française de droit constitutionnel*, 2008, p. 677.

[8] O. BEAUD, « Constitution et droit constitutionnel », in D. ALLAND, S. RIALS, (dir.), *Dictionnaire de la culture juridique*, Paris, PUF, 2003, p. 260.

qui ne sont pas constitutionnelles le deviennent. Si la matière constitutionnelle se définit par son objet, il ne peut qu'y avoir objets constitutionnels ou non constitutionnels. Par conséquent, en aucun cas on ne pourrait constitutionnaliser un objet qui ne le serait pas et inversement[9]. La vision formelle semblerait donc être plus apte à traduire l'idée de constitutionnalisation. Cependant, une troisième vision, dite institutionnelle, déplace le curseur sur un point de vue plus politique et peut-être aussi plus concret. Selon la théorie de Carl SCHMITT[10], puissamment renouvelée en France par les travaux d'Olivier BEAUD[11], et qui représente parfaitement la conception institutionnelle, la Constitution, dans son sens absolu, traduit notamment l'existence et la structure concrète d'une entité politique, en l'occurrence l'État[12].

Tout cela se traduit par une sorte de consécration constitutionnelle à travers l'octroi d'une valeur fondamentale à certaines normes jugées dignes de protection. Ce faisant, la nouvelle Constitution ne fait en réalité que s'inscrire dans la continuité de la Constitution de 1959 **(A)**. Toutefois, la nouvelle Constitution innove en faisant assortir ces normes constitutionnalisées des garanties nécessaires **(B)**.

A. La Constitution de 1959 : une constitutionnalisation, sans garanties, des standards internationaux

Le préambule de la Constitution tunisienne du 1er juin 1959 proclame la volonté du peuple tunisien de *« demeurer fidèle aux valeurs humaines qui constituent le patrimoine commun des peuples attachés à la dignité de l'homme, à la justice et à la liberté et qui ouvrent pour la paix, le progrès et la libre coopération des Nations[13] »*.

Aussi, le préambule fait-il un rapprochement entre les droits de l'Homme et la forme républicaine de l'État. En effet, il est communément admis que les droits de l'Homme sont, par excellence, des principes républicains. Le texte de la Constitution de 1959 a consacré les articles allant de 5 à 17 aux droits de l'Homme. Il importe de signaler, de prime abord, que mis à part l'article 8, les autres articles n'ont jamais été révisés, et ce malgré la conclusion ou l'adhésion par la Tunisie à un bon nombre

---

9 E. KAUFMANN, « Règles générales du droit de la paix », *RCADI*, 1935, pp. 313-613.
10 C. SCHMITT, *Théorie de la Constitution*, Paris, PUF, 2008, p. 22.
11 O. BEAUD, *La Puissance de l'État*, Paris, PUF, 1994, p. 17.
12 C. SCHMITT, *op. cit.*, p. 132.
13 Préambule de la Constitution tunisienne du 1er juin 1959 est le texte d'introduction de la Constitution tunisienne adoptée le 1er juin 1959.

d'engagements internationaux en matière de droits de l'Homme[14]. Par ailleurs, ces articles sont rédigés de manière à permettre leur interprétation de différentes façons, et ce, selon les circonstances. L'article 7, dont la portée est générale, prévoit que *« les citoyens exercent la plénitude de leurs droits dans les formes et conditions prévues par la loi. L'exercice de ces droits ne peut être limité que par une loi prise pour la protection des droits d'autrui, le respect de l'ordre public, la défense nationale, le développement de l'économie et le progrès social »*. En réalité, cet article reflète l'esprit qui anime la Constitution de 1959 en ce qui concerne les droits de l'Homme : les termes de l'article laissent entendre que le constituant était guidé par la volonté d'instaurer un « équilibre entre la liberté et le pouvoir[15] ».

Concernant les droits de l'Homme de la deuxième génération, considérés comme des obligations positives à la charge de l'État, il est possible de dire que la Constitution permet au lecteur de conclure rapidement que le constituant de 1959 ne cache pas son désengagement à l'égard des droits économiques, sociaux et culturels puisque le préambule, dont la valeur constitutionnelle était sujette à discussion, constitue la seule occasion où certains de ces droits sont évoqués[16].

En effet, nous pouvons y lire que le *« régime républicain constitue le moyen le plus efficace pour assurer la protection de la famille et le droit des citoyens au travail, à la santé et à l'instruction[17] »*.

Un vrai système de garantie des droits de l'Homme est un système qui permet la sanction de tout acte portant atteinte à ces droits. Mais, par ailleurs, on peut entendre par mécanisme de garantie toutes les dispositions prévues par la Constitution elle-même visant à rendre effectif l'ensemble des droits proclamés. La Constitution tunisienne de 1959 est quelque part décevante à cet égard puisqu'elle ne consacre pas suffisamment de mécanismes de sanction des droits proclamés.

Si les textes internationaux relatifs aux droits de l'Homme font des renvois aux lois nationales et aux dispositions constitutionnelles de chaque État, c'est par souci de respecter la souveraineté nationale, mais

---

[14] S. HAMROUNI, « La Constitution tunisienne et droit international des droits de l'Homme ». Disponible sur : https://cutt.ly/dfMmuVG.

[15] S. HAMROUNI, *op. cit.*

[16] GH. GHERAIRI, D. JAIBI, « La Constitution tunisienne et le droit international », in S. LAGHMANI, R. BEN ACHOUR (dir). *Droit international et droits internes, développements récents*, Pedone, Paris, 1998, pp. 107 à 128.

[17] A. NJEHI, *L'interventionnisme économique public. Étude de droit comparé franco-tunisien*, Thèse, Université Lumière Lyon, 2018, p. 145.

surtout parce que leur mise en œuvre dépend du bon vouloir des États[18]. Or, il est décevant de constater que la plupart des articles relatifs aux droits de la personne humaine se trouvant dans le chapitre premier de la Constitution tunisienne de 1959 sont rédigés de manière à ce que leur portée soit limitée. L'article 7, qui est de loin l'article le plus général portant sur la question des droits de l'Homme, fait dépendre l'exercice de ces droits de plusieurs éléments, à savoir : *« la protection des droits d'autrui, l'ordre public, la défense nationale, le développement de l'économie »* et même *« le progrès social »*.

Les autres articles proclamant des droits et libertés spécifiques se réfèrent expressément à la loi, et ce, sous plusieurs formules. À titre d'exemple, l'article 8 dispose que l'ensemble des libertés qu'il annonce sont *« garanties et exercées dans les conditions définies par la loi »*. En elle-même, la formule de renvoi n'est pas nouvelle et n'est pas non plus propre à la Constitution tunisienne ; elle se trouve dans presque toutes les Constitutions et même dans les textes internationaux relatifs aux droits de l'Homme. En réalité, le renvoi à la loi s'explique par la nature même du texte constitutionnel qui se limite aux principes qui servent de lignes directrices pour orienter le législateur.

Concernant le droit international, celui-ci se désintéresse de la façon dont les États garantissent le respect des obligations qui pèsent sur eux en matière de droits de l'Homme. Ce qui compte, c'est que les États se conforment, de quelque manière que ce soit, à leurs obligations internationales. À ce titre, la proclamation des droits de l'Homme dans le texte de la Constitution représente une garantie de taille, dans la mesure où les divers pouvoirs étatiques doivent s'y conformer. Toutefois, cela n'exclut pas entièrement la possibilité de voir apparaître quelques dérives[19].

Pour résumer, on peut dire, à l'instar de Mme Salwa Hamrouni, que *« la garantie des droits de l'Homme dans la Constitution tunisienne de 1959 n'est ni pire ni meilleure que la garantie de la Constitution elle-même : elle vacille entre la volonté d'instituer une véritable justice constitutionnelle et la peur d'en être la victime »*.

---

[18] S. KLIBI, « Les principes républicains », in *La République*, Tunis, CPU, 1997, pp. 43-56.

[19] F. HORCHANI, « La Constitution tunisienne et les traités après la révision du 1er juin 2002 », *Annuaire français de droit international*, 2004, p. 67.

Cela étant dit, ce qui nous intéresse le plus aujourd'hui, c'est l'ampleur des garanties dont bénéficient les droits de l'Homme dans la nouvelle Constitution.

B. La Constitution de 2014 : la constitutionnalisation, avec garanties, des standards internationaux

La technique par laquelle les ordres juridiques nationaux intègrent les normes internationales est bien connue sous l'expression de réception. C'est grâce à cette technique que se fait le traitement par le droit interne des normes provenant de l'ordre international. Ce traitement a longuement fait l'objet d'abondantes analyses, notamment dans le cadre d'approches, plus ou moins pratiques, portant sur les rapports entre l'ordre juridique international et les ordres juridiques internes. Le type de traitement a souvent été considéré comme le moyen objectif permettant de déterminer le caractère moniste ou dualiste des différents ordres juridiques internes.

Dans un rapport d'expertise, rendu par Hafida CHEKIR et Wahid FERCHICHI au profit de la Fédération internationale des ligues des droits de l'Homme[20], une série d'obligations a été définie afin de rendre réelle et effective la constitutionnalisation des principes et valeurs du droit international, opérée par la nouvelle Constitution[21].

Selon ce rapport, le président de la République, qui *« veille au respect de la Constitution[22] »*, doit s'abstenir de proposer des projets de loi allant

---

[20] La Fédération internationale des ligues des droits de l'Homme (FIDH) est une organisation non gouvernementale fédérative dont la vocation est d'agir concrètement pour le respect de tous les droits énoncés dans la Déclaration universelle des droits de l'homme de 1948 – les droits civils et politiques comme les droits économiques, sociaux et culturels.

[21] H. CHAKIR, W. FERCHICHI, « Le travail législatif à l'épreuve de la Constitution tunisienne et des Conventions internationales », évaluation des lois et des projets de loi à la lumière de la Constitution tunisienne et des Conventions internationales, 26 octobre 2014-26 octobre 2015, p. 67. Hafidha CHEKIR est une universitaire tunisienne qui a été élue vice-présidente de la Fédération internationale des droits de l'Homme (FIDH) à l'issue du 39e congrès de la Fédération, qui s'est déroulé du 23 au 27 août, à Johannesburg, la capitale de l'Afrique du Sud. Hafidha CHEKIR s'est donné comme mission de *« défendre les droits de la femme dans les États arabes, en tant que partie intégrante des droits de l'Homme et une condition sine qua non pour l'instauration de la démocratie »*. Wahid FERCHICHI est professeur de droit public et président de l'Association tunisienne de défense des libertés individuelles (ADLI).

[22] Selon l'article 72 de la Constitution, *« le président de la République est le chef de l'État et le symbole de son unité. Il garantit son indépendance et sa continuité et veille au respect de la Constitution »*.

à l'encontre des principes et valeurs énoncés dans la Constitution. Par ailleurs, le président de la République, même si le texte de la Constitution ne l'oblige pas, devrait transmettre systématiquement tous les projets de loi à *« l'Instance provisoire de contrôle de constitutionnalité des projets de loi »,* et à la future Cour constitutionnelle. Il doit aussi ratifier sans délai les conventions internationales relatives aux droits de l'Homme et leurs protocoles additionnels, ou œuvrer, le cas échéant, à ce que la Tunisie adhère à ces instruments internationaux.

Ledit rapport appelle l'« Assemblée des représentants du peuple », qui exerce le pouvoir législatif[23] et dispose de l'initiative des lois[24], à exercer ses prérogatives pour extraire les éventuelles inconstitutionnalités des projets de loi présentés par le pouvoir exécutif, et à faire de l'initiative législative, dont elle dispose, un moyen pour inscrire parmi les urgences des initiatives de loi se rapportant aux droits humains et s'inscrivant dans la lignée des principes et valeurs énoncés dans la Constitution, et ce, pour mieux garantir son effectivité. Le rapport souligne, par ailleurs, que l'Assemblée des représentants du peuple doit avoir pour mission de défendre l'esprit de la Constitution, de telle sorte qu'on le retrouve dans les futurs textes législatifs. Ladite Assemblée devrait en plus procéder à la révision des lois en vigueur selon une approche visant à garantir les droits humains dans leur *« globalité, leur universalité, leur complémentarité et leur indivisibilité*[25] *»*. À ce sujet, on peut citer à titre tout à fait indicatif les codes suivants :

– le « Code du statut personnel », en raison de certains aspects discriminatoires inconstitutionnels qui s'y trouvent. Une telle révision s'impose surtout après la levée par la Tunisie de ses anciennes réserves relatives à quelques dispositions de la « convention internationale sur l'élimination de toutes les formes de discrimination à l'égard des femmes » ;

– le « Code du travail et le statut de la fonction publique », afin de garantir le droit à un travail décent, le droit de grève et le droit des femmes à un traitement sans discrimination face au *travail, voire à un traitement spécifique* en leur faveur ;

---

[23] Selon l'article 50 de la Constitution, *« le peuple exerce le pouvoir législatif à travers ses représentants à l'Assemblée des représentants du peuple ou par voie de référendum ».*

[24] Selon l'article 62 de la Constitution, *« l'initiative des lois est exercée par des propositions de loi émanant de dix députés au moins ou par des projets de loi émanant du président de la République ou du chef du Gouvernement ».*

[25] S. HAMROUNI, *op. cit.*

– le « Code pénal », et ce, dans le sens d'une approche plus humaine visant à éliminer l'excès de son aspect répressif ;

– le « Code des procédures pénales », dont le projet de révision est dans les tiroirs de l'« Assemblée des représentants du peuple », lui aussi, doit être révisé pour mieux garantir, entre autres, le droit à un procès équitable.

Toutes ces révisions doivent se faire dans but de consacrer les standards internationaux constitutionnalisés par la Constitution de 2014. Cesdits standards témoignent de l'internationalisation de la Constitution tunisienne, qui, elle-même, témoigne de la place prépondérante qu'occupe le droit international dans l'ordre juridique tunisien.

Paragraphe 2 : Une énonciation fondée sur une hiérarchisation au profil du droit international

À dire vrai, la constitutionnalisation par la nouvelle Constitution des standards internationaux en matière de droits de l'Homme s'inscrit dans un phénomène plus large qui est celui de l'internationalisation des Constitutions. Cette constitutionnalisation ne peut se concrétiser que dans la mesure où il y a un réel penchant pour le monisme qui, seul, permet une vraie hiérarchisation en faveur du droit international. À première vue, la Constitution de 2014 semble avoir opté pour le monisme, ce qui signifie que les normes internationales doivent être en principe applicables directement dans l'ordre juridique tunisien **(A)** où elles devraient bénéficier de la primauté par rapport aux textes nationaux. Mais, en examinant la question de plus près, on peut penser que cette primauté n'est que relative **(B)**.

A. L'énonciation constitutionnelle de l'applicabilité directe des normes internationales

La notion d'applicabilité ou encore d'effet direct[26] signifie que la norme est directement applicable, ce qui signifie que les autorités nationales sont tenues de l'appliquer dès lors qu'elle est complète et se

---

[26] L'expression « applicabilité directe » recouvre en fait deux notions ; les normes communautaires font partie intégrante des droits nationaux dès leur publication au Journal officiel des Communautés européennes ou leur notification à leur destinataire. Leur pénétration dans les ordres juridiques ne nécessite aucun acte de réception intermédiaire (CJCE 1964, Costa c/ ENEL Rec., 1964, p. 1141, concl. M. LAGRANGE : *« L'ordre juridique communautaire constitue un ordre juridique propre, intégré au système juridique des États membres »*).

suffit à elle-même[27]. Donc, les individus sont en droit d'en demander l'application devant les juridictions nationales, qui doivent appliquer la norme internationale pour autant qu'elle crée un droit subjectif au profit du justiciable.

La question de l'applicabilité directe du droit international dans les ordres juridiques internes se situe au centre de l'opposition entre les conceptions dualiste et moniste des rapports entre l'ordre juridique international et les ordres juridiques nationaux. Comme le pense une partie de la doctrine, le phénomène d'internationalisation des Constitutions perd, en l'absence d'applicabilité directe, beaucoup de son intérêt puisque le respect effectif des normes internationales dépendra de la bonne volonté des autorités nationales en charge de la transposition de ces normes dans l'ordre juridique interne[28]. Eu égard à l'importance de la question de l'applicabilité directe, il est légitime de se demander si la nouvelle Constitution tunisienne permet ou non cette possibilité.

La réponse à cette interrogation passe nécessairement par l'examen des deux aspects qui caractérisent l'applicabilité directe, à savoir l'aspect matériel et l'aspect formel[29]. Du point de vue matériel, on peut considérer que l'applicabilité directe du droit international en Tunisie constitue une claire option de la part de la Constitution tunisienne pour le monisme. Par contre, dans son sens formel, elle laisse planer quelques ambiguïtés. Si l'on s'attache tout d'abord au premier aspect du sens de l'applicabilité directe qui renvoie à une formalisation des normes internationales, de sorte à permettre une « individualisation » au plan interne[30] par l'instauration du bénéfice des individus de l'invocabilité desdites normes devant les juridictions de l'ordre interne, mais aussi par leur opposabilité aux autorités publiques, exécutives, législatives ou judiciaires, il semble que la Constitution de 2014 ouvre une perspective qui se traduirait, d'une part, par l'affirmation de cette applicabilité directe dans le texte même de la Constitution et, d'autre part, par la constitutionnalisation d'une catégorie de textes internationaux qui les rendrait expressément applicables.

---

[27] H. KELSEN, « La transformation du droit international en droit interne », in C. LEBEN, Écrits français de droit international, Paris, PUF, 2001, p. 182.

[28] H. BRIBOCIA, « Applicabilité directe et primauté des traités internationaux et du droit communautaire réflexions générales sur le point de vue de l'ordre juridique belge », *Revue belge de droit international*, 1996, p. 54.

[29] D. CARREAU, *Droit international*, *op. cit.*, p. 485.

[30] P. GUGGENHEIM, *Traité de droit international public*, Librairie de l'Université, Genève, 1954, p. 33.

Un autre élément de cette applicabilité directe des normes internationales peut être relevé dans certaines dispositions constitutionnelles des États tendant à rendre obligatoire la prise en compte desdites dispositions par les pouvoirs publics. Il n'en demeure pas moins qu'au-delà même de l'applicabilité directe des normes internationales dans l'ordre juridique des États, la constitutionnalisation du droit international ne peut déboucher sur un réel monisme international que si les normes intégrées bénéficiaient également d'une réelle primauté à l'égard des normes mêmes de l'ordre juridique interne. De ce fait, si l'on peut parler d'une primauté du droit international induite par le phénomène d'internationalisation des Constitutions, elle reste néanmoins relative à la fois au regard même de ces Constitutions ainsi qu'au regard des normes qui leur sont inférieures[31].

B. La primauté relative des normes internationales

Deux éléments permettent d'établir la primauté des normes internationales sur celles des ordres juridiques internes[32]. Naturellement, l'internationalisation des Constitutions et la constitutionnalisation du droit international, qui en est le corollaire, ont pour effet de rendre intangibles un certain nombre de normes issues des instruments juridiques internationaux insérés dans les Constitutions. Pour assurer la primauté du droit international, les Constitutions internationalisées établissent une sorte de *supra* constitutionnalité[33] au profit de certaines dispositions constitutionnelles pour les soustraire à toute forme de révision constitutionnelle. Cette technique, proche de celle utilisée dans les Constitutions de certains États comme la France[34], a pour objectif de limiter matériellement la marge de manœuvre du pouvoir constituant dérivé et ce pour ne pas soumettre le texte constitutionnel, généralement

[31] H. QASBIR, *L'internationalisation du droit constitutionnel*, Thèse, Université de Grenoble, 2014, Dalloz, p. 67.

[32] G. DOR, « Contribution à l'étude du problème de l'internationalisation des règles du droit public interne », *Mélanges*, Ernest MAHAIM, tome 2, Sciences juridiques, Paris, Sirey, 1935, p. 118.

[33] S. RIALS, « Supra-constitutionnalité et systématicité du droit », APD, p. 64. Voir également, S. ARNE, « Existe-t-il des normes supraconstitutionnelles ? », *Chronique constitutionnelle*, RDP, 1993, pp. 459-512.

[34] On a dit « proche » parce qu'en France, la Déclaration des droits de l'homme et du citoyen qui bénéfice d'une valeur supra-constitutionnelle est un texte de droit interne.

considéré comme l'émanation du souverain originaire, à la volonté d'un organe qui lui est inévitablement inférieur[35].

Les dispositions relatives à la révision de la nouvelle Constitution tunisienne, à savoir les articles 143 et 144, font l'objet du chapitre VIII intitulé « De la révision de la Constitution », qui traite de la procédure de révision. La révision ne peut se faire qu'à la majorité des deux tiers des membres de l'Assemblée des représentants du peuple (art. 144). Toutefois, la Constitution tunisienne comprend de nombreuses dispositions excluant cette procédure : article 1er (al. 2), article 2 (al. 2), article 49 (al. 2), article 75 (al. 6), article 86 (al. 1er). L'objectif consiste, bien entendu, à préserver la *supra* constitutionnalité de certains principes et valeurs, empruntés, dans leur majorité, au droit international. Pour plus de garanties, l'article 44 de la Constitution dispose que *« toute initiative de révision de la Constitution est soumise, par le président de l'Assemblée des représentants du peuple, à la Cour constitutionnelle, pour dire que la révision ne concerne pas ce qui, d'après les termes de la présente Constitution, ne peut faire l'objet de révision »*.

Le pouvoir constituant originaire a donc établi une Constitution qui semble être rigide, dans la mesure où le pouvoir constituant dérivé (celui qui bénéficie aux termes de la Constitution du pouvoir de révision) se trouve soumis au respect d'une procédure particulière dont l'aboutissement suppose que le vote par cedit pouvoir d'une loi de révision soit à la majorité qualifiée. L'existence d'une procédure spécifique de révision, distincte de la procédure d'adoption des normes législatives, constitue, au sens formel, le critère même de la primauté d'une Constitution, dans la mesure où celle-ci se trouve par là même au sommet de la hiérarchie normative[36].

Mais, en fixant des limites matérielles pour la révision de la Constitution, le pouvoir constituant originaire crée une hiérarchie entre les différentes dispositions de la Constitution. Par conséquent, la Constitution tunisienne contient des dispositions ordinaires, de valeur constitutionnelle, qui peuvent être révisées par le pouvoir constituant dérivé, et d'autres, étant de valeur supra constitutionnelle, échappent à ce pouvoir. Ce bloc de supra-constitutionnalité exprime, quelque part, et ce, quel que soit le pays, la volonté bien compréhensible du pouvoir constituant originaire de garantir la pérennité de son œuvre et de la faire graver dans la conscience des futures générations, de manière à permettre

---

[35] V. CONSTANTINESCO, S. PIERRE-CAPS, *op. cit.*, pp. 217-218.

[36] L. FAVOREU, P. GAÏA, R. GHEVONTIAN, *Droit constitutionnel*, *op. cit.*, p. 110.

la stabilité des institutions, et du pays en général, la préservation de certains principes constitutionnels fondamentaux, et la sauvegarde des équilibres qui ne peuvent être atteints qu'au prix d'arrangements difficiles et compliqués entre les différentes forces politiques et sociales[37].

Précisons, toutefois, que l'interdiction de réviser certaines dispositions constitutionnelles vise un double objectif. Il s'agit, tout d'abord, de garantir les normes internationales insérées dans le texte constitutionnel, en leur procurant une sorte d'*imprimatur* suprême. Ensuite, il s'agit de pérenniser l'œuvre constitutionnelle pour donner de la continuité et de la durabilité au processus d'internationalisation et, plus précisément, aux principes qu'il véhicule. Il en résulte, comme le soulignent certains auteurs, une sorte de distinction au sein de la Constitution entre un droit constitutionnel « simple », révisable, et un droit constitutionnel « fondamental », bien souvent constitué par des normes internationales ou bien des normes empruntées au droit constitutionnel comparé, et qui se caractérise par le fait d'être immunisé contre toute révision[38].

D'après ce qui vient d'être exposé, on peut dire que la Constitution tunisienne consacre un monisme avec primauté du droit international. Toutefois, ce constat est loin d'être exempt de toute critique. En réalité, ce constat laisse planer quelques doutes quant à l'articulation réelle entre les normes internationales et les normes internes[39]. Ainsi, de nombreux auteurs considèrent, à juste titre, que la seule affirmation de la supériorité des normes du droit international sur les normes nationales, dans le texte constitutionnel d'un pays donné, ne peut être une preuve tangible de l'orientation moniste de ce pays[40]. Comme l'écrit le professeur TROPER, cela peut s'expliquer par le fait que certains États peuvent *proclamer « officiellement leur adhésion à telle ou telle thèse, mais il appartient à la théorie d'en expliciter le contenu et de révéler le cas échéant que malgré cette adhésion, c'est en réalité une autre doctrine qui constitue le fondement des normes posées*[41] ». En réalité, seule la jurisprudence

---

[37] *Ibid.*, p. 111.

[38] *Ibid.*, p. 112.

[39] GH. GHERAIRI, D. JAIBI, « La Constitution tunisienne et le droit international », in S. LAGHMANI, R. BEN ACHOUR (dir.), *Droit international et droits internes, développements récents*, Pedone, Paris, 1998, p. 110.

[40] A. PELLET, « Vous avez dit "monisme" ? Quelques banalités de bon sens sur l'impossibilité du prétendu monisme constitutionnel à la française », in *L'Architecture du droit*, Mélanges Troper, *op. cit.*, pp. 827-857.

[41] M. TROPER, « En guise d'introduction : La théorie constitutionnelle et le droit constitutionnel positif », *Les Cahiers du Conseil constitutionnel*, 2000, p. 94.

relative aux rapports entre le droit international et le droit national est capable de donner une idée claire de la hiérarchie des normes dans un pays quelconque. Donc, seules les décisions juridictionnelles permettent de rendre réellement compte du traitement dont bénéficient les normes internationales dans l'ordre interne de chaque État.

Dans l'attente de la formation d'une jurisprudence pertinente en la matière, il est difficile de confirmer que l'internationalisation de la nouvelle Constitution tunisienne traduit forcément un monisme juridique avec primauté du droit international. Même si le phénomène de l'internationalisation de la Constitution tunisienne conduit à une importante constitutionnalisation du droit international, et même si l'État tunisien exprime clairement sa volonté de mettre son ordre juridique en conformité avec les règles du droit international, notamment celles relatives aux droits de l'Homme, on ne peut pas affirmer que la Tunisie ait opté définitivement pour un « monisme pur » avec primat du droit international. Il est même possible de parler d'une éventuelle intrusion du dualisme en raison, à la fois, de la place prépondérante qu'occupe toujours la Constitution au sommet de la pyramide des normes juridiques, et de la marge d'appréciation dont bénéficient les pouvoirs publics.

Section 2 :
Un dualisme juridique persistant

L'analyse des dispositions constitutionnelles relatives aux relations entre le droit international et le droit interne laisse penser que la Constitution tunisienne tend à consacrer *a priori* une sorte de monisme juridique. Toutefois, on ne peut pas se permettre de dire que le monisme l'a définitivement emporté sur le dualisme[42]. S'il est vrai que la tendance moniste de la Constitution tunisienne reflète largement la volonté d'assurer le meilleur respect possible des normes juridiques internationales, il n'en demeure pas moins que la Tunisie reste attachée à l'intégrité et à l'autonomie de son ordre juridique.

Ainsi, la distinction entre les deux ordres juridiques – international et tunisien – reste fondamentale, et continue à structurer les rapports entre droit tunisien et droit international. Cette distinction fait que l'internationalisation de la Constitution tunisienne reste un processus

[42] GH. GHERAIRI, D. JAIBI, « La Constitution tunisienne et le droit international », in S. LAGHMANI, R. BEN ACHOUR (dir.), *Droit international et droits internes, développements récents*, Pedone, Paris, 1998, p. 112.

incomplet, à cause de la survivance de certains signes de dualisme **(Paragraphe 1)**, et des difficultés, au niveau pratique, auxquelles se heurte l'application du droit international dans l'ordre juridique tunisien **(Paragraphe 2)**.

Paragraphe 1 : Une internationalisation incomplète en raison de la survivance de certains signes de dualisme

Si l'on s'appuie sur une théorie moniste absolue, le droit international doit trouver sa place dans les ordres juridiques internes non pas en vertu d'un instrument juridique interne, fût-il un texte constitutionnel, mais en vertu d'un instrument de l'ordre juridique international[43]. Car, toute prescription, même constitutionnelle, visant à intégrer le droit international dans l'ordre juridique interne serait preuve de dualisme[44]. Les instruments juridiques internationaux doivent représenter le seul fondement de leur propre validité et même la source de validité des Constitutions elles-mêmes. Celles-ci ne sont valables que dans la mesure où elles sont conformes au droit international. Tout cela laisse entrevoir des difficultés théoriques empêchant d'affirmer le triomphe du monisme avec primauté du droit international.

Concernant le cas tunisien, si l'on prend en considération la technique du *« renvoi réceptif »* **(A)**, sur laquelle s'appuient plusieurs auteurs dualistes pour affirmer l'impossibilité d'admettre la pertinence de toute construction moniste, on se rend compte que la nouvelle Constitution joue le rôle d'un écran, filtrant le passage de l'ordre juridique international à l'ordre juridique interne. Ce rôle ne manquera pas d'avoir des répercussions **(B)**.

A. La technique du renvoi réceptif

Les différents auteurs dualistes avouent que, en dépit du fait que l'ordre juridique international se distingue de l'ordre juridique interne, des rapports entre ces deux ordres sont tout à fait concevables. Toutefois, ces

---

[43] Voir notamment, B. MIRKINE-GUETZVITCH, « Droit international et droit constitutionnel », *RCADI*, 1931, pp. 367-465.

[44] A. HERVE-DIOMPY, *Le paradoxe de l'internationalisation du droit constitutionnel en Afrique : réflexions sur les interactions normatives, institutionnelles et politiques dans l'espace CEDEAO*, Thèse, Droit. Université de Bordeaux, 2017, p. 81.

auteurs mettent l'accent sur les modalités de tels rapports afin de préserver la netteté de la distinction entre chacun de ces ordres[45].

Pour ce faire, ces auteurs attachent de l'importance à la théorie de l'application médiate. Selon cette théorie, les normes d'un ordre juridique n'ont pas la possibilité d'intégrer un autre ordre juridique que dans la mesure où celui-ci, lui-même, les incorpore selon des modalités choisies discrétionnairement. Pour être plus précis, cette théorie renvoie à une *« opération [...] selon laquelle une norme de droit international n'est applicable en droit interne que dans l'hypothèse où elle a fait l'objet d'une introduction en droit interne opérée par les organes compétents de celui-ci pour en effectuer la transposition en norme interne*[46] *»* ou encore à une *« opération de transmutation qui consiste à changer le droit international en droit interne par le biais d'un acte dit de* "réception" *le plus souvent une loi – qui, reprenant [...] les termes d'un traité conclu par l'État, en permettra l'application nationale au titre de norme interne*[47] *»*. Cette théorie, longuement et habilement développée par TRIEPEL et ANZILOTTI, est toujours d'actualité[48].

Dans ses écrits, TRIEPEL essaye de montrer que les normes du droit international ne peuvent par elles-mêmes produire des effets juridiques dans les ordres juridiques internes des États que dans la mesure où ces derniers y consentent de manière formelle. L'article 67 de la Constitution tunisienne de 2014, qui dispose clairement que : *« Les traités n'entrent en vigueur qu'après leur ratification »*, s'inscrit dans cette hypothèse. On retrouve cette idée de « renvoi réceptif » sous d'autres expressions traduisant, toutes, l'idée selon laquelle la réception de la norme internationale dans l'ordre juridique interne fait perdre celle-ci sa qualité d'origine[49]. Or, cette perte de qualité exclut tout rapport de sujétion de la norme interne à la norme internationale, car, à travers « l'acceptation », « l'appropriation » ou « l'incorporation » de la norme internationale, celle-ci subit une mutation et perd, de ce fait, son principe de validité, qui ne peut plus rester le même. En somme, selon cet auteur, on ne peut parler de monisme que si le droit international est inséré dans les ordres

---

[45] H. QAZBIR, *L'Internationalisation du droit constitutionnel*, Dalloz, Paris, 2015, p. 145.

[46] J. SALMON (s. dir.), *Dictionnaire de droit international public, op. cit.*, p. 932.

[47] D. ALLAND, *Droit international public*, Paris, PUF, 2000, p. 356.

[48] N.-K. FERDINAND, *L'internationalisation des Constitutions des États en crise : réflexion sur les rapports entre droit international et droit constitutionnel*, Thèse, Université Nancy 2, 2011, p. 450.

[49] D. ALLAND, *Droit international public*, Paris, PUF, 2000, p. 356.

juridiques internes sans procédures particulières[50]. En prenant en compte ces analyses, on doit accepter que les rapports entre l'ordre juridique tunisien et l'ordre juridique international sont quelque part teintés de dualisme. En effet, si le droit international s'applique dans l'ordre juridique tunisien, c'est en vertu d'une prescription de droit interne et non en vertu du droit international lui-même. Les engagements qui lient la Tunisie dans l'ordre juridique international ne la lient pas forcément dans son ordre juridique interne[51]. Ainsi, il est possible de dire qu'à défaut de réception, une *« loi interne contraire au droit international lie les sujets autant que la loi conforme au droit international*[52] *»* ; les autorités publiques, les juges compris, *« sont obligés d'appliquer le droit interne, même contraire au droit international*[53] *»*.

Toutefois, c'est ANZILOTTI qui a développé avec plus de précision la théorie de la réception du droit international par le droit interne pour essayer de démontrer qu'il ne peut y avoir de monisme juridique. Selon cet auteur, la réception des normes internationales n'aboutit pas à l'insertion du droit international et de son caractère obligatoire dans l'ordre juridique interne, mais elle conduit tout simplement à la transformation de la norme internationale, qui change radicalement de principe de validité sous l'effet de la réception qui n'est en réalité qu'un acte d'établissement de normes. À cet égard, ANZILOTTI écrit ce qui suit : *« le fait qu'une norme est reçue dans un ordre juridique, implique que cette norme vaut pour des sujets différents de ceux pour lesquels elle valait dans l'ordre antérieur. Toute norme juridique ne peut que s'adapter au système juridique dont elle fait partie, qui de différentes manières réagit sur son contenu, soit en l'étendant, soit en le restreignant, si bien que la même norme, lorsqu'elle figure dans deux ordres juridiques différents, a ou peut avoir une signification différente. Une transformation, non seulement formelle, mais même substantielle, est donc incluse dans le concept même de réception*[54] *»*. Du moment où la norme internationale subit, sous l'effet de la réception, un triple changement touchant sa valeur formelle, ses destinataires et, même parfois, son contenu, celle-ci perd sa nature, d'où la difficulté de parler de

---

[50] H. TRIEPEL, *Droit interne et droit international*, *op. cit.*, p. 97.
[51] GH. GHERAIRI, D. JAIBI, « La Constitution tunisienne et le droit international », *op. cit.*, p. 123.
[52] *Ibid.*
[53] GH. GHERAIRI, D. JAIBI, « La Constitution tunisienne et le droit international », *op. cit.*, p. 125.
[54] D. ANZILOTTI, *Cours de droit international*, *op. cit.*, p. 63.

son applicabilité directe ou de sa primauté dans l'ordre juridique où elle a été réceptionnée. Désormais, il s'agit tout au plus d'une norme interne dont le contenu correspond plus ou moins à une norme internationale.

Aujourd'hui, même si les auteurs dualistes continuent à s'appuyer sur la technique de réception pour défendre le dualisme des ordres juridiques, ils lui donnent néanmoins une conception nouvelle. Affranchis de la tutelle de leurs précurseurs, ils sont parvenus à opérer une différenciation claire entre la transformation et la réception au sens strict du terme[55]. Ces auteurs affirment que tant qu'il y a réception, il y a dualisme même si la norme internationale en question n'a pas fait l'objet de transformation. L'intérêt qu'accordaient TRIEPEL et ANZILOTTI à la notion de transformation s'explique par la nature et le contenu du droit international de leur époque où les normes internationales visant les individus étaient réduites *à leur portion la plus congrue*[56]. Mais, aujourd'hui, le droit international s'appuie de plus en plus sur des conventions internationales octroyant directement des droits subjectifs aux particuliers, rendant par là même superfétatoire toute transformation. De façon générale, ce type de conventions fait partie de ceux qui nécessitent d'être ratifiés, autrement dit réceptionnés, pour entrer en vigueur et s'appliquer dans les ordres juridiques internes. À cet égard, la Constitution tunisienne déclare, dans son article 67, que *« les traités commerciaux et ceux relatifs à l'organisation internationale, aux frontières de l'État, aux engagements financiers de l'État, à l'état des personnes, ou portant des dispositions à caractère législatif »*, doivent être ratifiés. Compte tenu notamment des deux derniers types de traités évoqués dans cet article, les traités relatifs aux droits de l'Homme n'échappent pas à la ratification[57].

Pour résumer, on peut dire que la doctrine actuelle accepte qu'il n'est plus possible de défendre une conception purement moniste ou purement

---

[55] Monsieur LAGHMANI écrit que : *« Il faut bien voir que le dualisme implique nécessairement la réception mais n'implique pas nécessairement la transformation. Même si Hans Triepel et Dionizio Anzilotti ont, de leur temps, écrit le contraire ».* S. LAGHMANI, « Droit international et droits internes : vers un nouveau jus gentium ? », in R. BEN ACHOUR, S. LAGHMANI, *Droit international et droits internes : développements récents*, *op. cit.*, p. 25.

[56] A. MAHIOU, « Droit international et droit constitutionnel : de la non-intervention à la bonne gouvernance », in *Droit constitutionnel et mutations de la société internationale*, RCAIDC, vol. XI, *op. cit.*, p. 160.

[57] Signalons que, selon l'article 67, la ratification, qui est l'œuvre du président de la République, nécessite d'abord l'approbation de l'« Assemblée des représentants du peuple ». Ajoutons par ailleurs que les accords techniques ne nécessitent pas de ratification et sont conclus par le chef du Gouvernement (art. 92).

dualiste, et qu'il faut opter pour une position médiane qui admet que l'évolution récente des rapports entre l'ordre juridique international et les ordres juridiques internes montre une interpénétration grandissante, marquée par la primauté des normes internationales au sein des ordres juridiques internes, au moins par rapport aux normes législatives. Mais tout cela doit être relativisé et ne pas être considéré comme étant la preuve du triomphe du monisme. En effet, et concernant la Tunisie, il est difficile de parler de monisme pur, parce que c'est seulement grâce au consentement de l'État tunisien, exprimé dans le texte de la Constitution, que le droit international acquiert dans l'ordre juridique tunisien une force contraignante.

B. Les répercussions de la technique du renvoi réceptif

Si l'on prend en considération les différentes manifestations de la notion d'applicabilité directe, qui sous-tend la conception moniste, on doit admettre que la nouvelle Constitution tunisienne peut être rangée parmi les Constitutions monistes. Mais ajoutons, par ailleurs, que cette applicabilité directe ne peut trouver lieu à s'appliquer que lorsque les normes internationales s'y apprêtent. C'est pourquoi, de manière générale, cette applicabilité directe concerne essentiellement une partie du droit international dont le développement et la mise en œuvre concernent directement les individus, à savoir l'ensemble des normes internationales relatives aux droits de l'Homme.

Toutefois, il serait faux d'affirmer que le monisme se résume à l'applicabilité directe. En effet, même avec la possibilité accordée aux normes du droit international d'être applicables directement, le constat diffère si on aborde la question en se référant au principe de validité sur lequel se basent aussi bien l'application même du droit international que sa primauté au sein d'un ordre juridique interne quelconque. En examinant l'exemple tunisien, on peut légitimement penser, et ce, pour deux principales raisons, que la nouvelle Constitution penche, comme la plupart des autres Constitutions, pour une sorte de dualisme juridique :

Premièrement, à partir du moment où la Constitution tunisienne, elle-même, pose le principe de l'applicabilité directe et le principe de la primauté du droit international, elle se place nécessairement dans une optique dualiste. Car, *« dans le système interne moniste, le droit international fait partie de l'ordre juridique interne dès son entrée en vigueur dans l'ordre juridique international*[58] ». En principe, selon la conception dualiste, l'intégration par la Constitution tunisienne du droit international dans l'ordre juridique interne, quelles que soient d'ailleurs la particularité et la spécificité de cette intégration, ne remet pas en doute le fait que ce texte suprême procède, à travers cette opération, à la réception du droit international, même s'il est vrai que cette réception s'opère à niveau supérieur, à savoir la Constitution elle-même. À notre sens, les signes du monisme, que l'on repère dans le texte de la Constitution tunisienne, révèlent moins un penchant doctrinal pour le monisme qu'un penchant idéologique, qu'éprouvait la Tunisie en transition démocratique, en faveur des droits de l'Homme, dont sont imprégnées, décidément, les normes du droit international.

Ce monisme apparent ne traduit donc pas une volonté d'unir les deux ordres juridiques ou une remise en cause de la souveraineté tunisienne[59]. Il nous est permis, alors, de dire que l'internationalisation de la nouvelle Constitution tunisienne ne peut pas être considérée comme la preuve du triomphe du monisme. Bien au contraire, cette Constitution est révélatrice, à bien des égards, de la persistance du dualisme. Force est de constater que l'internationalisation de la Constitution tunisienne repose, a priori, sur une affirmation constitutionnelle de la place et du rang qu'occupe le droit international dans l'ordre juridique interne. Donc, il faut y voir un signe de dualisme puisque le principe de validité des normes internationales se situe dans la Constitution elle-même, et ce, contrairement, par exemple, de ce qui prévaut à l'intérieur des ordres juridiques des États membres de l'Union européenne, où le droit de celle-ci pose lui-même les bases de son application et le rang qu'il occupe au sein de ces ordres.

Deuxièmement, ce qui laisse penser que l'internationalisation de la Constitution de 2014 peut s'inscrire dans un registre dualiste, a trait aux conséquences qui peuvent résulter de la méconnaissance par la Tunisie de l'applicabilité directe ou de la primauté des normes internationales. Il semble, au regard du texte de la Constitution, qu'en dehors d'un éventuel engagement de la responsabilité de la Tunisie sur le plan international, ou, en cas d'atteinte aux droits de l'Homme, d'un éventuel recours exercé par des individus devant certaines juridictions nationales pour violation d'un

---

[58] C. SANTULLI, *Le statut international de l'ordre juridique étatique. Étude du traitement du droit interne par le droit international*, Pedone, Paris, 2001, p. 89.

[59] J.-P. JACQUE, « Droit constitutionnel, Droit communautaire, CEDH, Charte des Nations unies. L'instabilité des rapports de système entre ordres juridiques », RFDC, 2007, p. 23.

droit garanti par des instruments juridiques internationaux, il n'est prévu aucun mécanisme particulier permettant d'assurer la pleine effectivité du droit international dans l'ordre juridique tunisien[60]

Cela dit, on doit relever, toutefois, que, du point de vue formel, ces débats perdent un peu de leur intérêt puisque la nouvelle Constitution, même internationalisée, n'existe, après son adoption, que par elle-même et elle est le fondement de sa propre validité. Les normes internationales dont elle s'est inspirée se transforment et deviennent tout simplement des normes à valeur constitutionnelle[62]. À cela s'ajoute le fait qu'en dehors de certains cas, les textes internationaux qui ont influencé la Constitution tunisienne avaient été préalablement ratifiés par la Tunisie[63]. Finalement, tout converge pour nier que l'internationalisation de la nouvelle Constitution tunisienne débouche totalement sur un monisme avec primauté du droit international, une primauté qui semble être, elle aussi, contestée au niveau de l'ordre juridique tunisien.

Paragraphe 2 : Une constitutionnalisation des standards internationaux fragilisée par la primauté incertaine du droit international

Même en laissant de côté la question de la réception qui empêche, en réalité, toute affirmation quant à l'adoption totale par la Tunisie de la conception moniste, on ne peut pas accepter qu'une telle affirmation soit possible du simple fait que la Constitution tunisienne affirme la primauté du droit international. En pratique, cette primauté semble être inopérante en raison, à la fois, de la contestation des standards internationaux par des normes internes **(A)**, et des difficultés auxquelles se heurte la mise en œuvre de la Constitution tunisienne **(B)**.

A. La concurrence possible entre le droit tunisien et le droit international

Si la possibilité d'un monisme juridique peut être déduite des dispositions constitutionnelles en raison de la suprématie qu'elles accordent aux normes internationales, il reste néanmoins que, dans les

[60] Ces critiques ont toujours été relevées par un grand nombre d'internationalistes, depuis la première Constitution tunisienne.

[62] F. SUDRE, « Constitutions et protection internationale des droits de l'Homme », in *Constitution et droit international*, Recueil des cours de l'Académie internationale de droit constitutionnel, CPU, Tunis, 2000, p. 210.

[63] E. CARTIER, « Les petites Constitutions », *op. cit.*, p. 515.

faits, ces normes se trouvent en concurrence avec des normes internes[64]. Cette concurrence peut découler de l'interprétation des instruments juridiques internationaux par les autorités publiques ou de l'existence de quelques principes d'inspiration religieuse qui peuvent sembler incompatibles avec certaines normes internationales.

La concurrence exercée par les normes internes est généralement due à l'imprécision des normes internationales. Il en résulte que leur application ne peut être envisageable qu'avec l'intervention de l'État. En effet, les lacunes, dont peuvent souffrir certains accords internationaux, permettent d'accroître la marge d'appréciation des États qui procèdent alors à une opération visant, théoriquement, à clarifier la norme internationale, mais qui peut avoir pour effet la déformation de cette norme, rendant son application non conforme, matériellement, à ce qui a été initialement prévu[65]. Cela est particulièrement vrai pour certaines normes, un peu vagues et imprécises, comme celles que l'on trouve dans la Charte des Nations unies, ou dans certains accords internationaux généralement considérés comme non *« self-executing »*, dont les dispositions ne créent ni obligations ni droits directs à l'égard des individus, mais se limitent à inviter les gouvernements à adopter certaines mesures[66]. Évidemment, l'imprécision de certaines normes du droit international ne doit pas remettre en cause la suprématie de ce droit, mais elle peut, par contre, être à l'origine d'un conflit de normes que le juge national doit résoudre. Généralement, ce dernier fait sienne l'interprétation faite par la norme nationale du texte international. Concernant la Tunisie, on peut rencontrer cette situation s'agissant des principes les plus vagues, comme l'État de droit, la démocratie, le droit à des élections libres et périodiques ou encore le droit relatif aux minorités.

Signalons, par ailleurs, que l'imprécision de certaines normes internationales n'implique vraiment de conflits que lorsque l'ordre juridique interne est fondé sur des principes et valeurs foncièrement

---

[64] G. SCELLE, « Le droit constitutionnel international », in *Mélanges* Carré de Malberg, Paris, Librairie du Recueil Sirey, 1933, pp. 501-515.

[65] GH. GHERAIRI, D. JAIBI, « La Constitution tunisienne et le droit international », in S. LAGHMANI, R. BEN ACHOUR (dir.), *Droit international et droits internes, développements récents*, Pedone, Paris, 1998, p. 124.

[66] T. BUERGENTHAT, « Sur Site web Nations unies, Haut-Commissariat des droits de l'Homme f-Executing and Non-Self-Executing Treaties in National and International Law », *op. cit.*, pp. 303-400, D. CARREAU, *Droit international*, Paris, Pedone, 2009, pp. 450-471.

contraires à ceux et celles du droit international[67]. Or, ce n'est pas le cas en Tunisie, même si certains articles de la Constitution tunisienne continuent à faire polémique, notamment l'article premier, qui dispose que *« la Tunisie est un État libre, indépendant et souverain, l'Islam est sa religion, l'arabe sa langue et la République son régime »*, et l'article 2 qui dispose, quant à lui, que : *« La Tunisie est un État civil, fondé sur la citoyenneté, la volonté du peuple et la primauté du droit*[68] *»*. Citons, à ce propos, l'exemple du Code du statut personnel tunisien qui n'interdit ni le mariage de la femme tunisienne avec un non-musulman, ni les successions interreligieuses, mais ces interdictions ont été introduites par voie d'interprétation des textes, et la jurisprudence relative à ces deux questions n'est pas unifiée[69].

Une question particulièrement épineuse a trait à la reprise par l'article premier de la Constitution de 2014 des mêmes termes utilisés dans l'article premier de la Constitution de 1959. Il en résulte que ce nouvel article risque fort d'avoir la même interprétation que l'ancien article, qui lui-même était interprété à la lumière de la loi. Ainsi, il est fort possible de voir le raisonnement s'inverser puisqu'on interprète la Constitution conformément à des textes qui lui sont inférieurs. Dans une affaire devant la Cour d'appel de Tunis, celle-ci n'évalue pas le Code du statut personnel à la lumière de la nouvelle Constitution ; au contraire, elle lit la Constitution à travers ce Code. C'est la volonté du législateur de 1956, *dans ses plus infimes détails*, que l'on fouille et non celle du constituant de 2014. Puisque le législateur s'est inspiré du fiqh[70] et a reproduit, du moins implicitement, les empêchements d'ordre religieux dans le mariage et les successions, l'article premier risque encore d'être interprété par le juge à la lumière du référent religieux, à l'exclusion de tout autre[71].

La Cour va plus loin en déclarant que l'article premier est demeuré inchangé, faisant complètement abstraction du nouveau contexte dans

---

[67] GH. GHERAIRI, D. JAIBI, « La Constitution tunisienne et le droit international », *op. cit.*, p. 124.
[68] M. BEN JEMIA, « L'article 1 de la Constitution devant la Cour d'appel de Tunis », *Leader*, 2015.
[69] GH. GHERAIRI, D. JAIBI, « La Constitution tunisienne et le droit international », *op. cit.*, p. 124.
[70] Le terme fikh signifie l'interprétation temporelle des règles de la sharia islamique. Il est quelquefois traduit par jurisprudence islamique.
[71] N. KEVIN FERDINAND, *L'internationalisation des Constitutions des États en crise : réflexions sur les rapports entre Droit international et Droit constitutionnel*, Thèse, Université Nancy 2, 2011, p. 234.

lequel est placé l'article premier de la nouvelle Constitution. En faisant de la charia une source de loi (le Code du statut personnel), la Cour semble avoir ignoré les vifs débats qui avaient eu lieu, avant l'élaboration du premier brouillon de la Constitution, et qui s'étaient soldés par l'accord de toutes les parties de ne pas inscrire la charia en tant que source de loi. Elle avait aussi ignoré le fait que l'expression *« l'Islam, religion d'État »* après avoir été introduite dans les divers brouillons et le projet définitif de la Constitution n'a pas été retenue dans le texte final de la nouvelle Constitution[72].

De façon générale, la question de la compatibilité entre les droits de l'Homme dans l'islam et les droits de l'Homme tels que véhiculés par le droit international continue à faire couler beaucoup d'encre. Dans une étude particulièrement riche et argumentée, s'appuyant sur divers arguments, tels que la liberté religieuse et de culte, l'égalité entre l'homme et la femme, le droit au mariage ou l'esprit qui anime l'autorité judiciaire, elle conclut qu'*« il existe un fossé entre la conception des droits de l'homme dans le droit international public et celle de l'Islam »*. D'autres auteurs, moins catégoriques, affirment qu'en dépit de certaines divergences entre les deux référentiels, ceux-ci ne sont pas diamétralement opposés. Selon eux, *« la Sharia comporte, il est vrai, un certain nombre de règles précises et impératives (surtout en droit privé), mais elle comporte aussi des principes généraux, susceptibles d'être diversement interprétés et qui, de toute manière, laissent assez de latitude d'appréciation pour permettre l'adéquation nécessaire entre les règles de droit positif et les contextes qu'elles sont destinées à régir »*. Allant dans le même sens, d'autres auteurs mettent en garde contre un jugement global sur les normes musulmanes des droits de l'homme car, note-t-il : *« Il serait [...] malhonnête de ne pas admettre les dispositions parfaitement acceptables qu'elles contiennent. La Déclaration islamique universelle des droits de l'homme de 1981 garantit le respect du caractère sacré de l'être humain, de son corps (et même de son cadavre), le droit à la liberté de tous les peuples et de tous les individus, le droit et le devoir de résister à l'oppression*[73] *»*.

Cela étant dit, la future Cour constitutionnelle saura mieux que quiconque trouver l'équilibre entre l'arsenal juridique international en

---

[72] P. De VISSCHER, « Les tendances internationales des Constitutions modernes », *RCADI*, 1952, pp. 511-578.

[73] M. BEN JEMIA, « L'article 1 de la Constitution devant la Cour d'appel de Tunis », *op. cit.*

matière des droits de l'Homme et les « *enseignements de l'Islam* » évoqués dans le préambule de la nouvelle Constitution. Mis à part ce problème, la primauté des normes internationales est également menacée par les difficultés de leur application dans l'ordre juridique tunisien.

B. La difficile garantie de l'effectivité du droit international dans l'ordre juridique tunisien

Quelle que soit sa place dans l'ordre juridique tunisien, le droit international ne peut s'appliquer dans cet ordre que grâce à un certain nombre de mécanismes institutionnels nationaux qui garantissent son effectivité[74]. En l'absence de tels mécanismes, l'application du droit international serait une vaine ambition, ce qui renforcerait les aspects dualistes des rapports entre l'ordre juridique tunisien et l'ordre juridique international, et rendrait, par conséquent, le monisme juridique carrément impossible[75]. Et de ce point de vue, un des problèmes qui se poserait à l'État tunisien serait la difficulté de garantir l'application intégrale des normes internationales dans l'ordre juridique interne.

Ces difficultés sont en rapport avec deux séries de raisons qui sont parfois liées à la volonté, et parfois à la capacité de l'État à pouvoir donner une réelle effectivité aux standards internationaux découlant du processus d'internationalisation de la Constitution tunisienne, surtout lorsque aucune garantie internationale n'est prévue après l'adoption et l'entrée en vigueur de la Constitution[76]. S'agissant de la question de la volonté, celle-ci rappelle une situation très proche où certains États essayent d'échapper à leurs engagements internationaux en invoquant le défaut de ratification ou de publication, s'exposant ainsi au risque de voir leur responsabilité juridique, politique ou morale mise en jeu. Toutefois, le non-respect par les autorités tunisiennes de leurs engagements issus de l'internalisation de la Constitution n'engage la responsabilité juridique internationale de la Tunisie que dans la mesure où les dispositions constitutionnelles internationalisées se font l'écho de certaines obligations internationales

---

[74] V. CONTANTINESCO, S. PIERRÉ-CAPS, *Droit constitutionnel*, Paris, PUF, 2009. Voir notamment, B. MIRKINE-GUETZVITCH, « Droit international et droit constitutionnel », *RCADI*, 1931, pp. 367-465.

[75] N.-K. FERDINAND, *L'internationalisation des Constitutions des États en crise : réflexion sur les rapports entre droit international et droit constitutionnel*, Thèse, Université Nancy 2, 2011, p. 501.

[76] R. MONACO, « Cours général de droit international public », RCADI, 1968, pp. 93-335.

contractées par elle. En dehors de cette hypothèse, la Tunisie peut toutefois être condamnée sur le plan politique ou moral[77].

Au-delà de la question portant sur la réelle volonté de la Tunisie à appliquer de manière effective, dans son ordre juridique interne, les normes et principes internationaux issus du processus d'internationalisation, un autre élément factuel ne peut être négligé, à savoir la capacité réelle de la Tunisie à donner au droit international sa pleine effectivité[78]. À cet égard, on ne peut passer sous silence le fait que l'une des causes de l'inefficacité du droit international dans les États, même parmi ceux les plus organisés, est l'inadéquation entre l'ordre international et les ordres internes des États ainsi que le manque ou l'absence dans ces derniers de mécanismes appropriés permettant une véritable prise en compte des normes internationales, surtout lorsque celles-ci sont destinées à être appliquées directement aux individus. Les causes en sont bien connues. D'abord, pendant longtemps, les normes internationales ne s'intéressaient qu'aux relations interétatiques et, par conséquent, leur mise en œuvre par les États ne concernait que les autorités politiques et ne soulevait, en règle générale, de véritables problèmes juridiques que devant les juridictions internationales ou l'arbitrage international. Ensuite, il faut mentionner que les autorités publiques à l'intérieur des États, notamment les juridictions, ne sont pas toujours compétentes et techniquement bien armées pour assurer une entière application aux normes internationales[79]. Ainsi, l'attitude des juridictions et leurs positions à l'égard du droit international peuvent être considérées, dans divers pays, y compris la Tunisie, comme inadéquates avec les exigences du droit international.

---

[77] F. ABDESSLEM, *Le droit international dans les systèmes constitutionnels maghrébins*, Thèse, Université de Tunis El Manar, 2015, p. 123.

[78] *Ibid.*, p. 126.

[79] N.-K. FERDINAND, *L'internationalisation des Constitutions des États en crise : réflexion sur les rapports entre droit international et droit constitutionnel*, *op. cit.*, p. 67.

CHAPITRE II :

La question de l'influence de la Constitution tunisienne internationalisée sur l'évolution de l'ordre juridique international

Bien loin de l'approche conflictuelle traditionnelle, qui s'inscrit dans le cadre d'analyse des rapports entre les ordres juridiques nationaux et l'ordre juridique international, l'étude du phénomène d'internationalisation des Constitutions, qui a accompagné les évolutions du droit international, ouvre la voie à l'examen de la question, sous un angle différent[1].

C'est pourquoi certains auteurs ont cherché à dépasser ces analyses fondées sur une conception pyramidale desdits rapports, héritée du normativisme KELSÉNIEN. Ainsi, on a vu apparaître d'autres théories, dont la plus célèbre est celle « du *pluralisme juridique* » développée dans les écrits de Madame Mireille DELMAS-MARTY.

Ainsi apparaît une nouvelle perspective au niveau des rapports entre droit international et droits internes. D'abord, une dynamique complémentaire est affirmée, elle est induite par une analyse descriptive de l'internationalisation des Constitutions. Ensuite, et peut-être sous l'impulsion de la première, une dynamique universalisante voit le jour. Cette dynamique, qui suscite encore quelques interrogations, place l'internationalisation de la Constitution tunisienne entre l'affirmation indiscutable d'une complémentarité des ordres juridiques **(Section 1)** et l'émergence problématique d'un ordre juridique universel **(Section 2)**.

---

[1] Ainsi, par exemple, Georges SOFRONIE écrivait dans les années trente qu'il existe *« des réalités pour l'explication desquelles, ni la conception dualiste, ni la conception moniste, ne sont plus suffisantes »*.

Section 1 :

L'internationalisation de la Constitution tunisienne : vers une complémentarité entre l'ordre juridique tunisien et l'ordre juridique international

L'analyse du phénomène d'internationalisation de la Constitution tunisienne a mis en évidence l'interpénétration croissante entre, d'un côté, l'ordre juridique international et, de l'autre côté, les ordres juridiques internes. Sur la base de ce constat, on peut affirmer qu'entre l'ordre juridique tunisien et l'ordre juridique international, il n'y a ni séparation stricte, ni indépendance totale, mais plutôt une interdépendance qui prend la forme d'une véritable complémentarité. Celle-ci se concrétise, d'une part, à l'aide d'un véritable processus de rapprochement, d'interconnexion et d'imbrication et, d'autre part, par une sorte de répartition des tâches. Il en résulte que chacun des deux ordres juridiques offre à l'autre son concours dans les domaines où il en a le plus besoin, et tire de l'autre les moyens de sa consolidation[2].

Cette interaction entre les deux ordres juridiques se manifeste à travers le rôle joué par l'ordre juridique international en tant que vecteur de consolidation de l'ordre juridique tunisien **(Paragraphe 1)** et à travers, également, le rôle que remplit l'ordre juridique tunisien en tant que garant de l'efficacité de l'ordre juridique international **(Paragraphe 2)**.

Paragraphe 1 : L'ordre juridique international, vecteur de consolidation de l'ordre juridique tunisien

Au regard de l'internationalisation de la Constitution tunisienne, l'ordre juridique international joue assurément le rôle de vecteur de consolidation de l'ordre juridique interne. En effet, l'internalisation reflète la volonté du pouvoir constituant tunisien de construire ou reconstruire l'État de droit sur des bases solides.

---

[2] Comme le font remarquer deux auteurs : « La Constitution n'est-elle pas, de toutes les normes en vigueur dans un ordre juridique, la plus imperméable à des influences extérieures ? Sa nature, qui exprime les choix politiques d'un peuple et répond à la tradition politique d'une nation, comme son rang (il s'agit de la norme suprême de l'État) ne font-ils pas de la Constitution la norme dont le caractère est national par essence ? », V. CONTANTINESCO, S. PIERRÉ-CAPS, *Droit constitutionnel*, 4e édition, Paris, PUF, 2009, 239.

Aussi, l'internationalisation des Constitutions révèle-t-elle une profonde modification au niveau du rôle joué par le droit international, qui se manifeste par le fait que celui-ci assure désormais une sorte de *« providentialisation »*. Cette mutation permet à l'ordre juridique international de produire des normes communes aux États **(A)**, remédiant ainsi aux carences dont souffre l'État de droit **(B)**.

A. L'ordre juridique international, source de production de normes communes aux États

L'internationalisation des Constitutions est, par excellence, le laboratoire où se réalise une véritable standardisation du droit interne, en l'occurrence du droit constitutionnel. En effet, grâce au phénomène de l'internationalisation, une nouvelle relation s'établit entre les ordres juridiques internes et le droit international sur la base d'une convergence matérielle[3].

De ce point de vue, l'internationalisation des Constitutions apparaît, toutefois, comme un mouvement innovateur plutôt qu'une nouvelle étape, plus poussée, dans un processus d'harmonisation et d'uniformisation du droit, équivalent à celui rencontré dans d'autres branches, comme celles relatives à l'économie, au travail ou à l'environnement[4].

En fait, on ne manquera pas de constater que les changements dans la société internationale et la mondialisation des flux ont redirigé le centre de gravité de l'élaboration des normes, dans de nombreux pays, vers d'autres acteurs extérieurs, dont principalement les organisations internationales. Aujourd'hui, les questions liées à l'économie, à la gouvernance, au commerce, à l'investissement et, plus récemment, au droit pénal font désormais l'objet d'une très forte réglementation au niveau international. Aussi, les États sont-ils devenus, dans ces domaines, des consommateurs plutôt que des producteurs de règles[5]. Par conséquent,

---

[3] L. HENKIN, « General Course of Public International Law: Politics, Values and Functions », RCADI, 1989, pp. 9-416.

[4] Cette conception de l'internationalisation est d'ailleurs assez proche de celle utilisée par le droit privé où on constate l'apparition d'une véritable harmonisation des différents systèmes juridiques compte tenu des rapports transfrontaliers se nouant entre les sujets de droit, qu'ils soient personnes physiques ou morales, et de ce que les juges sont de plus en plus amenés à trancher des litiges mettant en cause des sujets de deux ordres différents ou nécessitant l'application de deux législations différentes.

[5] G. DOR, « Contribution à l'étude du problème de l'internationalisation des règles du droit public interne », *Mélanges* Ernest MAHAIM, tome 2, Sciences juridiques, Paris, Sirey, 1935, p. 115-133.

l'internationalisation des Constitutions consolide l'idée que le droit international, en plus de son rôle traditionnel relatif à l'organisation de la coexistence et de la coopération entre États, a désormais une nouvelle fonction ayant trait à la création de normes régissant les rapports entre ces derniers et leurs propres sujets de droit.

De ce fait, l'internationalisation des Constitutions traduit une tendance nouvelle faisant de l'ordre juridique international le lieu de production d'un langage juridique commun destiné à tous les États et dont l'objectif consiste à mettre à niveau les droits nationaux. Grâce à l'aspect matériel du phénomène de l'internationalisation, cette nouvelle fonction est clairement visible au niveau de la Constitution tunisienne qui a repris à son compte les valeurs de démocratie, d'État de droit, et des droits de l'Homme. Cette nouvelle fonction s'exprime grâce à des instruments juridiques internationaux, tels que les *« traités, actes dérivés des Organisations internationales »*, ou des instruments internationalisés commandant les procédures d'élaboration des Constitutions, et s'appuie principalement sur l'activisme des Organisations internationales qui œuvrent à promouvoir des valeurs universelles[6].

Cela dit, la spécificité et le caractère exceptionnel et ponctuel des formes d'internationalisation des Constitutions, comme c'est le cas en Tunisie, obligent incontestablement à tempérer ce constat et à ne pas considérer l'internationalisation comme une évolution décisive des rapports entre l'ordre juridique international et les ordres juridiques nationaux. Cela est d'autant plus vrai qu'il est peu probable que cette internationalisation puisse produire les effets escomptés et qu'elle soit suivie d'une réelle effectivité. Toutefois, on doit rendre compte d'une évolution dont elle n'est d'ailleurs qu'un des véhicules, et qui consiste en une sorte de répartition des tâches entre droit international et droits nationaux[7]. C'est en raison de la mutualisation des défis et face aux difficultés auxquelles se heurtent les États, que le droit international s'est donné pour mission la création de normes, l'harmonisation des principes et l'uniformisation des outils. Cette observation ne représente ni une remise en cause de la nature profonde du droit international, à la manière de Georges Scelle qui y voyait un droit objectif fondé sur la socialisation

---

[6] H. QAZBIR, *L'Internationalisation du droit constitutionnel*, Dalloz, Paris, 2015, p. 145.

[7] A. HERVE-DIOMPY, *Le paradoxe de l'internationalisation du droit constitutionnel en Afrique : réflexions sur les interactions normatives, institutionnelles et politiques dans l'espace CEDEAO*, Thèse, Droit, Université de Bordeaux, 2017, p. 350.

et la solidarité internationales inter-individuelles, ni un éloge idéologique d'un droit mondial universel prôné par quelques auteurs contemporains. Elle représente tout simplement une volonté de rendre compte des faits selon une démarche positiviste purement réaliste. Ce constat ne recèle nullement l'idée d'une hiérarchisation des ordres juridiques au profit de l'ordre juridique international, et ce, d'autant plus que le phénomène de l'omniprésence du droit international tire son efficacité moins de la victoire du monisme juridique que de l'ordre du monde qui justifie de plus en plus le changement de la nature des rapports entre droit international et droits nationaux. Cette omniprésence n'est qu'un état de fait marqué, d'un côté, par la tendance actuelle à l'*« internisation »* du droit international et, de l'autre côté, par le rôle normatif des organisations internationales qui se sont mises, de façon presque régulière, à adopter des instruments juridiques ayant vocation à s'appliquer aux États et dans les États[8].

L'engagement des États à respecter et à insérer, dans leurs ordres internes, les instruments juridiques développés dans les cénacles internationaux, représente la preuve que l'ordre juridique international ne se limite plus à produire un droit interétatique, mais va au-delà en produisant un droit à l'usage des États. Dans le cas tunisien, cette fonction de production internationale des normes communes aux États est renforcée par le fait que les normes reprises par le texte constitutionnel constituent un corpus dont la valeur juridique est incontestable. Car, dans les faits, il ne s'agit pas de créer de nouvelles normes à l'intention des États, mais de rendre effectifs des principes dégagés au niveau international en leur donnant une dimension plus intra-étatique qu'interétatique. En effet, l'examen du contenu matériel de la nouvelle Constitution fait ressortir clairement que celle-ci a été inspirée par des textes internationaux portant essentiellement sur les droits de l'Homme, l'État de droit, la démocratie et le droit des peuples à disposer d'eux-mêmes dans son versant interne qui implique que toute autorité gouvernementale doit procéder de la volonté du peuple. À titre d'exemple, nul ne saurait aujourd'hui nier l'importance de la Déclaration universelle des droits de l'homme ou du principe de *« légitimité démocratique »*, qui, sous l'impulsion de l'ordre du monde, tendent à abandonner leur valeur morale et politique pour acquérir une valeur contraignante.

---

[8] A. HERVE-DIOMPY, *Le paradoxe de l'internationalisation du droit constitutionnel en Afrique : réflexions sur les interactions normatives, institutionnelles et politiques dans l'espace CEDEAO*, Thèse, Droit, Université de Bordeaux, 2017, p. 340.

Étant donné que l'internationalisation de la nouvelle Constitution tunisienne s'est largement inspirée du contenu matériel des instruments internationaux, on doit accepter que le droit international s'est investi d'une fonction législative, puisqu'une bonne partie des règles gouvernant les rapports que les États entretiennent avec leurs sujets de droit se trouvent dans une législation universelle à laquelle ces derniers doivent désormais donner une effectivité, sans avoir pour autant la possibilité traditionnelle d'y consentir, de les modifier ou de les rejeter. Et c'est justement là où apparaît la dimension la plus importante de la complémentarité entre, d'une part, l'ordre juridique international et, d'autre part, les ordres juridiques nationaux : ces derniers sont devenus, par le fait de l'internationalisation des Constitutions, le moyen garantissant l'effectivité du droit international.

Si, d'un côté, les ordres juridiques nationaux trouvent, dans le droit international, le moyen pour remédier à la carence de l'État de droit, de l'autre, le droit international fait de ces ordres juridiques la source essentielle de son efficacité[9].

B. Le droit international, remède à la carence de l'État de droit

Alors que la Constitution tunisienne de 2014 semblait se satisfaire à elle-même dans son double rôle impliquant, d'une part, la restauration de l'ordre juridique, afin de permettre à l'État tunisien d'accomplir ses fonctions régaliennes, et traduisant, d'autre part, la volonté du pouvoir constituant, il n'en demeure pas moins vrai que, grâce au phénomène de l'internationalisation, la Constitution tunisienne parvenait à mieux accomplir les rôles qui lui étaient impartis.

La complémentarité entre les deux ordres peut être observée au niveau de la procédure constituante, qui vise à restaurer l'État. À travers l'internationalisation de celle-ci, il s'est produit une sorte de transformation au niveau du rôle assuré par les acteurs de l'ordre juridique international, notamment les Organisations internationales qui, en plus de leurs fonctions traditionnelles consistant à coordonner les relations interétatiques, se sont mises à exercer, à la place des États et à l'intérieur de ceux-ci, les fonctions qui, d'ordinaire, incombaient à ces derniers. L'observation démontre que l'internationalisation des procédures constituantes est marquée par un ajustement plus ou moins cohérent et qui

[9] A. HERVE-DIOMPY, *Le paradoxe de l'internationalisation du droit constitutionnel en Afrique : réflexions sur les interactions normatives, institutionnelles et politiques dans l'espace CEDEAO*, Thèse, Droit, Université de Bordeaux, 2017, p. 280.

varie en fonction de l'intensité de la crise traversée par l'État en question, et du degré d'effondrement de ses institutions donnant l'impression que l'action internationale intervient pour répondre aux réels besoins de ce dernier et pallier ses carences. C'est ainsi que l'on assiste à une variation au niveau du degré d'internationalisation en fonction de la gravité de la crise de chaque État.

Au-delà de la restauration de l'État, l'internationalisation des Constitutions, dont, bien sûr, la Constitution tunisienne tend à pallier une autre carence, liée cette fois aux rapports qu'entretient l'État avec sa population, et c'est ici qu'apparaît le sens même de l'internationalisation matérielle des constitutions. De ce point de vue, le droit international intervient, par le biais de l'internationalisation de la Constitution tunisienne, pour remédier aux insuffisances relatives à la protection et à la garantie des droits et libertés fondamentales dont devraient bénéficier tous les individus à l'intérieur du territoire tunisien. Cette fonction a été abordée précédemment lors de l'examen des droits des individus dans la nouvelle Constitution.

En revanche, il semble important de souligner le fait, du moins en théorie, que le phénomène d'internationalisation de la nouvelle Constitution met en exergue le rôle désormais central du droit international en tant que garant des droits des individus. Cette nouvelle fonction du droit international, qui doit d'ailleurs être affranchie du dogme de la souveraineté nationale, nécessite incontestablement une redéfinition en profondeur des frontières en matière des droits de l'Homme. D'ailleurs, la relation entre, d'une part, la consolidation de l'État et, d'autre part, la garantie et la protection des droits des individus, est clairement marquée par son caractère fondamentalement circonstanciel, car elle n'apparaît réellement que dans les circonstances exigeant la restauration de l'État de droit. En effet, l'intérêt de garantir les droits de l'Homme pour consolider la stabilité des États est bien connu. *« Ce fut et reste encore le ressort de l'élaboration du droit des minorités, après la Première Guerre mondiale et aujourd'hui... la prise de conscience que l'entretien des régimes démocratiques et respectueux des droits de l'Homme coûte en définitive moins cher »* à la communauté internationale[10]. Effectivement, l'importance des questions relatives à la garantie et à la protection des droits individuels dans la nouvelle

---

[10] A. HERVE-DIOMPY, *Le paradoxe de l'internationalisation du droit constitutionnel en Afrique : réflexions sur les interactions normatives, institutionnelles et politiques dans l'espace CEDEAO*, *op. cit.*, p. 99.

Constitution tunisienne s'explique non seulement par l'intérêt croissant que porte le droit international à ces questions, mais aussi par leur apport significatif dans le processus de stabilisation de l'État.

En réalité, nous sommes face à un véritable changement de priorités de la part du droit international contemporain qui a désormais pour objectif la quête d'une Communauté internationale. En effet, *« le droit international était au service exclusif des États. Il est clair que les bouleversements dramatiques qui affectent l'ancienne Yougoslavie et dans une moindre mesure la CEI, obligent à remettre en cause le postulat trop cynique sur lequel repose l'ordre juridique international traditionnel selon lequel, le droit international est fait par les États et pour les États, et eux seuls. Certes c'est à eux qu'il appartient de définir les règles de la coexistence des peuples [...] mais ils doivent le faire en tenant compte des aspirations de ceux-ci. C'est d'ailleurs leur intérêt bien compris et, dans certains cas, la condition de leur survie*[11] *»*. Force est de constater que le droit international ne vise plus seulement à protéger chaque État contre les agressions des autres, *« mais aussi à prendre en charge les risques et les menaces collectives, à prendre en charge la façon dont les individus, populations et États gèrent leur vie, car la vie de chacun, homme, population, État, est considérée désormais comme un facteur de risque pour les autres*[12] *»*. On peut donc dire que le droit international intervient pour pallier la carence de l'État de droit afin de permettre la sauvegarde d'une stabilité, qui est en même temps celle de tous et de chacun.

Paragraphe 2 : L'ordre juridique interne comme moyen garantissant l'effectivité du droit international

Dès lors que le droit international semble avoir opéré une mutation substantielle et que sa fonction contemporaine reflète une certaine volonté de s'affirmer, non seulement dans les rapports entre États mais aussi dans les rapports entretenus à l'intérieur de ces derniers, il s'ensuit que ce droit va chercher à s'appuyer sur les États eux-mêmes en vue de son application effective. Cette nécessité est commandée par le caractère même de l'ordre juridique international, peu institutionnalisé et influencé par les États. L'internationalisation de la Constitution tunisienne devrait normalement

---

[11] A. HERVE-DIOMPY, *Le paradoxe de l'internationalisation du droit constitutionnel en Afrique : réflexions sur les interactions normatives, institutionnelles et politiques dans l'espace CEDEAO*, *op. cit.*, p. 99.
[12] *Ibid.*

démontrer les éléments de cette nouvelle articulation. Ainsi, l'ordre juridique tunisien doit permettre l'effectivité du droit international. Une telle effectivité devrait être assurée, d'un côté, par le texte de la Constitution **(A)** et, de l'autre, par des mécanismes juridiques internes **(B)**.

A. Une effectivité garantie par le texte constitutionnel

Une évolution remarquable, induite par le phénomène d'internationalisation de la nouvelle Constitution, consiste à faire du droit constitutionnel un moyen efficace permettant la consolidation des standards internationaux relatifs aux droits de l'Homme, et ce, à travers les techniques de constitutionnalisation analysées antérieurement. À vrai dire, au-delà de sa soumission au droit international, par le biais de l'internationalisation des modalités de son élaboration, que ce soit au niveau formel ou matériel, la nouvelle Constitution acquiert, de manière paradoxale, une révérence nouvelle que le droit international n'accordait pas, traditionnellement, au texte constitutionnel. En effet, il a toujours été admis que les normes juridiques nationales, dont la Constitution, constituaient au regard de l'ordre juridique international de simples faits, et, partant, les États sont dans l'incapacité de s'en prévaloir pour échapper à leur responsabilité internationale. Or, l'un des apports majeurs de l'internationalisation de la nouvelle Constitution est, sans doute, le fait de l'avoir ramenée à l'existence juridique et d'avoir recentré l'ensemble du droit sur son terrain, en donnant de la valeur à sa portée normative et en renforçant l'intangibilité de ses dispositions grâce à divers mécanismes de protection, comme nous l'avons vu plus haut (*conf. supra.* Titre 1, Chapitre 2). Ce faisant, le droit international a conforté la Constitution dans sa qualité de norme suprême de l'ordre juridique interne[13].

On peut penser que le droit international semble vouloir se servir de l'aura dont bénéficient habituellement les Constitutions à l'intérieur des États, pour assurer son efficacité.

Une telle démarche ne semble pas manquer de pertinence, puisque les Constitutions, en plus de leurs fonctions traditionnelles, sont aujourd'hui considérées comme étant le point de rencontre entre l'ordre juridique international et les ordres juridiques nationaux. Ces derniers réceptionnent les normes produites par le premier pour les rendre effectives, surtout quand il s'agit de normes relatives aux droits de l'Homme, ou liées à la

---

[13] V. CONSTANTINESCO, S. PIERRÉ-CAPS, *Droit constitutionnel*, *op. cit.* et précisément le Chapitre 2 de la deuxième partie intitulé : L'internationalisation des Constitutions, pp. 239-262.

démocratie pluraliste et à l'État de droit[14]. Et c'est là l'élément fondamental de la complémentarité entre l'ordre juridique international et l'ordre juridique interne, car la Constitution assure l'effectivité et l'efficacité des normes internationales, et ce, d'un double point de vue : tout d'abord, au moyen de l'intermédiation qu'elle assure et, ensuite, en raison de la place qu'elle accorde à ces normes dans l'ordre juridique interne. Dans les deux cas, cela permet, en principe, de résoudre les problèmes relatifs à l'intégration du droit international dans l'ordre juridique interne et à la place qu'occupent les normes internationales au sein de cet ordre juridique, une fois cette intégration effectuée. Dès lors que la Constitution reprend à son compte les normes internationales, l'applicabilité de celles-ci ne pose plus de problèmes, et ce, grâce à l'intermédiation constitutionnelle. S'opérant soit par une allusion générale au droit international, soit, pour ce qui concerne les droits de l'Homme, par l'insertion directe de dispositions au contenu conforme au droit international, l'intégration dans la Constitution induit pour les autorités internes, un changement de nature faisant sortir les normes et principes internationaux concernés des débats portant sur les rapports entre l'ordre juridique international et l'ordre juridique interne. De ce fait, cette intégration évite aux pouvoirs publics de débattre de l'applicabilité directe ou non des normes internationales, voire même de leur primauté. Ces pouvoirs doivent tout simplement considérer qu'il s'agit désormais de normes internes devant être appliquées comme toutes les autres. Cette complémentarité doit, par ailleurs, être affirmée par des mécanismes nationaux garantissant l'efficacité du texte constitutionnel.

B. Une effectivité assurée par des mécanismes juridiques

La notion d'effectivité du droit repose, sans doute, sur celle d'efficacité et celle de sanction de sa non-application. On sait, depuis longtemps, que l'une des critiques fondamentales adressées au droit international, pour lui nier la qualité d'être un vrai droit, est la faiblesse de son effectivité qui apparaît clairement chaque fois que ses normes, qu'il impose ou qu'il entend imposer, font l'objet de quelques violations. Or, l'internationalisation de la Constitution tunisienne permet de dépasser cette faiblesse, dans le cadre tunisien, et ce, en soumettant l'application

[14] N. KEVIN FERDINAND, *L'internationalisation des Constitutions des États en crise : réflexions sur les rapports entre Droit international et Droit constitutionnel*, *op. cit.*, p. 123.

du droit international aux mécanismes internes qui peuvent être invoqués par tous les sujets de droit[15].

Ainsi, et sans remettre en question l'idée développée dans le paragraphe précédent, qui fait du droit international un palliatif à la carence des États, on peut affirmer que la reconstruction institutionnelle de l'État, grâce en partie au droit international, se met, à son tour, au service de celui-ci pour renforcer encore plus la complémentarité entre les deux catégories d'ordres juridiques. En effet, la constitutionnalisation du droit international, au sens de son *« internisation »* par le biais du texte constitutionnel, permet de lui conférer dans les ordres juridiques nationaux une portée juridique certaine. L'instauration de mécanismes garantissant, à la fois, la primauté des Constitutions, et l'inviolabilité des droits de l'Homme ; la mise en œuvre de structures judiciaires indépendantes et adéquates ; la restructuration progressive de l'ordre juridique interne ; tout cela permet incontestablement un renforcement de l'aspect matériel de l'ordre juridique international. Ainsi, l'ordre juridique interne assume le rôle de garant de l'efficacité du droit international et lui confère une valeur qu'il n'a pas par lui-même. On peut donc affirmer qu'il existe bel et bien *« une coordination institutionnelle entre le droit international et le droit interne sans préjudice de la distinction de systèmes*[16] *»*.

Cette complémentarité avait été très tôt perçue par les auteurs dualistes et monistes. Les auteurs dualistes sont particulièrement restés enfermés dans leurs positions doctrinales, et au lieu de tirer toutes les conséquences de cette complémentarité, qui leur paraissait évidente, ils ont fini par nier le caractère international à toute norme appliquée dans les ordres juridiques internes sur la base d'une règle générale d'origine internationale, coupant ainsi le lien puissant existant entre les deux ordres juridiques.

Il semble cependant que l'analyse de l'internationalisation de la Constitution tunisienne doit renvoyer les défenseurs des deux théories, moniste et dualiste, dos à dos, tant elle montre bien que le droit international s'appuie sur les institutions étatiques pour s'affirmer et non pour dépendre ou être subordonné au droit interne. Une lecture minutieuse

---

[15] A. HERVE-DIOMPY, *Le paradoxe de l'internationalisation du droit constitutionnel en Afrique : réflexions sur les interactions normatives, institutionnelles et politiques dans l'espace CEDEAO*, *op. cit.*, p. 230.

[16] A. HERVE-DIOMPY, *Le paradoxe de l'internationalisation du droit constitutionnel en Afrique : réflexions sur les interactions normatives, institutionnelles et politiques dans l'espace CEDEAO*, *op. cit.*, p. 81.

des missions et des exigences assignées à ces différentes institutions démontre une forte tendance à la garantie des principes et des standards du droit international.

Par conséquent, il est clair que les rapports contemporains entre le droit international et le droit national se caractérisent par cette complémentarité, qui peut être considérée comme une sorte de répartition des compétences. En effet, caractérisée par un certain *« enchevêtrement des sources et des objets*[17] *»* selon une terminologie bien établie, l'internationalisation des Constitutions navigue constamment entre la recherche du consensus, qui est un élément clé de l'application effective des normes, et la nécessité d'imposer, dans les ordres juridiques nationaux, des obligations internationales découlant soit d'engagements antérieurement pris par les États dans le cadre de traités internationaux, soit, plus généralement, de valeurs considérées comme universelles, mais dont le caractère véritablement normatif reste potentiel et n'offre pour l'instant que des virtualités qui, justement, sont renforcées par le phénomène de l'internationalisation des Constitutions.

D'après ce qui précède, il est possible d'affirmer que l'internationalisation de la Constitution tunisienne a pu instaurer une véritable complémentarité entre l'ordre juridique international et l'ordre juridique tunisien prenant la forme d'une interpénétration croissante qui place le premier au centre de la préservation et de la consolidation du second, et qui fait de celui-ci le garant de l'effectivité du premier. Tout cela suscite des interrogations quant à la nature, mais surtout à la prochaine évolution de l'ordre juridique international lui-même. C'est, dans une optique prospective, qui est loin d'être étrangère à la science du droit, qu'on peut s'interroger sur l'effet exact du phénomène de l'internationalisation des Constitutions sur le droit international car, au-delà de la complémentarité entre les deux ordres juridiques, celui-ci risque de se trouver totalement transfiguré. N'étant plus seulement au service des rapports entre États, mais ayant désormais pour mission de les englober et de les dépasser, le droit international semble donner l'impression de se transformer en un droit commun universel. Une telle évolution mérite

---

[17] D. MAUS, « L'influence internationale sur l'exercice du pouvoir constituant », in *Le Nouveau Constitutionnalisme, Mélanges* Gérard CONAC, pp. 87-102.

d'être examinée, précisément, au regard de l'internationalisation des Constitutions[18].

Section 2 :
L'effet de l'internationalisation des Constitutions sur l'émergence possible d'un ordre juridique universel

En même temps qu'elle a eu des conséquences évidentes à l'intérieur de l'ordre juridique interne, l'internationalisation de la Constitution tunisienne a influé sur les rapports qu'entretient cet ordre juridique avec le droit international. Cette évolution a-t-elle eu pour effet de modifier la nature même du droit international ? La question est de savoir si l'internationalisation de la Constitution tunisienne a participé à faire évoluer le droit international vers une sorte de droit commun s'imposant aussi bien aux États qu'aux individus, que certains qualifient déjà de droit de la Communauté humaine universelle.

Cependant, on ne peut qu'avouer, dès le départ, la modestie de cette recherche. Elle consiste simplement à s'interroger, à partir de l'ensemble des constatations précédemment établies, sur la possibilité de voir l'internationalisation de la Constitution tunisienne participer, tant soit que peu, à l'émergence d'un droit constitutionnel de l'ordre juridique international. Et, dans l'affirmative, il s'agit de voir si cette émergence représente les prémices d'un nouvel ordre juridique universel que certains appellent de tous leurs vœux[19].

On ne tardera pas à clarifier notre position sur la question, car il nous semble qu'effectivement l'internationalisation de la Constitution tunisienne semble ouvrir la marche vers une nouvelle ère constitutionnelle **(Paragraphe 1).**

Toutefois, on ne peut pas déduire, facilement, à partir de ce premier constat, l'idée de l'émergence d'un ordre juridique universel. Une telle évolution est toujours fort douteuse **(Paragraphe 2).**

---

[18] N. KEVIN FERDINAND, *L'internationalisation des Constitutions des États en crise : réflexions sur les rapports entre Droit international et Droit constitutionnel*, *op. cit.*, p. 126.

[19] H. TOURARD, *L'internationalisation des constitutions nationales*, Bibliothèque constitutionnelle et de science politique, Paris, LGDJ, 2000.

Paragraphe 1 : La Constitution tunisienne de 2014 : vers une nouvelle ère constitutionnelle

Face au phénomène de l'internationalisation des Constitutions, des avis mitigés se sont exprimés ; certains ont même vu dans ce phénomène l'émergence d'une sorte de pouvoir constituant international qui remplacerait le pouvoir constituant des États. Ainsi a-t-on parlé d'une montée en puissance d'un pouvoir constituant international, en faisant un parallèle avec ce qui se passe à l'intérieur de l'ordre juridique de l'Union européenne. Cette vision semble être excessive, étant donné qu'elle opère, de manière hâtive, une confusion entre l'idée d'un pouvoir constituant international et l'idée d'un pouvoir constituant national internationalisé.

En revanche, il ne serait pas dénué d'intérêt de placer la question de l'internationalisation de la nouvelle Constitution tunisienne au centre d'un autre débat, qui a cours aujourd'hui et qui porte sur l'émergence d'un droit constitutionnel international[20], dont la base serait la Charte des Nations unies, qui devrait être considérée comme étant la Constitution de la Communauté internationale[21].

Selon cette approche, le droit constitutionnel international serait construit sur la base d'une norme fondamentale, en l'occurrence la Charte des Nations unies, placée aussi bien au-dessus de l'ordre juridique international qu'au-dessus des ordres juridiques nationaux. Aussi est-il intéressant de se demander où se situe l'internationalisation de la Constitution tunisienne par rapport à ce débat. À vrai dire, l'internationalisation de la nouvelle Constitution ne permet pas l'identification formelle d'un droit constitutionnel international **(A)**, mais, par contre, elle permet l'identification matérielle d'un tel droit **(B)**.

A. L'absence formelle du droit constitutionnel international dans le texte de la nouvelle Constitution tunisienne

En cherchant si l'internationalisation de la Constitution tunisienne aide à identifier l'émergence formelle d'un droit constitutionnel international, on doit concrètement chercher s'il existe aujourd'hui en droit international

---

[20] N. KEVIN FERDINAND, *L'internationalisation des Constitutions des États en crise : réflexions sur les rapports entre Droit international et Droit constitutionnel*, *op. cit.*, p. 56.

[21] M. DELMAS-MARTY, « Introduction », in M. DELMAS-MARTY, S. BREYER, *Regards croisés sur l'internationalisation du droit : France-États-Unis*, Paris, Société de Législation comparée, 2009, p. 15.

un texte dont l'invocation dans le cadre des processus constitutionnels revient à le considérer comme étant désormais la norme suprême de l'ordre juridique international. Mais, il peut aussi s'agir de savoir s'il existe, aujourd'hui, en droit international un ou plusieurs textes qui, en raison de leur nature particulière, s'imposent aux États de la Communauté internationale, et servent de base à l'internationalisation des Constitutions. Il semble qu'en l'état actuel du droit international, et eu égard à l'importance de l'implication des Nations unies dans les processus d'internationalisation, seul l'acte fondateur de celles-ci peut prétendre occuper une telle place, et cela non seulement parce qu'il regroupe, en tant que traité international particulier, la presque totalité des États, mais parce que, aussi, une partie de la doctrine tend depuis longtemps à le considérer ainsi.

Dans le cadre de cette analyse, d'autres textes pourraient également être mentionnés, comme la Déclaration universelle des droits de l'homme, les deux Pactes internationaux de 1966 ou certaines résolutions de l'Assemblée générale des Nations unies. Toutefois, concernant ces instruments, il serait difficile de les considérer, à titre individuel, comme étant la norme fondamentale d'un ordre juridique universel, et ceci, au moins, pour deux raisons qui tiennent, d'une part, à leur contenu et, d'autre part, à leur force obligatoire.

Concernant leur contenu, ces différents textes, parce qu'ils portent sur un domaine bien spécifique, en l'occurrence les droits de l'Homme, ne contiennent pas les ingrédients d'une vraie Constitution qui doit, en principe, se présenter comme *« un ordonnancement juridique établi à partir d'une structure normative hiérarchisée, doublée d'une armature organique précise*[22] *»*. Certes, ils intègrent une dimension importante de ce qu'est une Constitution, à savoir la garantie des droits fondamentaux, mais ce seul ingrédient ne peut suffire, à lui seul, pour leur donner la qualité de Constitution, et encore moins la qualité de Constitution mondiale.

S'agissant maintenant de leur force obligatoire, ces instruments juridiques ne bénéficient pas tous de cette force. En effet, malgré une abondante insertion dans les différentes Constitutions nationales actuelles et d'une importance historique et politique tout à fait exceptionnelle, la Déclaration universelle des droits de l'homme a la même force que celle généralement reconnue aux résolutions déclaratives de principes adoptées par l'Assemblée générale des Nations unies, c'est-à-dire qu'elle ne crée

---

[22] S. PIERRÉ-CAPS, *Droits constitutionnels étrangers*, Paris, PUF, 2010, pp. 217-231.

pas d'obligation juridique à la charge des États. Pour leur part, les deux pactes de 1966, s'ils sont contraignants, ne concernent que les États parties, et s'ils semblent avoir été ratifiés par un bon nombre d'États, cela ne change rien à l'effet relatif propre aux textes de nature conventionnelle, ce qui ne permet pas de les considérer comme des normes fondamentales de l'ordre juridique international. Et cela d'autant plus que les mécanismes prévus par les protocoles additionnels destinés à assurer l'applicabilité de ces pactes restent facultatifs et, contrairement aux pactes eux-mêmes, n'ont pas fait l'objet d'une large adhésion[23].

En somme, seule la Charte des Nations unies semble être en mesure de remplir une telle fonction. Une telle hypothèse connaît, d'ailleurs, depuis longtemps, un certain succès auprès de la doctrine, de sorte qu'elle se trouve, aujourd'hui, au cœur des débats doctrinaux et fait continuellement l'objet de réflexions diverses. Celles-ci se sont, en réalité, enrichies d'une nouvelle dimension ayant trait à la structuration, sans cesse grandissante, de l'ordre juridique international autour de la Charte des Nations unies, qui semble désormais identifiée comme étant la Constitution formelle ou institutionnelle d'un ordre international[24].

Aussi convient-il de se demander si l'internationalisation des Constitutions tend suffisamment à confirmer toutes les analyses allant dans ce sens. Il est donc légitime de vouloir savoir dans quelle mesure l'internationalisation formelle de la Constitution tunisienne conforte l'idée que la Charte représente, désormais, au niveau formel, *« une Constitution mondiale »*. La réponse semble être négative, car non seulement cette thèse est en elle-même aporétique, mais en plus l'internationalisation des Constitutions ne l'atteste pas, et ce, lorsqu'elle ne la remet tout simplement pas en cause. Signalons ici que, malgré son intérêt, l'idée selon laquelle la Charte des Nations unies se serait élevée au rang d'une Constitution mondiale, en raison du dépassement de l'effet relatif – puisque la quasi-totalité des États sont membres de cette organisation et, par conséquent, parties à son acte fondateur – ne semble pas décrocher, dans la doctrine, un écho favorable.

Il faut, par ailleurs, envisager une autre hypothèse selon laquelle ces différents textes, sus indiqués, constitueraient *« bloc de constitutionnalité »*. Ainsi, la Constitution formelle de l'ordre juridique

---

[23] N. KEVIN FERDINAND, *L'internationalisation des Constitutions des États en crise : réflexions sur les rapports entre Droit international et Droit constitutionnel*, *op. cit.*, p. 59.

[24] H. QAZBIR, *op. cit.*, p. 89.

international serait composée de plusieurs instruments, à la tête desquels on trouve la Charte des Nations unies. Mais là encore, cela ne permet pas de résoudre, pour certains de ces instruments, les problèmes concernant l'effet relatif, l'absence de caractère obligatoire ou les limites affectant leur contenu matériel. Plus grave encore, ce supposé bloc de constitutionnalité international serait différent d'un État à l'autre, et ce, en fonction de l'évolution de l'état des adhésions à ces instruments. Il serait donc possible de parler d'un *« bloc de constitutionnalité international »* spécifique à l'ordre juridique tunisien, mais certainement pas d'un bloc de constitutionnalité de l'ordre juridique international. Pour conclure, on peut affirmer que la combinaison de ces différents instruments ne permet pas l'identification formelle d'un droit constitutionnel international, mais, incontestablement, ouvre largement la voie à l'identification matérielle d'un tel droit[25].

B. Le droit constitutionnel international matériellement identifié

En partant non pas d'un point de vue formel et institutionnel mais d'un point de vue matériel, on peut se demander si l'internationalisation de la Constitution tunisienne reprend, dans ses dispositions, une partie du contenu matériel de la Charte des Nations, confortant de la sorte le statut de celle-ci en tant que Constitution substantielle de l'ordre juridique international, comme le pensent un certain nombre d'auteurs. Pour cela, il nous faut, là encore, partir des termes mêmes du débat. Pour les tenants de cette thèse, la Charte des Nations unies bénéficierait désormais de la valeur d'une Constitution mondiale parce que certaines de ses dispositions auraient acquis, selon eux, la valeur de principes universels s'imposant, ainsi, à l'ensemble des États, aussi bien dans leurs relations mutuelles que dans le cadre de relations entretenues avec leurs sujets de droit.

Les défenseurs de cette thèse considèrent que la Charte a depuis longtemps acquis le caractère matériellement constitutionnel étant donné que les principes qu'elle énonçait avaient vocation à être acceptés par tous les États, y compris par ceux qui n'étaient pas encore membres des Nations unies. Ils admettent, toutefois, que cela ne confère pas une valeur constitutionnelle à l'ensemble de la Charte, car une autre partie de ses dispositions n'a pas vocation à avoir un tel privilège. Cela semble logique puisque les normes qui jouissent de cette valeur l'ont acquise en raison de

---

[25] H. TOURARD, *L'internationalisation des Constitutions nationales*, Bibliothèque constitutionnelle et de science politique, *op. cit.*, p. 123.

leur contenu et non pas du simple fait de leur incorporation dans la Charte[26]. Pour certains, le rang constitutionnel de la Charte s'est confirmé par la jurisprudence internationale qui veille scrupuleusement au respect de l'article 103 de celle-ci, qui frappe de nullité toute disposition conventionnelle contraire à la Charte. Un article, d'ailleurs, a repris et confirmé par l'article 30 de la Convention de Vienne de 1969[27]. Cette primauté normative accordée aux obligations découlant de la Charte amènerait à envisager l'ordre juridique international comme étant, désormais, doté d'un système normatif structuré verticalement, s'appuyant sur un régime de validité substantielle.

Cela dit, d'autres auteurs, sans nier le fait que la Charte peut être considérée, théoriquement, comme étant la Constitution matérielle de la Communauté internationale, refusent de tomber dans l'optimisme béat. Selon eux, dans les faits, ce n'est pas la Charte qui représente la référence suprême, mais l'interprétation, souvent discrétionnaire, donnée à celle-ci par les organes des Nations unies, notamment le Conseil de sécurité dont la composition et le fonctionnement font l'objet de toutes les critiques. Une telle situation rend légitime de se demander si ce sont vraiment les principes de la Charte qu'on applique. Cette question est d'autant plus légitime que l'élargissement des pouvoirs du Conseil de sécurité, dû à l'extension, sans cesse, de la notion de « menace contre la paix et la

---

[26] O. BEAUD, « Constitution et droit constitutionnel », in D. ALLAND et S. RIALS, *Dictionnaire de la culture juridique*, Paris, PUF, 2003, p. 258.

[27] Cet article dispose que : *« 1. Sous réserve des dispositions de l'article 103 de la Charte des Nations unies, les droits et obligations des États parties à des traités successifs portant sur la même matière sont déterminés conformément aux paragraphes suivants. 2. Lorsqu'un traité précise qu'il est subordonné à un traité antérieur ou postérieur ou qu'il ne doit pas être considéré comme incompatible avec cet autre traité, les dispositions de celui-ci l'emportent. 3. Lorsque toutes les parties au traité antérieur sont également parties au traité postérieur, sans que le traité antérieur ait pris fin ou que son application ait été suspendue en vertu de l'article 59, le traité antérieur ne s'applique que dans la mesure où ses dispositions sont compatibles avec celles du traité postérieur. 4. Lorsque les parties au traité antérieur ne sont pas toutes parties au traité postérieur : a) dans les relations entre les États parties aux deux traités, la règle applicable est celle qui est énoncée au paragraphe 3 ; b) dans les relations entre un État partie aux deux traités et un État partie à l'un de ces traités seulement, le traité auquel les deux États sont parties régit leurs droits et obligations réciproques. 5. Le paragraphe 4 s'applique sans préjudice de l'article 41, de toute question d'extinction ou de suspension de l'application d'un traité aux termes de l'article 60 ou de toute question de responsabilité qui peut naître pour un État de la conclusion ou de l'application d'un traité dont les dispositions sont incompatibles avec les obligations qui lui incombent à l'égard d'un autre État en vertu d'un autre traité ».*

sécurité internationales », ne peut pas avoir pour effet la consécration des principes fondamentaux de la Charte, mais bien plutôt la consécration du « droit du Conseil de sécurité » en tant que droit hiérarchiquement supérieur[28].

Il ressort de ce qui précède qu'il y a, en dépit de quelques différences, une sorte de convergence quant à l'émergence d'un droit international constitutionnel matériel, dont le corpus essentiel se trouve dans la Charte[29]. Ce qui nous intéresse maintenant, c'est de savoir si l'internationalisation de la Constitution tunisienne participe ou non à l'affirmation de cette dimension constitutionnelle de la Charte des Nations unies. Pour ce faire, il nous faut préalablement dégager le contenu matériellement constitutionnel de celle-ci.

Il est certain que les normes matériellement constitutionnelles contenues dans la Charte des Nations unies se trouvent dans le Chapitre 1er consacré aux *« buts et principes »*. Ces principes sont bien connus : les droits de l'Homme, le droit des peuples à disposer d'eux-mêmes, le principe de l'égalité des peuples, la paix et la sécurité internationales, la souveraineté, droits des relations amicales et de la coopération entre les peuples. Ces principes ont presque tous acquis une véritable valeur de normes impératives (*jus cogens*[30]). Diverses explications peuvent être avancées pour expliquer la raison pour laquelle ces buts et principes sont considérés comme étant matériellement constitutionnels : soit, d'abord parce qu'ils impliquent un idéal que les États ne peuvent pas mettre en cause ; soit, ensuite parce qu'ils sont à la base d'un véritable projet constitutionnel voulu par les auteurs de la Charte et se caractérisant par l'ambition de rompre fondamentalement avec le système juridique antérieur ; soit enfin parce qu'ils ont réussi à avoir une certaine positivité juridique grâce à une dynamique normative conduite, parallèlement, par l'Assemblée générale des Nations unies et par la Cour internationale de justice.

Le raisonnement et la volonté qui ont animé la rédaction de la Constitution tunisienne ont conduit à la reprise des buts et principes sus-indiqués. Aussi, peut-on dire, sans trop se risquer, que l'internationalisation de la Constitution tunisienne reflète une certaine confirmation des finalités et valeurs de la Charte et, par conséquent, elle

---

[28] M. TROPER, « Internationalisation et pouvoir constituant », cours polycopié professé à l'Académie internationale de droit constitutionnel. Inédit.

[29] L. DELBEZ, « Le concept d'internationalisation », *RGDIP*, 1967, pp. 5-62.

[30] H. QAZBIR, *op. cit.*, p. 236.

participe à consolider un droit constitutionnel international matériellement déterminé, et ce, en faisant référence aux principes fondamentaux dégagés par celle-ci, ou aux actes qui en dérivent, notamment la « Déclaration universelle des droits de l'homme ».

Néanmoins, si l'internationalisation des Constitutions, telle qu'elle s'observe en Tunisie, tend à affirmer l'émergence d'un droit constitutionnel international, celui-ci ne devrait pas être limité à la Charte et à son droit dérivé, et ce, pour deux raisons principales. Premièrement, plusieurs principes ont acquis la valeur qu'on leur attribue en dehors de la Charte, et grâce à un long processus coutumier.

On peut même dire que ce sont ces principes qui ont participé à donner à la Charte ses ambitions constitutionnelles[31]. On ne peut nier cette vérité qu'au prix d'une lecture rétrospective particulièrement opportuniste et contestable de la Charte. Deuxièmement, il serait un peu difficile d'attribuer tout cet honneur à la Charte, alors que se posent constamment, à l'intérieur des Nations unies, des questions quant à la démocratisation au sein de ses institutions. La Charte paraît même être interrogée sur ce point, car tous les projets de réforme qui la concernent posent incessamment la question de la démocratisation des procédures et des institutions au sein de l'organisation[32].

Il n'en reste pas moins vrai, cependant, que l'internationalisation de la Constitution tunisienne renforce l'idée selon laquelle il y aurait désormais une série de valeurs et de standards que les États doivent respecter. Ce corpus constitutionnel international se caractérise par l'assignation, aussi bien, à la Communauté internationale, dans son ensemble, qu'aux États, individuellement, de l'obligation de protéger et de garantir aux individus les droits leur permettant de vivre librement et dignement. Ce droit constitutionnel international observable dans le cadre des processus d'internationalisation des Constitutions paraît être comme une sorte de droit, dont tous les États se servent ou sont invités à s'en servir.

C'est un droit créant des droits et des devoirs au profit et à la charge des nations envers les autres, mais aussi envers elles-mêmes[33].

---

[31] A. HERVE DIOMPY, *Le paradoxe de l'internationalisation du droit constitutionnel en Afrique : réflexions sur les interactions normatives, institutionnelles et politiques dans l'espace CEDEAO*, *op. cit.*, p. 181.

[32] N. MAZIAU, « Les Constitutions internationalisées : aspects théoriques et essai de typologie. Le point de vue hétérodoxe du constitutionnaliste », *RGDIP*, 2002-3, pp. 549-579.

[33] O. BEAUD, « Constitution et droit constitutionnel », in D. ALLAND et S. RIALS, *Dictionnaire de la culture juridique*, Paris, PUF, 2003, p. 258.

Cependant, même si elle s'inscrit dans un mouvement en perpétuelle mutation et dans une évolution qui est encore inachevée, l'internationalisation de la Constitution tunisienne a contribué, à sa façon à l'identification matérielle d'un droit constitutionnel international. Mais, ne semble pas, pour autant, être porteuse d'une nouvelle structuration des ordres juridiques allant jusqu'à l'émergence d'un ordre juridique universel axé sur l'idée de communauté humaine universelle. Bien au contraire, les conditions de mise en œuvre de cette Constitution sèment les doutes sur une telle évolution.

Paragraphe 2 : L'émergence improbable d'un ordre juridique universel

Si l'idée de l'émergence d'un droit commun universel trouve un écho favorable auprès d'une certaine doctrinc contemporaine, il n'en demeure pas moins que cette idée n'est tout à fait pas nouvelle et a déjà fait l'objet auparavant d'une théorisation fort intéressante dans laquelle s'inscrivent les développements suivants. Toute en étant proche des théories appelant à l'émergence d'un ordre juridique universel **(A)**, l'internationalisation des Constitutions, dont bien sûr la Constitution tunisienne, semble être loin de participer à l'émergence d'un tel ordre **(B)**.

A. L'internationalisation de la Constitution tunisienne de 2014 à l'aune des théories relatives à l'émergence d'un ordre juridique universel

Une partie de la doctrine moderne considère que l'évolution des rapports entre l'ordre juridique international et les ordres juridiques nationaux affirme l'émergence d'un ordre juridique universel qui se caractérise, d'un côté, par la remise en cause de la construction pyramidale du droit et, de l'autre, par un enchevêtrement progressif, aussi bien, des sujets que des matières relevant des deux catégories d'ordres juridiques. Ce sont d'abord des auteurs privatistes, notamment des comparatistes, qui ont développé l'idée de l'émergence d'un droit commun universel, puis des auteurs publicistes, notamment internationalistes, ont progressivement repris cette idée[34].

En s'appuyant sur la globalisation et l'interdépendance économique, culturelle et financière, certains auteurs ont développé l'idée selon

---

[34] O. BEAUD, « Constitution et droit constitutionnel », in D. ALLAND et S. RIALS, *Dictionnaire de la culture juridique*, Paris, PUF, 2003, p. 258.

laquelle émergerait un universalisme normatif, pouvant être appelé droit de la mondialisation, qui reposerait sur un ensemble de concepts, dont principalement les droits de l'Homme. Cet universalisme normatif serait accompagné d'une déstructuration des modes et des lieux traditionnels de production du droit. Toutefois, constatant les difficultés susceptibles de résulter de l'enchevêtrement des sources de production de ce droit, ils concluent au caractère encore inachevé de l'émergence d'un ordre juridique universel[35]. En effet, en analysant l'évolution de l'ordre juridique international depuis la fin de la Deuxième Guerre mondiale et en s'appuyant sur la Charte des Nations unies, ces auteurs ont développé l'idée de l'émergence progressive d'un droit commun universel qui serait simplement matériel et, par conséquent, sans équivalent formel. Ils en ont conclu l'évolution de l'ordre juridique international vers une sorte d'unité matérielle hiérarchisée et s'imposant à la fois à l'ordre juridique international, lui-même, et aux ordres juridiques nationaux, régionaux, voire transnationaux. Ils ont quand même fait remarquer que cette évolution finirait par concrétiser l'unité formelle de ce nouvel ordre juridique[36].

Sur ce point, on peut considérer que la dissociation entre l'unité formelle de l'ordre juridique international et son unité matérielle peut traduire l'idée que les normes à la base de ce que nous avons qualifié de droit constitutionnel international ne doivent pas être imputées spécialement à l'ordre juridique international, mais devraient être considérées comme appartenant à un tiers ordre qui se placerait à côté de l'ordre juridique international et des ordres juridiques internes, dont il se servirait pour être mis en œuvre. Il y a derrière cette idée une approche qui rappelle celle déjà développée par KANT dans son *Traité de paix perpétuelle*. Cette approche peut trouver, du moins à première vue, une illustration dans le phénomène d'internationalisation des Constitutions.

En effet, l'intérêt de la pensée kantienne réside dans le fait d'avoir opéré une tentative d'analyse des rapports entre États sur la base d'un projet de paix effective qui déboucherait nécessairement sur une restructuration des différents ordres juridiques. De cette restructuration, Kant tire deux impératifs catégoriques. Tout d'abord, il préconise une

[35] N. KEVIN FERDINAND, *L'internationalisation des Constitutions des États en crise : réflexions sur les rapports entre Droit international et Droit constitutionnel*, *op. cit.*, p. 125.

[36] N. KEVIN FERDINAND, *L'internationalisation des Constitutions des États en crise : réflexions sur les rapports entre Droit international et Droit constitutionnel*, *op. cit.*, p. 129.

articulation de ces ordres juridiques basée sur un enchevêtrement presque nécessaire entre le droit civil, le droit des gens et le droit cosmopolitique. Ensuite, et surtout, il met une condition préalable à la réalisation du droit cosmopolitique, qui consiste en l'adoption par les États d'un droit public résultant d'un mode d'édiction démocratique. Ainsi, KANT conditionne l'apparition du droit de la communauté humaine universelle au rapprochement progressif des systèmes juridiques internes[37]. Ce rapprochement ne peut se faire que grâce à l'élaboration, dans chaque ordre juridique interne, d'une Constitution ayant pour but ultime la sauvegarde des libertés des citoyens[38]. Il faut garder à l'esprit que la pensée kantienne ne concevait pas le droit tel qu'il nous apparaît aujourd'hui, c'est-à-dire un droit marqué par les traits du libéralisme économique, de la mondialisation, de la notion d'État de droit et de l'affaiblissement de la souveraineté nationale, mais elle s'en rapproche, tout de même, par son idée de base qui n'est autre que la nécessité de sauvegarder des libertés des individus par la reconnaissance de la part de l'État des droits civiques fondamentaux.

Or, de ce point de vue, il semble que l'internationalisation de la Constitution tunisienne peut parfaitement s'inscrire dans l'approche kantienne du droit, qui considère que le droit a pour fonction d'assurer la coexistence des libertés. Ainsi, cette internationalisation peut parfaitement être considérée comme une étape supplémentaire dans la réalisation de la « paix perpétuelle » dont parle Kant, et ce, dans le sens où elle viserait non seulement la pacification des rapports entre États, mais aussi la préservation de l'individu et la promotion des droits de l'Homme. Concernant le premier aspect, on doit se rappeler qu'à la base du phénomène de l'internationalisation des Constitutions, se trouve l'idée inscrite dans la Charte des Nations unies et selon laquelle le maintien de la paix se réalise à travers la résolution et la prévention des conflits internes et internationaux. Concernant, maintenant, le second aspect, l'internationalisation matérielle de la Constitution tunisienne ne peut être regardée autrement que comme une tentative de rapprochement et d'homogénéisation du droit constitutionnel des États, qui serait tout entière tournée vers l'individu qui, d'un côté, doit être considéré comme

---

[37] M. VIRALLY, « Sur un pont aux ânes : les rapports entre droit international et droits internes », *Mélanges* Henri Rolin, 1964, pp. 488-505.

[38] N. KEVIN FERDINAND, *L'internationalisation des Constitutions des États en crise : réflexions sur les rapports entre Droit international et Droit constitutionnel*, *op. cit.*, p. 130.

la seule source de légitimité du pouvoir, et, de l'autre côté, doit être protégé, en vertu du texte constitutionnel, contre tous les abus[39].

Ce rapprochement entre l'internationalisation de la Constitution tunisienne et l'idée d'émergence d'un droit universel, sur le modèle kantien, paraît très intéressant dans la mesure où l'internationalisation, tout comme la perspective kantienne, s'analyse en tant que processus dynamique. En effet, l'internationalisation de la Constitution tunisienne prétend tout simplement instaurer les conditions nécessaires à la réalisation, dans l'avenir, des deux impératifs catégoriques kantiens évoqués précédemment. L'un comme l'autre s'inscrivent dans une dynamique visant la construction de la paix, la consolidation de l'État de droit et la préservation de l'individu. Mais c'est peut-être à ce niveau que la théorie kantienne du droit et l'internationalisation des Constitutions se séparent. La première demeure purement théorique et difficilement réalisable, alors que la seconde s'apparente à un processus largement commandé par les circonstances et, de ce fait, il est difficile de l'inscrire dans une mutation profonde capable de mener à l'instauration d'un ordre juridique universel. Ainsi, il est légitime de douter de la capacité de la Constitution tunisienne internationalisée à participer à l'émergence d'un ordre juridique universel[40].

B. Les doutes quant à la participation de la Constitution tunisienne internationalisée à l'émergence d'un ordre juridique universel

En s'inspirant de l'approche kantienne, on peut dire que l'internationalisation de la Constitution tunisienne paraît potentiellement s'inscrire dans un phénomène plus large relatif à la mondialisation du droit, au sens de l'émergence d'un ordre juridique universel. Cette idée paraît, toutefois, peu pertinente et souffre de quelques faiblesses ayant trait à son caractère contingent, à ses fondements philosophiques et à l'inadéquation de sa logique propre avec la notion même d'ordre juridique[41].

---

[39] N. KEVIN FERDINAND, *L'internationalisation des Constitutions des États en crise : réflexions sur les rapports entre Droit international et Droit constitutionnel*, *op. cit.*, p. 133.

[40] C. LEKEUFACK, *Les Sources internationales du pouvoir constituant : contribution à la théorie du pouvoir constituant*, Paris, 2005.

[41] A. MAZIAU, « Les Constitutions internationalisées : aspects théoriques et essai de typologie. Le point de vue hétérodoxe du constitutionnaliste », *RGDIP*, 2002-3, p. 552.

S'agissant du caractère contingent, il est important de remarquer qu'il ne suffit pas à lui seul pour mettre en question l'émergence d'un ordre juridique universel, pour la simple raison que l'on peut considérer qu'il ne s'agit, pour le moment, que d'une étape et qu'à l'avenir cette tendance pourrait se consolider et se généraliser, prenant la forme d'un mouvement plus global d'harmonisation des droits constitutionnels, et de soumission des ordres juridiques nationaux à des règles et principes communs. En réalité, l'idée d'universalité du droit suppose une conception qui n'admet aucune différenciation, aussi bien au niveau des valeurs proclamées qu'au niveau de leur mise en œuvre. Elle induit, en principe, la fin de relativité du droit international et la suppression, pour les États, de toute marge nationale d'appréciation. Elle implique une conception unitaire, pour ne pas dire unique, de la signification et de la portée des normes et valeurs universelles, qui devrait mettre fin aux clivages culturels irréductibles. Prétendre que l'internationalisation de la Constitution tunisienne promeut l'émergence d'un ordre juridique universel revient à affirmer que les valeurs reprises par cette Constitution bénéficient d'un caractère universel. Or, à l'examen, il semble que des doutes persistent sur cette question[42]. Il est vrai, les valeurs véhiculées par l'internationalisation des Constitutions sont considérées comme des valeurs fondamentales, mais leur caractère universel n'est pas forcément avéré, surtout lorsqu'on quitte le terrain de l'éthique et de la morale pour entrer dans le droit positif[43].

S'agissant de la question des fondements philosophiques des valeurs véhiculées par l'internationalisation des Constitutions, on doit admettre que de nos jours les clivages, qui séparaient nettement les deux visions libérale et sociale, apparus lors de l'élaboration de la Déclaration universelle des droits de l'homme et des deux Pactes de 1966, se sont fondamentalement atténués. Il s'agit là du débat entre l'*« universalisme »* et le *« contextualisme »,* voire le *« relativisme*[44] *»*. Ce débat, qui se pose particulièrement au sujet des droits de l'Homme et de la démocratie, n'est pas pour autant entièrement clos. Certes, au sujet des droits de l'Homme, la plupart des auteurs soulignent leur caractère universel et font remarquer

---

[42] W.-W. BISHOP, « General Course of Public International Law », *RCADI*, 1965, pp. 147-470.

[43] J.-D. MOUTON, « Les mutations de la notion de Constitution et le droit international », in *Les Mutations de la notion de Constitution, entre mondialisation et nouveaux conflits*, Civitas Europa, mars 2001, pp. 23-38.

[44] N. KEVIN FERDINAND, *L'internationalisation des Constitutions des États en crise : réflexions sur les rapports entre Droit international et Droit constitutionnel*, *op. cit.*, p. 125.

que la Déclaration universelle des droits de l'homme et les autres instruments juridiques élaborés dans son sillage ne sont inféodés à aucune doctrine particulière, politique, religieuse ou philosophique, mais expriment une foi commune dans la destinée de l'Homme. Cependant, les mêmes auteurs acceptent la nécessité de prendre en compte les particularismes locaux, plaidant ainsi non pas pour un universalisme absolu, mais pour un pluralisme des droits de l'Homme, fondé sur des principes directeurs communs appliqués avec une « marge nationale d'appréciation », qui doit, tout de même, respecter un certain « seuil de compatibilité[45] ». On voit là toute la difficulté de parler d'universalité puisqu'il est très délicat de déterminer objectivement ce seuil de compatibilité, et de désigner l'autorité compétente pour le faire.

Quant au troisième doute, il porte sur la notion même d'ordre juridique. Celui-ci doit, tout d'abord, être efficace et ayant un mécanisme de contraintes appliqué par un pouvoir qui a la charge de faire respecter les normes édictées. Ensuite, il doit se distinguer par l'unité des normes qui le composent. Enfin, il doit être caractérisé par sa complétude, autrement dit sa capacité à prévoir des normes applicables à toutes les situations[46]. Dès lors, on peut se poser la question de savoir si l'émergence d'un tel ordre peut résulter de l'apparition de normes universelles efficaces, unifiées, cohérentes et complètes. Force est de constater, malheureusement, que ces caractéristiques sont difficilement identifiables dans un éventuel ordre juridique universel[47]. Leur présence, même embryonnaire, paraît nécessaire pour caractériser l'éventuelle émergence d'un ordre juridique universel.

Et l'internationalisation de la Constitution tunisienne, comme celle des autres, ne permettrait pas l'apparition d'un ordre juridique homogène, hiérarchisé et efficace. Certes, et comme on l'a déjà signalé, l'internationalisation de la Constitution tunisienne contribue à une homogénéisation, par le droit international, des droits constitutionnels nationaux, notamment par l'affirmation d'un certain nombre de valeurs et de principes fondamentaux qui représenteraient, peut-être, les fondements d'un futur droit constitutionnel international, au sens matériel, mais cette

---

[45] M. MOUNIROU, *La Protection constitutionnelle des droits fondamentaux en Afrique. L'exemple du Sénégal*, L'Harmattan, 2007, p. 19.

[46] E. ZOLLER, *Constitutionnalism*, in the global era, Southey Memorial Lecture, Melbourne University Law Review 1996, p. 1143-1151.

[47] N. KEVIN FERDINAND, *L'internationalisation des Constitutions des États en crise : réflexions sur les rapports entre Droit international et Droit constitutionnel*, *op. cit.*, p. 134.

internationalisation n'a pas encore les caractéristiques d'un phénomène pouvant déboucher sur l'émergence d'un ordre juridique universel, du moins si l'on se réfère à la définition traditionnelle de ce qu'est un ordre juridique.

DEUXIÈME PARTIE :

UN POUVOIR CONSTITUANT DÉCOULANT D'UNE LÉGITIMITÉ DÉMOCRATIQUE

Tout comme l'acte-Constitution, le pouvoir-constituant n'échappe pas à la vague de l'internationalisation. L'internationalisation du pouvoir constituant est également le produit direct de l'évolution du droit international et de la société internationale. Dans ce sens, l'internationalisation du pouvoir constituant peut être partielle ou intégrale. Elle est intégrale lorsque le texte constitutionnel est rédigé entièrement par une autorité internationale ; dès lors, tout le processus d'élaboration de la Constitution est confié à un organisme international, la Constitution étant elle-même insérée dans un traité[1]. Elle est par contre partielle lorsque des instruments juridiques internationaux prévoient que le pouvoir constituant d'un État quelconque doit respecter les principes qu'ils énoncent. Ce fut le cas en Afrique où certaines Constitutions ont été « orchestrées » par des puissances étrangères afin d'intégrer dans le nouveau texte constitutionnel les valeurs de la démocratie pluraliste[2].

Aujourd'hui, l'internationalisation du pouvoir constituant prend une troisième forme qui consiste à fournir de l'assistance électorale destinée à permettre le déroulement des élections des assemblées constituantes[3]. Dans ce sens, elles prennent la forme de l'assistance électorale destinée à permettre le déroulement régulier des opérations de vote. Le processus

---

[1] H. TOURARD, *L'internationalisation des constitutions nationales*, Bibliothèque constitutionnelle et de science politique, tome 96, Paris, LGDJ, 2000, p. 78.

[2] DOR, « Contribution à l'étude du problème de l'internationalisation des règles du droit public interne », *Mélanges* Ernest MAHAIM, tome 2, Sciences juridiques, Paris, Sirey, 1935, p. 115.

[3] N. GUILHOT, PH. SCHMITTER, « De la transition démocratique à la consolidation. Une lecture rétrospective des democratization studies », *Revue française de science politique*, 2000, p. 6.

d'élaboration de la nouvelle Constitution tunisienne semble s'inscrire dans cette optique **(Titre I)**. Néanmoins, le consensus était une étape nécessaire en Tunisie en transition démocratique. En effet, il était très important dans la période transitoire marquée par l'instabilité, que les acteurs politiques acceptent le principe de s'accorder entre eux, et essayent de trouver un contenu consensuel qui touche à la fois les référentiels, le mode de vie, et le système politique. Ce processus consensuel n'a pu avoir comme effet que de remédier à certaines défaillances qui ont pu entacher la légitimité électorale **(Titre II)**.

TITRE I :

Une légitimité électorale en guise de prolongement de la légitimité révolutionnaire

En Tunisie, l'idée d'élire un pouvoir constituant originaire chargé de l'élaboration d'une Constitution n'est pas nouvelle. Cela remonte aux élections de l'Assemblée nationale constituante de 1956[1]. Néanmoins, si ces élections témoignent une priorité nationale de l'implantation d'un Régime républicain, les élections de la deuxième Assemblée constituante élue en 2011 témoignent plus de l'engagement national à la démocratisation du pays.

Ainsi, cette volonté d'acquérir une légitimité démocratique assoirait la crédibilité de l'État aussi bien sur le plan interne que sur le plan international. Cette crédibilité s'appuie sur un processus électoral porté par le peuple qui agit, effectivement, en son nom et pour son compte. Ainsi, le processus de désignation de l'ANC témoigne une reconnaissance du scrutin comme modèle de démocratisation **(Chapitre I)**. Ce mécanisme était en faveur de l'adhésion de la Tunisie, en période de transition démocratique, aux standards internationaux en matière électorale, d'où le besoin d'une assistance électorale **(Chapitre II)**.

[1] C'est une Assemblée constituante de 98 membres, élue cinq jours après la proclamation de l'indépendance de la Tunisie (25 mars 1956).

CHAPITRE I :

L'élection d'une Assemblée nationale constituante conformément – ou presque – aux standards internationaux

« Aujourd'hui, nous vivons dans le cadre de la civilisation du suffrage universel[1] *».* La démocratie[2] moderne nécessite également un système de représentation égal des peuples, garantissant la souveraineté du citoyen[3]. De ce fait, *« [il] n'y a en démocratie d'autorité politique qu'issue de l'élection. Celle-ci fournit aux gouvernants un titre pour agir et commander. Elle fonde et justifie leur pouvoir. Elle assure leur autorité. En même temps, l'élection explique et justifie l'obéissance. Elle résout le mystère de l'obéissance civile. Ce faisant, elle garantit la stabilité du corps social*[4] *».*

Étant donné que les élections représentent un passage obligatoire des droits de l'Homme vers la démocratie, et *vice versa*[5], le processus électoral du 23 octobre 2011 avait l'ambition d'être conforme autant que possible aux standards internationaux. Ainsi, il sera question de démontrer

---

[1] Expression utilisée par B. LAVERGNE, in *Suffrage universel et État*, 1949 et citée par R. Ben ACHOUR, in « Normes internationales souhaitables de lege ferenda relatives aux élections », in *Liberté des élections et observation internationale des élections*, *op. cit.*, pp. 197-210.

[2] M. LE POURHIET, « Définir la démocratie », *Revue française de droit constitutionnel*, 2011, p. 453. Aussi, PH. ARDANT, M. BERTRAND, *Droit constitutionnel et institutions politiques*, LGDJ, Paris, 2014, p. 120.

[3] Y. BEIGBEDER, *Le Contrôle international des élections*, Bruylant, LGDJ, 1994, p. 15.

[4] J.-C. MASCLET, *Droit électoral*, Paris, PUF, 1989, p. 14.

[5] K. VASAK, « Les normes internationales existantes relatives aux élections et leur mise en œuvre », in *Liberté des élections et observation internationale des élections*, Conférence internationale La Laguna, Tenerife, 27 février, 2 mars 1994, Bruylant, Bruxelles, 1995, pp. 183-195.

l'adhésion de la Tunisie aux standards internationaux aussi bien en matière de liberté des élections **(Section 1)** qu'en matière de garantie de l'honnêteté, la sincérité et la transparence **(Section 2)**.

Section 1 : L'adhésion aux standards internationaux en matière de liberté des élections

La liberté des élections est la condition, sine qua non, de la crédibilité des élus. Le suffrage universel librement exprimé se présente comme un paramètre essentiel de la démocratie, voire son essence. Même s'il n'est pas le seul facteur d'une démocratie véritable et durable, l'élection apparaît ainsi comme l'un des indicateurs de la démocratie, elle joue un rôle de légitimation de l'exercice du pouvoir politique.

Ainsi, le droit de participation à la direction des affaires politiques, considéré par la doctrine comme un *« droit au développement politique*[6] *»* se traduit non seulement par le droit de voter **(Paragraphe 1)** mais aussi par le droit d'éligibilité **(Paragraphe 2)**.

Paragraphe 1 : Un droit de vote garanti

Les élections de l'ANC présentaient un moment particulier de la vie politique en période de transition démocratique. On peut y voir une sorte de point d'orgue de la jonction entre les intérêts particuliers et l'intérêt général. Un moment particulier où s'est opérée une translation entre des individus, à savoir les électeurs, en fonction de leurs allégeances sociales, culturelles et politiques, et un corps politique unifié qui est le corps électoral, auquel ils sont censés donner forme et définir une orientation. Ainsi, le droit de vote a été garanti grâce à l'assentiment au principe « d'inclusion » du peuple électeur **(A)**, et grâce également à une meilleure représentativité du vote **(B)**.

A. L'assentiment au « principe d'inclusion » du peuple électeur

À partir de 1789, la « Déclaration des droits de l'homme et du citoyen » accorde le principe d'inclusion[7]. Cette déclaration a été source

---

[6] Y. DAUDET, « Le droit au développement politique », in *Mélanges Liber Amicorum* Judge Bedjaoui, Kluwer Law International, 1999, pp. 671-689.

[7] L'article 6 stipule : *« Tous les citoyens ont droit de concourir personnellement ou par leur représentant à la formation de la loi »*.

d'inspiration à une série de textes universels, régionaux, sous-régionaux et nationaux. En tant que l'un des piliers fondamentaux de tout système démocratique, ce principe était reflété dans l'article 25 du « Pacte sur les droits civils et politiques[8] ». Dans le même sens, la « Charte africaine des droits de l'homme et des peuples » a inscrit le même principe à l'article 13[9]. Par ailleurs, ce principe a été inscrit dans la « Charte africaine sur la démocratie, les élections et de la gouvernance » de 2007[10]. Ce principe est désormais considéré comme une prérogative appartenant aux citoyens afin d'exprimer leur volonté de désigner leurs gouverneurs. Ainsi cette initiative devient le moyen par excellence de légitimer le pouvoir.

Ce rôle du peuple dans la formation du gouvernement, comme l'a dit Joseph SCHUMPETER, est devenu un héritage commun à toutes les sociétés politiques. De cette manière, le droit de vote devient un droit universel dans le cadre où tous les citoyens de l'État doivent être à un niveau politique égal. Tout citoyen doit avoir le droit et la possibilité de voter sans aucune discrimination fondée sur le sexe, la religion, l'ethnie, la richesse, la langue, la couleur, l'opinion politique ou philosophique ou toute autre forme de discrimination illégale ne correspondant pas aux instruments internationaux pertinents[11]. En outre, l'électeur doit pouvoir voter librement sans craindre pour sa personne, ses biens ou sa famille[12].

Lors des élections de l'ANC, ce principe d'inclusion était l'idée principale qui a guidé la procédure d'élaboration des listes électorales. En ce sens, les autorités électorales ont fait de gros efforts pour atteindre le plus grand nombre de citoyens possible. Les finalités essentielles de l'établissement d'une liste électorale sont, d'une part, l'utilisation maximale de la capacité de vote des citoyens éligibles, la présélection et la réduction de la bureaucratie le jour du scrutin, favorisant ainsi le

---

[8] *« Tout citoyen a le droit et la possibilité, sans aucune des discriminations visées à l'article 2 et sans restrictions déraisonnables [...] de voter ».*

[9] *« Tous les citoyens ont le droit de participer librement à la direction des affaires publiques de leur pays soit directement soit par l'intermédiaire de représentants librement choisis, ce, conformément aux règles édictées par la loi ».*

[10] *« Les États parties considèrent la participation populaire par le biais du suffrage universel comme un droit inaliénable des peuples ».*

[11] B. KARRAY, « Constitution et principes démocratiques », in *Nouvelle Constitution tunisienne et transition démocratique* (dir.), N. BACCOUCHE, E. DUBOUT, Paris, Lexis Nexis, 2014, p. 88.

[12] I. BEN AMOR, « Bonne gouvernance, révisions constitutionnelles et discours politique », Actes du colloque Constitution et gouvernance, travaux de l'unité de recherche de droit constitutionnel et fiscal maghrébin, Faculté de droit et des sciences politiques de Sousse, Université de Sousse, Latrach Éditions, 2012, p. 73.

suffrage universel et, d'autre part, la limitation de la possibilité de vote par des personnes ne remplissant pas les conditions requises, limitant la possibilité de vote multiple illégal protégeant ainsi la parité électorale en évitant de diluer le poids des votes valides exprimés. Les restrictions aux droits de vote devraient généralement être limitées aux exigences de nationalité, de résidence et d'âge minimum ou, en comparaison, à des catégories plus restreintes de citoyens telles que le handicap mental, ou quelques professions[13].

Dans ce sens, la loi sur les élections de l'ANC prévoyait des dispositions générales pour l'inscription des électeurs, mais contenait des dispositions insuffisamment claires sur le processus électoral. En vertu de son article 2, tous les Tunisiens, hommes et femmes, qui ont eu 18 ans à la veille des élections, jouissent de tous les droits civils et politiques, et ont le droit de vote.

D'après le décret-loi électorale de l'ANC, les personnes reconnues coupables de délits graves ou mineurs passibles d'une peine d'emprisonnement de plus de 6 mois et n'ayant pas été réhabilités ne peuvent pas voter. Comme il n'y avait ni enregistrement ni vote dans les prisons, cela signifiait que tous les détenus se voyaient refuser le droit de vote. Le Centre Carter[14] a déclaré qu'en ce qui concerne la population carcérale, la Tunisie n'a pas respecté son engagement de garantir le suffrage universel et le droit de vote[15].

Dans cette mesure, la procédure d'inscription des électeurs doit offrir aux citoyens une réelle opportunité d'être inscrits sur des listes de manière non discriminatoire. Il est clairement défini que, pour que tous les citoyens puissent exercer leur droit de vote, il est important de s'assurer que les électeurs potentiels sont inscrits et qu'une liste complète, actuelle et correcte est établie. La section 3 de la loi électorale stipulait que l'inscription était nécessaire pour tout électeur souhaitant voter ; cependant, l'article 6 qualifiait cette inscription de « volontaire » et visait à garantir que les électeurs puissent inscrire leur adresse mise à jour dans

---

[13] R. BEN ACHOUR, S. BEN ACHOUR, « La transition démocratique en Tunisie : entre légalité constitutionnelle et légitimité révolutionnaire », *Revue française de droit constitutionnel*, 2012, p. 2.

[14] La Fondation Carter est une fondation créée en 1982 par le président des États-Unis et prix Nobel de la paix Jimmy Carter, dont le but proclamé est la résolution pacifique des conflits.

[15] A. CHOUIKHA, « L'instance supérieure indépendante pour les élections et le processus électoral tunisien : un témoignage de l'intérieur », *Confluences Méditerranée*, 2012, p. 173.

le registre électoral établi sur la base de données nationales des cartes d'identité[16]. Suite aux lacunes identifiées par les autorités électorales, ces dernières ont envisagé d'autres options pour l'inscription des électeurs. Après de longues discussions, l'ISIE a opté pour un système d'inscription « passif » dans lequel les électeurs potentiels étaient encouragés à vérifier leurs données dans les centres d'inscription, et leur a offert cette opportunité pour pouvoir sélectionner une circonscription. Le Centre Carter a noté que le retard de l'ISIE concernant cette décision avait causé une certaine confusion, d'autant plus que l'électorat, les organisations de la société civile et les partis politiques n'avaient pas d'informations claires sur la procédure à suivre[17]. Pour augmenter la participation, l'ISIE a annoncé qu'elle prolongerait la période d'enregistrement jusqu'au 14 août. Le nombre de centres d'enregistrement a également augmenté, fournissant également des centres d'enregistrement exclusivement aux ressortissants tunisiens résidant à l'étranger qui ont visité la Tunisie pendant la période d'enregistrement. En outre, elle a dépêché des équipes mobiles pour faciliter l'enregistrement dans les zones rurales reculées. Comme l'ont noté les observateurs du Centre Carter, l'IRIE s'est rapidement rendu compte que les centres d'inscription mobiles[18] étaient plus efficaces lorsque les citoyens étaient informés avant leur arrivée. L'IRIE a étendu ses efforts de sensibilisation grâce à diverses méthodes, notamment l'installation de haut-parleurs dans les véhicules et la diffusion de publicités via les stations de radio locales pour annoncer l'emplacement des centres mobiles.

---

[16] Bien que la base de données des cartes nationales d'identité fût la plus complète parmi celles dont disposaient les autorités, son usage a eu un effet négatif sur l'exactitude de la liste des électeurs. On estime en effet que 400 000 citoyens tunisiens n'y figuraient pas parce que leurs cartes nationales d'identité leur avaient été délivrées avant 1993. La base de données des cartes nationales d'identité n'étant pas reliée directement aux registres de l'état civil, elle n'a pas été systématiquement mise à jour pour tenir compte des décès rapportés aux registres de l'état civil. De plus, de nombreuses adresses contenues dans la base de données comportaient des erreurs, ne permettant pas l'affectation fiable d'électeurs à des bureaux de vote. C'était notamment le cas de titulaires de cartes d'identité ayant changé de domicile après avoir reçu leurs cartes sans en actualiser l'information, ou des saisies d'adresses incohérentes ou incomplètes dans la base de données des cartes nationales d'identité.

[17] L'inscription des électeurs a débuté le 11 juillet pour une période de trois semaines, c'est-à-dire jusqu'au 2 août. Cependant, au 30 juillet, seuls 16 % des électeurs potentiels, estimés à 8,2 millions de personnes, avaient participé au processus d'inscription.

[18] V. H. GILLES, G. ALIA, *Élections et territoires en Tunisie enseignements des scrutins post-révolution*, Tunis, Karthala, 2016, p. 45.

Ainsi l'organisation d'équipes mobiles aux habitudes et aux besoins quotidiens des résidents dans les hôpitaux, les lieux de travail, les spas, les marchés de rue et les cafés de nuit pendant le mois de Ramadan.

Lors de la préparation du processus d'inscription, des tests ont été effectués pour vérifier le bon fonctionnement du système d'inscription en ligne. Ces tests n'étaient pas réussis. Il y avait des difficultés techniques avec ce système, qui ont retardé le début de l'enregistrement de deux à trois jours. Par conséquent, l'enregistrement n'a pu commencer que le 11 juillet après le lancement du système à l'échelle nationale. Après ces difficultés initiales, le système a fonctionné de manière satisfaisante, mais dans des cas rares et brefs il y a eu des interruptions dues à des problèmes avec Internet. À leur arrivée aux centres d'inscription, les électeurs présentent leur carte d'identité nationale, dont le code-barres au dos a été scanné et envoyé à la base de données nationale des cartes d'identité gérée par le Centre informatique national (CNI). Il leur a ensuite été demandé de choisir le bureau de vote le plus proche de l'endroit où ils prévoyaient de se trouver au moment des élections. Ils reçoivent un reçu avec leur nom, leur adresse et le bureau de vote choisi.

Le personnel des centres d'inscription était généralement gentil et poli avec les électeurs et faisait son travail efficacement. La participation féminine était satisfaisante dans ce groupe. Les observateurs internationaux dans leur majorité ont pu confirmer que la majorité du personnel de l'IRIE avait un rôle actif de surveillance dans les centres d'enregistrement, en maintenant une communication constante avec les registraires et en visitant régulièrement les centres. Toutefois, les observateurs ont noté des incohérences dans la mise en œuvre de certaines procédures d'enregistrement par le personnel de l'IRIE et les centres d'enregistrement. Les exemples les plus récurrents concernaient l'enregistrement par délégation, qui était autorisé par divers centres d'enregistrement, alors que dans d'autres, même ceux situés dans la même circonscription l'enregistrement par délégation était interdit[19]. Il y a eu des

[19] Selon la déclaration du Centre Carter en date du 1er septembre : « Ces pratiques ont fait l'objet de diverses explications par les personnels des IRIE, qui pour justifier l'inscription par procuration, invoquaient parfois la distance que les électeurs avaient à parcourir pour gagner leur centre d'inscription dans certaines zones rurales. Le manuel de l'ISIE sur les procédures d'inscription précise explicitement que l'enregistrement des électeurs est un processus personnel ne pouvant donc être exécuté par délégation. Les observateurs ont toutefois constaté que ce manuel n'était pas toujours disponible aux centres d'inscription et que leurs personnels en ignoraient parfois l'existence, cela s'expliquant probablement par l'élaboration et la diffusion relativement tardives de ce document ».

cas où des reçus d'enregistrement ont été délivrés pour les personnes ayant procédé à l'enregistrement par délégation ; alors que dans d'autres cas, même si l'inscription par délégation était autorisée, le reçu ne pouvait être délivré qu'à la personne auteur de la délégation qui devait se rendre au centre pour confirmation. Signalons, par ailleurs, que l'ISIE a révélé que seulement un quart des électeurs qui n'avaient pas vérifié leurs informations auprès des centres d'inscription s'étaient présentés le jour du scrutin, ce qui avait participé à réduire le nombre d'électeurs par bureau de vote. Sur la base des recommandations du Centre Carter, l'ISIE a fait en sorte d'accorder une attention particulière au nombre et aux localisations des bureaux de vote pour garantir que le nombre d'électeurs par bureau soit plus ou moins égal[20].

Bien que la procédure d'inscription se soit déroulée sans conflits dans tout le pays, le Centre Carter a identifié de nombreux manquements qui devraient être résolus à l'avenir. Le même centre recommande la mise à jour complète de la liste d'inscription des électeurs, en vue des élections suivantes[21].

---

[20] Dans sa déclaration en date du 3 octobre 2011, intitulée « Le Centre Carter appelle les autorités électorales tunisiennes à finaliser les procédures essentielles et à intensifier la sensibilisation des électeurs ».

[21] Le Centre recommande que *« le futur organe de gestion des élections clarifie les procédures exigeant que les individus s'inscrivent en personne, et veille à ce que les procédures en la matière soient appliquées uniformément par les autorités régionales. De même, l'emplacement des bureaux de vote et leur dotation en matériel doivent offrir aux citoyens une possibilité réelle et équitable d'exprimer leur vote. Par ailleurs, les gouvernements doivent suffisamment informer les citoyens sur ces questions et bien d'autres qui touchent au droit de vote afin que les possibilités offertes par la loi puissent être concrétisées. Le système électoral aura plus de chance d'être accepté comme juste et légitime si on estime qu'il est inclusif. Ceci ne signifie pas seulement d'avoir une loi électorale qui permet au plus grand nombre possible de citoyens de voter (y compris le suffrage inclusif, c'est-à-dire s'assurer que le système est facile à comprendre et que tous ont accès aux bureaux de vote) ; il faut également que les mécanismes du système électoral n'exercent pas une discrimination indue contre un groupe de la société, qu'il s'agisse d'une minorité ou autre. En outre, si le système électoral issu du processus est aussi inclusif que possible, le processus et le système pourront tous deux en bénéficier : leur légitimité sera accrue, les gens se les approprieront davantage et les parties intéressées seront en mesure de faire des suggestions et de participer au processus visant à trouver le système le plus approprié pour la société en cause »*.

B. Le choix d'un scrutin électoral permettant une meilleure représentativité

Il s'agissait pour les 7,5 millions d'électeurs potentiels tunisiens d'élire parmi 1 517 listes, dont 655 listes indépendantes, 828 listes de partis et 34 alliances et 11 686 candidats, les membres de l'Assemblée nationale constituante. L'idée de la création d'une Assemblée constituante n'est pas nouvelle en Tunisie. Les Tunisiens avaient déjà élu une Assemblée constituante en 1956, cinq jours après la proclamation de l'indépendance du pays. Dans cette logique ainsi que dans le but de la construction de la Deuxième République, ces élections confirment la volonté de vraie rupture avec le passé et garantir donc une meilleure représentativité au sein de l'ANC.

L'organisation des élections devait être réglementée par un cadre juridique précis, structuré de manière à être sans équivoque, compréhensible, transparent et comporter tous les éléments requis pour garantir la bonne représentativité des élections du 23 octobre 2011. Ainsi l'élection de l'ANC était réglementée par le décret-loi du 10 mai 2011. L'article 32 du décret stipule : *« le scrutin*[22] *a lieu sur les listes en un seul tour. Les sièges sont répartis au niveau de chaque circonscription sur la base de la représentation proportionnelle au plus fort reste ».*

C'est donc un mode de scrutin de liste[23] à un seul tour, proportionnel[24] avec le plus fort reste où les sièges à pourvoir pour chaque circonscription sont répartis entre les listes selon le nombre de voix qu'elles ont recueillies. Selon ce mode très complexe, l'attribution des sièges se fait selon un quotient électoral qui représente le nombre de voix à obtenir pour

---

[22] Il existe différents modes de scrutins. Les deux modes de scrutins principalement utilisés sont le scrutin majoritaire et la représentation proportionnelle. Il peut être à un tour : il est appelé alors scrutin à la pluralité des voix (démocraties anglo-américaines) ; ou à deux tours : à défaut de la majorité absolue au premier tour (plus de la moitié des suffrages exprimés), la majorité relative est décisive au scrutin de ballottage (système français traditionnel).

[23] **Les scrutins de liste**, à un ou deux tours, attribuent à la liste arrivée en tête tous les sièges (désignation des grands électeurs pour la présidentielle américaine). L'amplification de la victoire est alors très forte, même si des injustices peuvent exister (majorité des sièges mais minorité des voix). Si le panachage des listes est autorisé, sont élus ceux qui obtiennent le plus de voix (par exemple, en France, pour les élections municipales dans les communes de moins de 1 000 habitants).

[24] **Les scrutins proportionnels :** le mode de scrutin proportionnel est simple dans son principe, les sièges sont attribués selon le nombre de voix, mais compliqué dans sa mise en œuvre. Il s'est développé avec le rôle des partis politiques : il s'agit moins de voter pour un homme que pour un parti ou un programme.

avoir un siège. La méthode de représentation proportionnelle au plus fort reste attribue les sièges restants sur la base de classement hiérarchique jusqu'à leur épuisement. En pratique, chaque circonscription reçoit un quota de quatre à dix sièges en fonction de sa population, soit un pour 60 000 Tunisiens. En Tunisie, le nombre de sièges mis au vote s'élevait à 199 tandis que 18 sièges ont été réservés pour la communauté tunisienne à l'étranger.

L'avantage de cette méthode, c'est qu'elle permet aux petits partis et aux candidats indépendants d'obtenir des sièges, ce qui donne plus de diversité politique dans l'Assemblée, mais ce qui, en même temps, empêche l'hégémonie d'un seul parti politique ou d'une seule tendance politique. Tout cela a permis de mieux représenter l'ensemble du peuple tunisien. La représentation est la tâche principale d'un scrutin, ce dernier traduit des voix en sièges, les transforment en volonté exprimée des électeurs en personnes qui les représenteront. Il existe plusieurs points de vue sur ce que peut bien être la juste représentation – représentation géographique, représentation descriptive, idéologique ou par parti politique ; mais indépendamment de la position adoptée par un pays, le principe demeure la représentation, c'est un élément de premier plan pour guider la conception du système électoral le plus approprié[25].

De manière générale, on salue le recours au système de RP lors des élections du 23 octobre 2011 pour ce qui suit[26] :

* Il a assuré une concordance fidèle entre les votes et les sièges obtenus et il évite ainsi certains des aspects plus déstabilisants et injustes associés aux résultats que produisent les systèmes électoraux à majorité simple. Les « sièges en prime » en faveur des plus grands partis sont réduits au minimum et les petits partis peuvent se faire attendre à l'Assemblée législative.

* Afin de pouvoir soumettre des listes, il a encouragé ou requiert la formation de partis politiques ou de groupes de candidats aux idées semblables. Ceci a aidé à préciser les différences sur le plan des politiques, de l'idéologie ou du leadership au sein de la société, particulièrement lorsqu'il n'existe aucun système de partis, cas de la Tunisie en 2011.

* Il a évité essentiellement le grand gaspillage des votes. Quand les seuils sont bas, presque toutes les voix exprimées aux élections sous la RP servent à l'élection d'un candidat choisi. Ceci a renforcé la perception des

[25] M. DUVER, *op. cit.*, p. 42.

[26] R. SALHI, *Béji Qaied Sebsi a-t-il sauvé la Tunisie. Étude du scrutin du 23 octobre 2011 ?* Édition Nirvana, 2019, p. 50.

électeurs qu'il vaut la peine de se déplacer pour aller voter le jour de l'élection ; de même, ils avaient confiance que leur vote pourrait influencer, même de façon mineure, le résultat de l'élection.

* Il a facilité l'accès des partis minoritaires à la représentation. Ceci répond au principe d'inclusion qui peut s'avérer essentiel à la stabilité des sociétés où règnent des divisions ; en 2011 ceci était avantageux pour la prise de décisions en assurant une représentation plus équilibrée des minorités dans les organes décisionnels et en faisant de leurs représentants élus des modèles pour celles-ci.

* Il a encouragé les partis à faire campagne au-delà des circonscriptions où ils sont forts ou dans des endroits autres que ceux où on s'attend à des résultats serrés. Les systèmes de RP incitent à optimiser l'obtention globale des votes, peu importe leur origine. Chaque vote, même ceux provenant des secteurs où un parti est faible sur le plan électoral, contribue à l'obtention d'un autre siège.

* Il a limité la croissance des « fiefs régionaux ». Puisque les systèmes de RP récompensent les partis minoritaires avec une minorité de sièges, ils sont moins susceptibles de mener aux situations où un seul parti s'empare de tous les sièges dans une circonscription donnée. Ceci peut s'avérer particulièrement important pour les minorités qui peuvent ne pas être très concentrées régionalement ou qui ne disposent pas de portes d'entrée alternatives pour accéder au pouvoir.

* Il a exposé plus clairement le partage du pouvoir entre les partis et les groupes d'intérêts. Par sa capacité d'intégrer tous les intérêts à l'Assemblée législative, on estime que la RP offre une meilleure perspective afin que les décisions soient prises sous l'œil du public, intégrant une partie plus large de la société.

De manière générale, la plupart des critiques envers les systèmes de RP tournent autour de leur tendance d'être à la base de gouvernements de coalition et de la fragmentation du système de partis. Les arguments le plus souvent cités contre la RP sont qu'elle mène à[27] :

* des gouvernements de coalition qui, à leur tour, mènent à l'impasse législative et par conséquent, à l'incapacité de mettre en œuvre des politiques cohérentes. Ces risques sont particulièrement élevés lors d'une période de transition qui suit immédiatement un conflit, au moment où la population fonde de grands espoirs envers les nouveaux gouvernements. Des cabinets de coalition et des gouvernements d'union

[27] R. SALHI, *op. cit.*, p. 54.

nationale regroupant des factions rivales peuvent faire obstacle à une prise de décisions rapide et cohérente ;

* à une fragmentation du système de partis qui peut être déstabilisante. La RP peut refléter et favoriser une fragmentation du système de partis. Il est possible qu'un pluralisme extrême permette aux petits partis minoritaires d'exercer un chantage auprès des plus grands partis au moment des négociations entourant la formation d'une coalition. En ce sens, le caractère inclusif de la RP est perçu comme un défaut du système ;

* à donner une plateforme aux partis extrémistes. Dans un argument connexe, les systèmes de RP sont souvent critiqués pour le fait qu'ils permettent aux partis extrémistes tant de gauche que de droite, de se faire entendre à l'Assemblée législative ;

* à des coalitions au pouvoir qui ne partagent pas suffisamment de points communs au chapitre des politiques ou de leur base électorale. Il arrive parfois que l'on compare ces coalitions de convenance aux coalitions dites d'engagement que produisent d'autres systèmes (par exemple par l'entremise du scrutin à vote alternatif), où les partis tendent à être réciproquement tributaires des votes des partisans des autres partis pour leur élection, venant ainsi contribuer à renforcer la coalition ;

* à l'obtention par des petits partis d'une part importante du pouvoir. Les grands partis peuvent être contraints à former des coalitions avec de tels partis, donnant ainsi à un parti n'ayant obtenu qu'un pourcentage limité des votes le pouvoir d'opposer un veto à toute proposition venant des grands partis ;

* à l'incapacité de l'électeur d'imposer la responsabilité en éjectant un parti au pouvoir et en défaisant un candidat lors d'une élection. Sous un système de RP, il peut s'avérer très difficile d'écarter du pouvoir un parti centriste bien constitué. Lorsque les gouvernements sont généralement formés par des coalitions, certains partis politiques y sont toujours présents en dépit de résultats électoraux qui peuvent évoluer dans le temps ;

* aux difficultés, pour les électeurs, de comprendre les règles parfois complexes du système et pour l'administration électorale, de les mettre en œuvre. On estime que les difficultés associées à certains systèmes de RP sont plus grandes que celles liées à certains systèmes de représentation non proportionnelle ; aussi, afin de réussir, une plus grande éducation des électeurs et une formation accrue des agents électoraux peuvent s'avérer nécessaires.

Concernant les résultats des élections du 23 octobre 2011, il convient de relever les points suivants[28] :

* La disparité conséquente entre les voix exprimées pour les différentes listes représentées au sein de l'assemblée. Le classement par nombre de voix met le mouvement Ennahdha dans la circonscription de Ben Arous à la première position avec 99 489 voix permettant l'élection de 4 élus, et la clôture avec celle du Congrès pour la République à Tozeur, et qui a permis l'élection de l'élu Azed Badi avec seulement 2 217 voix.

* La non-représentation d'un grand nombre d'électeurs au sein de l'assemblée suite à l'éparpillement des voix sur plusieurs listes qui ne se sont pas traduites en sièges. Ceci peut être observé à titre d'exemple dans 3 circonscriptions, à savoir l'Allemagne avec 57,06 % des voix exprimées et non représentées, Siliana 46,01 % et le plus bas étant Tunis I avec 23 %. Le total de voix perdues est de 1 282 884.

* Sur un total de 1 519 listes éligibles, seules 153 ont obtenu des sièges au sein de l'Assemblée, 1 366 listes n'ont donc pas permis l'élection d'élus.

En contrepartie, le non-recours à la représentation proportionnelle rapprochée attribuée au plus fort reste lors des élections du 23 octobre 2011 aurait conduit à :

* la dispersion des forces politiques et le découragement des petits partis lors d'une représentation proportionnelle intégrale qu'elle soit attribuée au plus fort reste ou aux plus fortes moyennes ;

* favoriser nettement les grands partis et leur accorder un avantage considérable lors d'une représentation proportionnelle rapprochée attribuée aux plus fortes moyennes qu'elle soit calculée selon le quotient de HONDT[29] ou celui de SAINT-LAGUE[30] ;

---

[28] R. SALHI, *op. cit.*, p. 61.

[29] Selon le système D'Hondt, on divise, pour chaque collège électoral (français et néerlandais), le nombre de voix en faveur de chaque parti, successivement par 1, 2, 3, 4, 5, etc. Les résultats de cette division, appelés les **quotients électoraux**, sont ensuite classés par ordre de grandeur pour tous les partis jusqu'à obtenir autant de quotients qu'il y a de sièges à attribuer. Le dernier quotient est appelé le **diviseur électoral**. Le nombre de sièges obtenus par chacun des partis est égal au nombre de fois que le nombre de ses voix peut être divisé par le diviseur électoral.

[30] La méthode Webster/Sainte-Laguë est tout à fait similaire à la méthode D'Hondt, mais utilise des diviseurs. Dans la plupart des cas, le plus fort reste fournit des résultats presque identiques. La méthode D'Hondt donne aussi des résultats similaires, mais favorise les grands partis par rapport à la méthode Webster/Sainte-Laguë. Souvent, il y a un seuil électoral, qui est un pourcentage minimum de voix requis pour attribuer des sièges.

* une forte amplification en sièges de la victoire du parti dominant en suffrages. Cette amplification est d'autant plus forte, pour un nombre donné de sièges dans l'Assemblée, que le nombre moyen de sièges par circonscription est élevé, ou, ce qui revient au même, que le nombre de circonscriptions est faible. Les tiers partis sont encore plus fortement sous-représentés que le second parti. La représentation en sièges de chaque force politique est fortement dépendante de la répartition géographique de ses suffrages, facteur qui peut contrer et même annuler les deux règles précédentes lors des scrutins majoritaires uninominaux ou plurinominaux à un ou deux tours, le second tour aurait favorisé la recherche de coalitions électorales entre des partis minoritaires, chacun pouvant alors compter ses troupes. Les partis isolés sont fortement pénalisés et les règles précédentes jouent alors entre les coalitions et au sein même de celles-ci ;

* la faible dose de proportionnelle est dominée par la dynamique d'un scrutin de liste majoritaire à un tour lors d'un scrutin mixte alliant un scrutin majoritaire plurinominal et la représentation proportionnelle ;

* l'effet proportionnel est le double de la proportion des sièges affectés à la part proportionnelle lors d'un scrutin mixte alliant le scrutin majoritaire uninominal à la représentation proportionnelle.

Bien que le scrutin joue un rôle essentiel dans toute démocratie représentative, il faut se garder d'exagérer leur importance. Même le meilleur système électoral possible est voué à l'échec si d'autres conditions ne sont pas satisfaites[31]. Les systèmes électoraux ne déterminent pas la nature des partis, ni le genre de gouvernement, qu'il soit majoritaire ou minoritaire, formé d'un seul parti ou de coalition, dans un pays donné. Les gouvernements sont en grande partie le fruit de l'équilibre des forces entre les partis qui, eux-mêmes, sont en grande partie tributaires de la culture politique et de la structure sociale d'un pays, ainsi que du comportement électoral de ses citoyens. Cependant, le scrutin constitue une force intermédiaire puissante qui façonne la concurrence entre les partis, dénaturant ou reproduisant fidèlement les préférences électorales des électeurs. Les élections étant un rouage essentiel des démocraties modernes, ainsi que le principal mécanisme de participation politique pour la plupart des gens, la façon dont les votes sont traduits en sièges constitue un facteur important dans la représentativité d'un système politique d'un pays[32].

---

[31] P. JAN, *Droit de suffrage et modes de scrutin*, Paris, La Documentation française, 2008, p. 67.

[32] B. PAUVERT, *Élections et modes de scrutin*, Paris, L'Harmattan, 2006, p. 89.

Paragraphe 2 : Un droit d'éligibilité partiellement conforme aux standards internationaux

Défini par la doctrine comme le *« droit de poser une candidature politique*[33] », le droit d'éligibilité désigne plus généralement le droit pour tout citoyen de participer à la direction des affaires publiques de son pays. L'éligibilité est la possibilité juridique de se présenter comme candidat à une élection[34]. Pour être éligible, il faut être électeur, ce qui exclut par exemple les mineurs, les personnes privées de leurs droits civiques en raison de condamnations pénales. Mais pour des raisons politiques certaines personnes pouvant normalement être éligibles, n'ont pas pu l'être.

Ainsi, malgré la reconnaissance de ce droit **(A)**, certaines restrictions dites immunitaires de la révolution ont été prises en considération **(B)**.

A. La reconnaissance du principe du droit d'être éligible

Le droit d'être éligible est un droit fondamental dont devrait bénéficier chaque citoyen[35], et qui s'inscrit à la fois dans le droit international et dans le droit national. Ainsi, l'article 21 de la Déclaration universelle de 1948 déclare que *« toute personne a le droit de prendre part à la direction des affaires politiques de son pays, soit directement, soit par l'intermédiaire de représentants librement choisis »*.

Ce droit a été repris avec plus de précision par le *« Pacte sur les droits civils et politiques »* dans son article 25[36]. Le droit régional aussi bien africain qu'américain s'inscrit dans cette même lancée en consacrant la liberté de candidature. Ainsi, l'article 13 de la Charte africaine a été complété par les articles 3 et 7 de la *« Charte africaine de la démocratie, des élections et la gouvernance »* et par le protocole de la CEDEAO du même nom dans ses articles 1 et 2, reconnaît en substance que *« les femmes aient, comme les hommes, le droit de voter et d'être élues lors des élections, de participer à la formulation et à la mise en œuvre des*

---

[33] E. PIERRE, *Traité de droit politique, électoral et parlementaire*, Paris, éd. Loyale, 1989, p. 195.

[34] G. D. DESRAMEAUX, *Droit électoral*, Paris, Studyrama, 2017, p. 56.

[35] Centre for Human Rights and Elections. *A Handbook on the Legal, Technical and Human Rights Aspects of Elections*, New York and Geneva, 1994, p. 1.

[36] *« Tout citoyen a le droit et la possibilité sans aucune des discriminations visées à l'article 2 et sans restrictions déraisonnables : a) de prendre part à la direction des affaires publiques [...] ; b) [...] d'être élu [...] ; c) d'accéder, dans des conditions générales d'égalité, aux fonctions publiques de son pays »*.

politiques gouvernementales et d'occuper et de remplir des fonctions publiques à tous les niveaux de l'État ».

La Charte démocratique interaméricaine, en revanche, énonce implicitement ce droit à l'article 6 comme suit : *« la participation des citoyens à la prise des décisions concernant leur propre développement est un droit et une responsabilité »*. Plus précisément, l'article 3 de son premier protocole additionnel reconnaît expressément la liberté de candidature[37]. La Commission européenne des droits de l'homme considère que la limitation du droit de se présenter aux élections législatives constitue une atteinte à un droit fondamental[38]. De plus, la même commission[39] considère que le droit de se porter candidat implique le droit de siéger en qualité de membre élu. De même, la Cour européenne des droits de l'homme considère que *« le droit de se porter candidat lors d'une élection [...] serait illusoire si on peut en priver une personne arbitrairement à n'importe quel moment. S'il est vrai que les États ont une bonne marge d'appréciation lorsqu'ils établissent les conditions d'éligibilité dans l'abstrait, le principe selon lequel les droits doivent être effectifs implique que la procédure d'éligibilité soit assortie de sauvegardes suffisantes interdisant les décisions arbitraires*[40] *»*. Ainsi il y a des restrictions plus ou moins consensuelles que partagent un nombre assez important de pays africains et occidentaux[41].

Le principe d'inclusion s'étend également au droit d'éligibilité. Ainsi, la reconnaissance juridique des partis politiques ne devrait pas être restrictive sans aucune logique, et l'accès des partis politiques et des candidats aux élections ne devrait pas être limité de manière absurde.

Les conditions de candidature, par exemple, en ce qui concerne les données d'ascendance, du casier judiciaire, l'âge minimal, les niveaux d'éducation, ou la résidence, doivent se fonder sur des critères justifiables, tout comme les dispositions relatives à la doctrine de l'incompatibilité des

---

[37] R. GOY, « La garantie européenne du droit à de libres élections législatives : l'article 3 du Premier Protocole additionnel à la Convention de Rome », RDP, 1986, p. 1301 ; MELCHIOR M., « Le droit à des élections libres pour le choix du corps législatif dans la jurisprudence de la Commission européenne des droits de l'homme », Ann. dr. Liége, 1985, pp. 292-296.

[38] Cour européenne de droit de l'homme, affaire, 28 novembre 1996, *Kavaratzis c. Grèce,* req. n° 28208/85, § 34.

[39] Décision du 7 mars 1984, *M. c. Royaume-Uni*, req. n° 1031683, D.R., 37, p. 129.

[40] CEDH, *Melnychenko v. Ukraine*, 19 octobre 2004, arrêt final 30 mars 2005.

[41] Si nous prenons comme exemple la Constitution américaine, celle-ci exige pour être candidat à l'élection présidentielle, d'être citoyen américain de naissance et d'avoir 14 ans de résidence dans le pays (art. 2 al. 5 de la Constitution).

fonctions. Les exigences relatives à la collecte des signatures pour être éligible, et les délais de soumission des candidatures ne doivent pas être discriminatoires et ne doivent pas limiter le principe de l'inclusion des candidats aux élections[42].

Le non-respect du principe d'inclusion ne limite pas uniquement les droits des candidats potentiels. Le droit de vote implique le droit de choisir parmi ceux qui souhaitent représenter les électeurs. Élections où le droit de vote est garanti et où les électeurs se rendent en masse aux urnes lorsque les candidats et les partis politiques sont privés de manière injustifiée du droit de se présenter aux élections ou lorsqu'ils n'ont pas le droit de voter pour des partis politiques, on ne peut plus considérer ce processus comme une élection juste et démocratique.

Une concurrence électorale loyale repose sur les bases du principe de l'inclusion. Les participants aux élections ne doivent pas être confrontés à des obstacles administratifs. Cela inclut l'exercice des droits d'association, de réunion, de mouvement et d'expression qui sont les axes principaux pour pouvoir mener à bien une campagne électorale afin d'obtenir un soutien électoral. Les candidats doivent être protégés contre la violence, l'intimidation, la coercition et des représailles[43]. Les électeurs doivent également bénéficier de ces garanties lorsqu'ils exercent leurs droits électoraux. Une concurrence électorale loyale exige l'égalité devant la loi, une égale protection de la loi et la possibilité de recours effectifs en cas de violation des droits électoraux des candidats[44].

Le décret-loi recommande que l'égalité des sexes soit appliquée aux listes de candidats, en prévoyant que les listes doivent être effectuées de sorte à garantir l'alternance entre hommes et femmes au niveau du classement sur les listes électorales, et ce afin de permettre aux femmes d'avoir les mêmes chances de participer au processus politique. Tout en se félicitant de cette démarche, dans la mesure où elle démontre l'engagement de la Tunisie en faveur de l'égalité des droits, le Centre

---

42 P. JAN, *Droit de suffrage et modes de scrutin*, Paris, La Documentation française, 2008, p. 134.

43 J. GICCQUEL, A. HAURIOU, *Droit constitutionnel et institutions politiques*, Paris, Éditions Montchretien, p. 367.

44 Le respect de ces différentes conditions doit être assuré par des organismes gouvernementaux et aux fonctionnaires au-delà des autorités électorales, notamment la police, les procureurs, les tribunaux, les organes de droit administratif, les agents de l'État et même les médias publics et les autorités habilitées à veiller à l'équité et à la conduite des médias privés, ainsi que ceux qui sont chargés du contrôle des exigences relatives au financement de la campagne.

Carter a néanmoins remarqué que dans la pratique, les résultats ne reflétaient pas une représentation équilibrée entre les hommes et les femmes ; d'ailleurs, la représentativité des femmes à l'ANC était faible, car 93 % des listes étaient dirigées par des hommes. Comme conséquence, les femmes n'ont obtenu que 59 sièges du total des sièges élus, soit 27 % de tous les membres. Les jeunes Tunisiens ont pleinement participé à la révolution tunisienne et devraient donc jouer un rôle politique et être le moteur du progrès du pays. Secoués par le mécontentement face aux conditions socio-économiques sous l'ancien régime, les jeunes ont eu recours entre autres aux réseaux sociaux et aux nouvelles technologies pour faciliter et alimenter le processus d'un mouvement contestataire[45]. Le rôle indéniable des jeunes dans la révolution a fait que la loi exige que toutes les listes contiennent au moins une personne de moins de 30 ans[46]. Cette décision représente un pas important pour encourager l'intégration et la représentation des jeunes dans les processus électoraux et politiques.

De manière générale, le Centre Carter soutient toute initiative visant à offrir des opportunités aux femmes et aux jeunes qui souhaitent se porter candidat, mais l'établissement de quotas pour les femmes et les jeunes ne permet pas nécessairement d'atteindre l'objectif souhaité dans un scrutin proportionnel de listes. C'est pourquoi le Centre Carter recommande à l'ANC d'évaluer la possibilité de modifier la loi sur les partis politiques afin de demander l'inclusion des jeunes et des femmes dans les structures des partis, favorisant ainsi la prise en charge par les partis de ces derniers, en leur permettant d'occuper aux premières places sur les listes électorales.

Afin d'obtenir la meilleure mobilisation des élus, les autorités électorales ont tout mis en œuvre pour accueillir certaines catégories d'électeurs, par exemple les électeurs handicapés et analphabètes. La Tunisie est l'un des premiers signataires de la convention relative aux droits des personnes handicapées et la loi tunisienne interdit la discrimination à l'égard des personnes handicapées physiques ou mentales[47]. Le système électoral répondait spécifiquement aux besoins des électeurs handicapés ou analphabètes, stipulant que les électeurs souffrant d'un handicap évident et les électeurs analphabètes pouvaient

---

[45] R. SALHI, *op. cit.*, p. 67.

[46] A. NJEHI, *op. cit.*, p. 245.

[47] G. MARCOU, « L'administration territoriale en Tunisie et les enjeux de la décentralisation », in Hafedh BEN SALAH, Gérard MARCOU (dir.), *Décentralisation et démocratie en Tunisie*, Paris, L'Harmattan, 1998, p. 7. *Ibid.*, p. 9.

être accompagnés par un électeur choisi par eux sans restriction aucune[48]. Il est nécessaire de préciser, cependant, que plusieurs organisations de la société civile se sont déclarées préoccupées par le fait que cette disposition augmente le risque de gagner des voix ou d'influencer lorsqu'un électeur handicapé ou analphabète est assisté par un tiers.

B. La limitation du droit d'être éligible afin d'immuniser la révolution

« Est inéligible aux élections de l'ANC, toute personne ayant assumé une responsabilité au sein des structures du rassemblement constitutionnel démocratique », et ce, conformément à l'article 15 du décret-loi n° 2011-35 du 10 mai 2011, relatif à l'élection de l'ANC[49].

Si le droit de se présenter aux élections du 23 octobre 2011 dans son ensemble était garanti, la rivalité politique des membres du régime dissout était problématique. Ainsi l'article 158 du décret-loi susmentionné a provoqué des réactions de refus, poussant l'approbation à être retardée et provoquant un anachronisme dans la diffusion des textes.

Basé sur l'article 15 de ce décret-loi, on voit apparaître un autre décret-loi, qui énonce les obligations auxquelles les titulaires seraient privés du droit de se présenter aux élections législatives. Dans l'article 15 à l'alinéa 2, on constate un problème d'application de la loi car il empêchait tous ceux qui avaient appelé l'ex-président Ben Ali de se présenter aux élections de 2014. Cette liste n'était pas clairement définie et il revenait à l'Instance Ben Achour de l'arrêter et de la transmettre à l'ISIE, sans publication ni procédures d'opposition[50].

Cette disposition a conduit à un recours devant le tribunal. Parce que cette disposition touchait au respect des droits des citoyens. En premier lieu, il a été souligné que l'exclusion de l'exercice des droits civils ne peut être qu'individuelle et dictée par un tribunal. Au deuxième niveau, il a été

---

[48] I. BEN HASSEN, « Nouvelle Constitution et droits humains », Actes du colloque Droits humains et développement des territoires. Vers un nouveau modèle de gouvernance, Gret et de la Chaire UNESCO des droits de l'homme, Marrakech, 2013, p. 54.

[49] L'article 1 du décret-loi organisant les élections de la constituante.

[50] L'article 15 de la loi électorale tunisienne disposait que trois catégories de personnes ne pouvaient pas se présenter aux élections. Les personnes qui avaient exercé des fonctions gouvernementales sous l'ancien président Ben Ali, les personnes qui avaient occupé des postes de responsabilité au sein du RCD, de l'échelon national à l'échelon local, et les personnes qui, en août 2010, avaient signé une pétition pour que Ben Ali se porte candidat à la présidence en 2014.

constaté que l'application de la disposition viole le principe de la transparence des décisions qui affectent le statut juridique des personnes et ne donne en aucune façon le droit de faire appel contre elles. La liste des personnes exclues n'a pas été effectivement mise à la disposition du public, et les personnes concernées par cette décision ont dû attendre que l'ISIE refuse d'accepter leur candidature pour savoir qu'elles étaient présentes. Le rapport de l'ISIE sur cette procédure permet de découvrir que cette liste n'a jamais été publiée, on n'a rien vu par rapport à *« des personnes ayant assumé une responsabilité au sein du gouvernement à l'ère du président déchu, ni la liste des personnes ayant assumé une responsabilité au sein du Rassemblement constitutionnel démocratique, et ce, nonobstant les démarches entreprises auprès du gouvernement à cet effet »*.

Le décret électoral de l'ANC confirme le droit de tous les citoyens tunisiens, hommes ou femmes dont l'âge dépasse les 18 ans et plus, de profiter de tous les droits civils. Son auteur n'a pas considéré que les restrictions introduites par l'article 15 violent ces droits. Ce dernier a estimé que bien que le droit d'être élu soit un principe généralement reconnu dans les traités régionaux et internationaux, il n'est pas nécessairement absolu et peut être limité sur la base de critères objectifs et raisonnables d'ordre légal[51].

En vertu du décret 1089, qui définit les responsabilités des personnes privées du droit de déposer des candidatures, l'ISIE s'est vu confier la responsabilité de répertorier les deux premières catégories de personnes non éligibles. Les archives du RCD n'étant pas accessibles à l'ISIE, elle a dû effectuer un travail de recherche consistant en des coupures de presse récupérées auprès du Bureau des archives nationales et du Journal officiel pour dresser une liste des représentants du gouvernement sous Ben Ali ou du RCD. En outre, les noms collectés par cette méthode non systématique ont été enregistrés dans une base de données qui ne contenait pas les numéros de carte d'identité nationale des exclus, ce qui a causé une grande confusion lorsque les candidats potentiels avaient des noms similaires ou identiques à ceux de la liste. En raison du manque de rigueur dans la

[51] J. PH. BRAS, « Légitimité et révolution en Tunisie : les leçons tunisiennes de la Haute Instance pour la réalisation des objectifs de la révolution ». Disponible sur : https://cutt.ly/zf1uMSc.

préparation de la liste, certains responsables du RCD sont oubliés lorsqu'il s'agit de présenter des candidats et ne sont même élus[52].

L'Instance BEN ACHOUR se chargea quant à elle d'établir la liste de la troisième catégorie de personnes non éligibles, celles qui avaient signé la pétition de 2010 appuyant la candidature de BEN ALI. Toutefois, aucune procédure claire ne fut établie pour donner l'occasion aux individus concernés de « blanchir » leur nom. L'Instance supérieure se limita plutôt à examiner les demandes d'un petit nombre d'individus qui furent capables de prouver qu'ils avaient en fait été inclus dans cette pétition à leur insu. Au cours de la période de dépôt de candidature, l'ISIE établit un répertoire regroupant les trois listes, sur lesquelles figuraient environ 8 100 personnes, et s'en servit pour empêcher des candidats.

Section 2 : L'adhésion aux standards internationaux garantissant l'honnêteté et la transparence des élections

L'internationalisation du droit constitutionnel s'est traduite aussi par une universalisation des structures démocratiques dans les ordres internes. Dès lors, tout régime politique tire sa légitimité, au regard du droit international, du pluralisme politique, du respect des droits de l'homme et de la volonté générale du peuple par des élections libres, périodiques et honnêtes et transparentes[53]. Aussi, la tenue d'élections respectant les principes d'honnêteté et de transparence implique aujourd'hui le respect d'un nombre considérable de droits, de libertés, de procédures, et de lois ainsi que l'intervention de certaines institutions[54].

Aucun de ces deux principes ne va sans l'autre. L'honnêteté des élections apparaît comme une condition exigée par tous les instruments juridiques internationaux, ainsi que par les résolutions pertinentes de l'Assemblée générale des Nations unies. L'honnêteté en matière électorale fait référence à l'intégrité des élections, à leur probité, à leur sincérité et à leur pureté. *« Des élections honnêtes, écrit le doyen Rafaa*

---

[52] Un exemple en fut donné par l'élection d'un ancien responsable RCD sur la liste Al Aridha Al Chaabia (Pétition populaire) dans la circonscription de France 2, entraînant l'invalidation du siège.

[53] Voir D. KOKOROKO, « La démocratie par la société internationale », in *Mélanges* en l'honneur de Dominique BREILLAT, Les voyages du droit, LGDJ, pp. 307-313.

[54] A. FATNASSI, *Le droit international dans les systèmes constitutionnels maghrébins*, Thèse, sous la direction de Ferhat Horchani, Université de Tunis El Manar, Faculté de droit et des sciences politiques de Tunis, p. 495.

BEN ACHOUR, sont des élections qui traduisent fidèlement l'état de l'opinion, et dont le déroulement et l'aboutissement ne sont pas entachés de doute ou de fraude[55] *»*. Garantir l'honnêteté, et la transparence des élections du 23 octobre 2011, conformément aux standards internationaux en la matière, représentait un défi de taille pour les Tunisiens. Ainsi, le respect de ces standards internationaux devrait avoir pour objectif de garantir la régularité des opérations électorales et d'assurer la sincérité des élections. S'agissant des élections du 23 octobre 2011, le premier objectif a été réalisé par l'instauration d'une instance indépendante **(Paragraphe 1)** quant au second, il a été concrétisé par l'instauration d'un contrôle juridictionnel **(Paragraphe 2)**.

Paragraphe 1 : L'instauration de l'instance supérieure indépendante des élections : une garantie de la régularité

Dans tout projet de démocratisation, une des configurations les plus importantes concerne la gestion des élections. Les opérations électorales constituent en quelque sorte l'épreuve de vérité, de fiabilité qui conditionne la crédibilité et la légitimité de la démarche de démocratisation[56].

La tenue d'élections libres, régulières, honnêtes, fiables, et transparentes est un objectif à atteindre, voire un idéal, qui nécessite d'être porté par une institution indépendante et compétente[57], afin d'éviter l'opacité des circuits de décision et les soupçons qui l'accompagnent de favoritisme, de corruption, d'arbitraire, d'iniquité, et de manipulation[58]. Une organisation nationale appropriée est nécessaire pour conduire ce processus long et complexe **(A)**. Néanmoins, toute nouvelle expérience a le mérite d'assistance **(B)**.

---

[55] R. BEN ACHOUR, « Pour des standards internationaux en matière d'élections », *op. cit.*, pp. 70-71.

[56] J.-B. GAUDUSSON, « Les élections entre démocratie et crises : l'enjeu stratégique des opérations électorales », in *Démocratie et élections dans l'espace francophone*, Bruylant, Bruxelles, 2010, pp. 176-192.

[57] *« Ont certainement rempli une fonction historique de démocratisation et d'appropriation des mécanismes électoraux [...]. Elles ont provoqué des modifications significatives dans le paysage institutionnel et politique malgré les critiques dont elles font l'objet, elles sont devenues incontournables faisant partie de ces institutions dont ne saurait se dispenser un État de droit démocratique »*. Ainsi écrit le professeur Jean DU BOIS DE GAUDUSSON en parlant des institutions chargées de la gestion électorale.

[58] CH. MAUGUE, « La portée de l'obligation de transparence dans les contrats publics », in *Mélanges* Franck MODERNE, Dalloz, 2008.

A. L'ISIE : Organe axial de la gestion électorale

En fait, toutes les démarches de la procédure électorale représentent un lien, de la préparation du projet à l'adoption de la loi électorale. La création d'institutions ou de structures électorales neutres, impartiales et compétentes visant à assurer la transparence du déroulement des élections est cruciale pour le processus électoral et est donc un élément inhérent à toute démocratie moderne.

Avant 2011, en Tunisie, la question électorale relevait du ministère de l'Intérieur. En période de transition démocratique, la Tunisie fait face à un défi transitionnel. Pour relever ce défi, un organisme autonome et indépendant appelé ISIE a été créé[59]. Il s'agit d'un organe distinct de l'administration publique, de la surveillance et du contrôle du processus électoral. Rappelons qu'avant 2011, les élections relevaient du ministère de l'Intérieur.

Sur la base d'une expérience comparative, une institution électorale indépendante et impartiale qui fonctionne de manière transparente et professionnelle est un moyen efficace pour le bon déroulement d'élections démocratiques, tout en respectant les obligations internationales liées à la procédure électorale[60].

L'ISIE doit vérifier des éléments critériels tels que l'ouverture d'un compte bancaire réservé à la campagne électorale, le non-financement de la campagne électorale par l'étranger ; quelle que soit leur nature, ou en tant que particuliers ; la déposition de tous les fonds alloués pour la campagne électorale sur un compte courant, en effectuant toutes les dépenses liées à la campagne électorale pour l'élection des membres de l'ANC uniquement à partir du compte bancaire alloué à cet effet. L'ISIE veille également à ce que l'emprunt obligataire à titre d'aide publique ne soit utilisé qu'aux seules fins pour lesquelles il était destiné ; la tenue d'une comptabilité fiable liée à l'élection de la campagne ; l'exécution des dépenses sur la base de documents authentiques et fiables[61].

Suite au contrôle *ex ante* de l'ISIE, la Cour des comptes procède à un contrôle dès réception des comptes.

---

[59] A. CHOUIKHA, « L'instance supérieure indépendante pour les élections et le processus électoral tunisien : un témoignage de l'intérieur », *Confluences Méditerranée*, 2012, p. 173.

[60] Commission des droits de l'homme de l'ONU, commentaire 25, para. 20.

[61] A. CHOUIKHA, « L'instance supérieure indépendante pour les élections et le processus électoral tunisien : un témoignage de l'intérieur », *op. cit.*, p. 180.

Il s'agit de contrôler la corruption en dénonçant les candidats électoraux qui utilisent des moyens illégaux pendant leurs campagnes ou élections, comme la corruption, l'influence ou la pression sur les électeurs.

L'ISIE a acquis un statut juridique, financier et administratif indépendant[62] chargé de préparer, de conduire, de superviser, de surveiller et de contrôler les élections de l'ANC et de veiller à ce qu'elles soient *« démocratiques, pluralistes, équitables et transparentes*[63] *»*. Avec des pouvoirs, des responsabilités et des devoirs étendus couvrant tous les aspects de cette procédure électorale[64], l'ISIE devait officiellement se terminer par l'annonce des résultats définitifs des élections[65]. L'ISIE siège à Tunis et dispose de 33 organes électoraux régionaux indépendants (IRIE[66]) comprenant 27 circonscriptions tunisiennes et 6 circonscriptions à l'étranger[67].

Au départ de la campagne électorale, des organes électoraux locaux (ILE) ont été mis en place au niveau des délégations, même si la décision de l'ISIE, qui fixe les règles et procédures et crée ces ILE, ne prévoyait pas de définition des fonctions et des responsabilités[68]. L'ISIE était composée de 16 membres provenant de la magistrature, du milieu universitaire, de la société civile, d'un représentant expatrié, d'un notaire, d'un huissier, d'un commissaire aux comptes, d'un informaticien et d'un

---

[62] A été créé par le décret-loi 27 du 18 avril 2011.

[63] *« Dans son Préambule, la Constitution réserve le quatrième paragraphe pour affirmer ses objectifs consistant dans l'établissement d'un régime républicain démocratique et participatif. Cet objectif n'est réalisable que dans le cadre d'un État civil, où la souveraineté du peuple s'exerce par l'alternance pacifique au pouvoir, par des élections libres et dans le cadre d'un régime fondé sur le principe de séparation de pouvoirs et sur leur équilibre. Dans ce régime le droit s'organise conformément au pluralisme, la neutralité de l'administration et la bonne gouvernance sont les fondements de la compétition politique »*. B. KARRAY, « Constitution et principes démocratiques », *Nouvelle Constitution tunisienne et transition démocratique* (dir.), N. BACCOUCHE, E. DUBOUT, Paris, LexisNexis, 2014, p. 88.

[64] Décret-loi 27, article 4.

[65] Décret-loi 27, articles 1 et 2.

[66] Le mandat et la composition des IRIE ont été établis par les décrets-lois 27 et 35, et développés plus avant dans une décision de l'ISIE en date du 1er juin.

[67] Décret-loi 27, article 5.

[68] Adoptée par l'ISIE le 25 juin 2011.

journaliste[69]. Les membres[70] qui la composent ont été élus par la Haute Instance sur la base des critères d'indépendance et d'impartialité[71].

La tâche des IRIE[72] consistait à coordonner et superviser la procédure d'inscription des électeurs, l'inscription des candidats, la réception des plaintes électorales, l'organisation du dépouillement et la supervision des travaux de l'ILE et diverses autres tâches requises par ISIE.

Les ILE ont été créées dans la plupart des circonscriptions pour assurer la préparation de la campagne électorale[73]. À cette fin, des observateurs internationaux tels que le Centre Carter ont souligné que les ILE étaient mal informées sur leurs fonctions et responsabilités, elles ont collaboré avec l'IRIE en remplissant les postes vacants dans les bureaux de vote et en aidant à l'installation de ces stations.

Le Centre Carter a également noté que les femmes étaient minoritaires parmi les membres de l'ISIE et des IRIE.

En plus de ces remarques, les observateurs du Centre Carter n'ont pas hésité à souligner que les autorités électorales étaient efficientes et respectaient des délais relativement serrés. Ils ont également relevé que l'ISIE, même sans expérience préalable, a pu développer les règles et procédures nécessaires pour assurer la préparation et l'exécution des opérations électorales. Alors que la plupart des acteurs électoraux reconnaissent les efforts de l'ISIE et de l'IRIE pour remplir leurs missions, des lacunes institutionnelles ont été constatées dans la gestion de la procédure électorale.

B. L'ISIE : Organe souffrant de lacunes

La mise en place de l'organe électoral a été appréciée par l'ensemble de la classe politique et des représentants de la société civile. Considérée comme la deuxième expérience dans la région arabe après la Palestine, elle n'a pas échappé à ses lacunes. M. Chawki GADDES publie un article

---

[69] Décret-loi 27, article 8.

[70] Les membres de l'ISIE ont été nommés par décret le 20 mai et ont peu après élu M. Kamel Jendoubi à la fonction de président, Mme Souad Triki à celle de vice-présidente et M. Boubaker Bethabet à celle de secrétaire général.

[71] Veillant à ce qu'ils n'aient pas exercé de responsabilités au sein de l'ancien RCD.

[72] Chaque IRIE correspondait à un gouvernorat et comprenait 14 membres ; à l'étranger, chaque IRIE avait son siège dans une mission diplomatique tunisienne et comprenait entre 8 et 14 membres. Sélectionnés par l'ISIE, les membres des IRIE ont été nommés le 6 juillet 2011.

[73] Aucune ILE ne fut établie à Tatouine, mais les observateurs n'ont pas estimé que le processus en avait été affecté pour autant en raison de la faible densité de ce gouvernorat.

intitulé « Les élections du 23 octobre 2011 », où il aborde les lacunes de l'institutionnalisation de l'organe de gestion des élections en les divisant en quatre spécificités[74].

Premièrement, en ce qui concerne « l'usage unique » de l'ISIE[75], mettant fin à sa mission *« avec l'annonce des résultats définitifs desdites élections*[76] *»*, Chawki Gaddes considère qu'il s'agit là d'une des lacunes les plus graves puisque d'après lui, si l'on pouvait admettre *« que la composition pouvait être provisoire, il ne pouvait en être ainsi en ce qui concerne la structure »*. Selon l'auteur, ce manque influencera davantage la *« capitalisation de l'expérience »* et sera la raison de discontinuité dans la gestion de la procédure électorale.

Il a alors remarqué une seconde lacune concernant la composition de l'ISIE. En fait, la composition de cette dernière ne reflétait pas les besoins réels dans ce domaine. Le titre employé « expert » pour qualifier les membres de l'ISIE est illusoire ; dans le sens où ils pourraient éventuellement être des experts dans leurs domaines d'origine, mais pas nécessairement en ce qui concerne la matière électorale. Habituellement, ces personnes devaient s'assurer qu'il y avait une « bonne » élection, mais elles ne pouvaient pas le faire en personne sur place. Ce qui justifie la répartition des tâches entre membres qui ont rapidement pris le relais de leur spécialité d'origine qui ne correspondait pas forcément à de réels besoins sur le terrain. Monsieur Chawki GADDES estime que ce manquement dans la composition de l'ISIE est à l'origine de tous les problèmes logistiques dans la procédure électorale de 2011.

L'auteur continue dans cette perspective de relevés lacunaires, il attire en outre l'attention sur la troisième lacune liée à la bipolarisation dans le management de la procédure électorale, qui paraît être l'aboutissement d'un grand nombre de conseillers, de leur hétérogénéité et, surtout, des règles de prise de décision. Tout autant d'éléments qui ont influencé la cohésion du groupe et ont également déclenché la dualité des corps géographiquement[77] séparés. Cet état de fait a été constaté par les

---

[74] B. KARRA, « Constitution et principes démocratiques », *Nouvelle Constitution tunisienne et transition démocratique* (dir.), N. BACCOUCHE, E. DUBOUT, Paris, LexisNexis, 2014, p. 88.

[75] Conformément à l'article premier du décret-loi portant création de l'ISIE.

[76] Décret-loi n° 27-2011 du 18 avril 2011, portant création d'une instance supérieure indépendante pour les élections.

[77] *« Alors que le président, la vice-présidente et le membre chargé de la communication de l'ISIE en complète symbiose s'installaient dans le siège du quartier de Lafayette, les*

observateurs internationaux du Carter Center et a été considéré comme préjudiciable au processus décisionnel, et surtout à l'image que cette organisation devait diffuser.

Enfin, une quatrième vulnérabilité a été identifiée. Cette lacune est liée au refus catégorique de l'ISIE, du moins dans un premier temps, de recourir au soutien technique étranger, ainsi que la réticence à accepter le soutien financier de pays amis. Ce refus s'est avéré injustifié étant donné que l'ISIE n'avait aucune expérience en matière électorale et devait tout construire à partir de zéro, même le fichier référence de la carte d'identité nationale s'avéra non fiable pour monter le fichier électoral. Ce n'est que lorsque l'ISIE s'est rendu compte que sans l'aide internationale, il serait difficile de respecter la date limite du 23 octobre, qu'elle s'est rendue à l'évidence quant à la faisabilité de son projet et a fini par accepter l'aide proposée. Elle sera symbolisée par la proposition faite à la fin du mois de septembre 2011 par la Confédération helvétique pour financer, à travers un programme de soutien lancé par le PNUD, l'achat entre autres de 1 200 urnes pour un coût déclaré de 800 000 dinars tunisiens. Comme le notait le Monsieur Chawki GADDES. Au-delà de toutes ses faiblesses, l'ISIE a réussi son principal défi de gagner la confiance des parties prenantes, malgré la méfiance persistante de tous les Tunisiens à l'égard des institutions de l'État et des élections souvent truquées. Il est à noter que la grande majorité des membres de l'ISIE a refusé cette aide.

Au-delà de l'intérêt que représente le rôle de l'ISIE, l'aménagement d'un contentieux électoral garde toute sa pertinence. Un tel contentieux représente la condition *sine qua none*, pour le respect des standards internationaux permettant de garantir la régularité et la sincérité du scrutin.

Paragraphe 2 : L'aménagement d'un contentieux électoral : une garantie de la sincérité des élections

Pour être démocratiques, les élections doivent impliquer un contrôle juridictionnel. Si les électeurs et les candidats représentent les deux acteurs principaux du processus électoral il reste néanmoins que le juge électoral joue un rôle principal[78], étant donné que les élections peuvent

autres membres, autour du secrétaire général, éliront domicile au centre-ville, à la Rue de Rome. » Chawki GADDES.

[78] M. KAISER, « Le droit à des élections libres », *Mélanges* LAMBERT (P.), *op. cit.*, p. 455.

être l'objet de contestations diverses portant sur leurs différentes étapes. Les élections de 2011 ont connu deux types de contentieux : l'un portait sur les opérations pré-électorales **(A)**, l'autre, par contre, était relatif aux résultats **(B)**.

A. Le contentieux pré-électoral

Le contentieux pré-électoral relatif aux élections de l'ANC a connu lui-même deux types de contentieux : un contentieux portant sur l'inscription sur les listes d'électeurs **(1)** attribué au juge judiciaire en tant que juridiction d'appel des décisions des sous-commissions indépendantes pour les élections (SCIE) ; et un contentieux de l'enregistrement des candidatures **(2)** attribué aux juridictions judiciaires en premier ressort et au juge administratif en appel.

1/ Le contentieux de l'inscription des électeurs

D'emblée, il est nécessaire d'inscrire les électeurs sur les listes électorales pour la mise en marche du processus électoral. Cette réussite constitue un apport directement pour garantir le principe du suffrage universel, ce qui constitue le socle de toute élection démocratique. C'est une garantie de crédibilité et de légitimité du vote. Lors des élections de l'ANC, la responsabilité des réglementations, du suivi et du contrôle des opérations de l'enregistrement a été confiée à l'ISIE. Le cadre juridique relatif à l'inscription sur les listes électorales a été essentiellement défini dans le décret-loi n° 2011-35 du 10 mai 2011 relatif à l'élection d'une Assemblée nationale constituante tel que modifié et complété par le décret-loi n° 2011-72 du 3 août 2011[79].

Ce texte fixe les règles précisant les conditions d'obtention de la qualité d'électeur, les processus de l'établissement et de contestation des listes électorales. L'ISIE ne précise pas le nombre de plaintes enregistrées et gérées par la SCIE, ni le nombre d'appels portés devant les TPI. Cependant, elle avoue que ses filiales ont reçu des plaintes à ce propos[80].

L'obtention de la qualité d'électeur n'accorde aucunement en soi l'application du droit de vote. Afin de pouvoir voter, l'électeur doit être inscrit sur une liste électorale. Dans le cas des élections de l'ANC, le

[79] Web manager center, « L'ISIE se mobilise pour le contrôle du financement des campagnes électorales », mis en ligne le 6 septembre 2019, consulté le 27 octobre 2019, disponible sur : https://cutt.ly/if1pulF.

[80] Rapport de l'ISIE, février 2011 (en arabe), p. 110.

législateur a décidé d'adopter un système d'enregistrement mixte[81] qui combinerait enregistrement automatique et volontaire. L'enregistrement automatique était effectué directement à partir de la base de données des cartes d'identité nationale. En s'inscrivant volontairement. L'inscription volontaire permettait à l'électeur de s'assurer lui-même de son inscription sur une liste électorale et de choisir le bureau de vote dans lequel il désirait voter. Afin d'assurer le plus grand respect possible du principe du scrutin universel, le décret-loi a permis de soumettre l'inscription électorale, non seulement au contrôle exercé dans le cadre des contentieux pré-électoraux, mais aussi au contrôle exercé dans le contexte des différends des résultats. Profitant de cette possibilité, certains électeurs ont remis en cause la légalité des mesures adoptées par l'ISIE qui permettent aux électeurs de certaines circonscriptions à l'étranger d'exercer leur droit de vote sans être inscrits au préalable sur les listes électorales, et ce, sur simple présentation de la carte d'identité nationale ou du passeport tunisien ou même de la carte consulaire, cela a été soulevé devant le Tribunal administratif dans le cadre du contentieux des résultats. Toutefois, le juge a estimé que l'ISIE était en droit de prendre une mesure aussi exceptionnelle afin de permettre de résoudre les difficultés rencontrées dans la collecte des données et l'établissement des listes d'électeurs tunisiens à l'étranger.

2/ Contentieux de l'enregistrement des candidatures

D'après le rapport de l'équipe de l'assistance électorale en Tunisie, rendu public en mai 2012, les observateurs internationaux ont constaté que le contentieux de l'enregistrement de la candidature a relevé des insatisfactions au sujet des conditions de candidature aux élections, des juridictions compétentes et des procédures contentieuses[82].

Premièrement, les conditions de candidature aux élections étaient d'une part influencées par le contexte postrévolutionnaire et d'autre part imprécises en raison du silence du décret-loi ou de l'ambiguïté de certaines de ses dispositions. Rejetant les recours relatifs à ces interdictions liées au contexte postrévolutionnaire[83], le juge s'appuyant

[81] Ce régime mixte ressort clairement des termes de l'article 6 du décret-loi n° 2011-35, selon lesquels, « les listes de ces deux modes d'inscription (automatique et volontaire) ont rendu plus difficile l'établissement des listes électorales ».

[82] Rapport relatif au déroulement des élections de l'Assemblée nationale constituante, février 2012.

[83] C'est en particulier le cas des interdictions relatives aux anciens responsables du RCD et aux « munashidun ».

sur une lecture restrictive du texte a considéré que celle-ci était justifiée par le contexte politique. Sans avoir l'audace de condamner ouvertement ces mesures d'exclusion, la majorité des intervenants internationaux n'ont pas toutefois omis de signaler que ces mesures ne sauraient s'accommoder avec l'adoption par la Tunisie d'une législation électorale démocratique pérenne, et ne sauraient être dans aucun cas devenir la règle.

Deuxièmement, le reste des questions qui ont été soulevées du fait du silence ou de l'ambiguïté de certaines dispositions du décret-loi n° 2011-35, l'équipe d'assistance internationale a fait remarquer que le contentieux électoral a permis de révéler la tendance de certaines SCIE à élargir les conditions de validité des candidatures, profitant du silence et de l'ambiguïté du décret[84]. Condamnant ces pratiques le juge judiciaire a déclaré que toute exclusion ne peut être valable que si elle avait été prévue expressément dans le décret lui-même.

Troisièmement, et concernant les juridictions compétentes et les procédures contentieuses, il convient de montrer que la proximité des tribunaux de première instance des citoyens-candidats s'est avérée un élément positif dans la gestion du contentieux de premier ressort. Par ailleurs, dans le cadre du contentieux d'appel, le Tribunal administratif a dégagé des principes, aussi bien de la procédure contentieuse que des questions de fond. Par ailleurs, malgré certaines contraintes procédurales telles que la brièveté des délais de jugement, le juge judiciaire et le juge administratif sont parvenus à gérer efficacement le contentieux. Leurs positions ont souvent convergé et ont pu ainsi dégager des solutions utiles pour l'avenir. L'efficacité de ces deux ordres de juridiction dans la gestion de ce contentieux leur a valu l'appui des observateurs internationaux. Ces derniers ont souligné que la proximité des Tribunaux de première instance des citoyens-candidats et l'amorce du développement d'une jurisprudence spécifique par le Tribunal administratif plaident pour le maintien de l'attribution du contentieux des candidatures à ces deux ordres de juridiction. Ils ont par ailleurs relevé que la gestion de ce contentieux avait bénéficié de la clarté relative des dispositions de l'article 29 (nouveau) du décret-loi n° 2011-35, prévoyant des procédures contentieuses simplifiées, telles que le caractère non obligatoire du ministère d'avocat, ou encore la possibilité de procéder à la notification des recours par tout moyen laissant une trace écrite. Lesdits observateurs ont relevé que

[84] Par exemple, l'extension des exclusions relatives aux candidats au-delà des membres de la liste, ainsi que par l'imposition d'une condition de résidence non explicite dans le décret-loi.

malgré les délais de recours très courts, le nombre limité des rejets pour inobservation des délais montre que les requérants ont réussi à surmonter cette contrainte. Ils ont également signalé que la brièveté des délais de jugement n'a pas particulièrement affecté la gestion de ce contentieux. Cependant ils se sont permis de faire deux recommandations relatives à la question des délais :

- L'adoption de délais (de recours et de jugement) similaires dans la législation future semble raisonnable ; cependant la définition de ces délais devra tenir compte de la complexité des formalités contentieuses à observer.
- À l'instar de ce qui a été décidé pour la notification des décisions en appel (fixation des délais de notification de la décision en appel à deux jours à compter de la date de son prononcé), la future législation devrait fixer un délai de notification des jugements de première instance pour éviter le prolongement de la période d'introduction des requêtes d'appel et permettre ainsi au juge d'appel de mieux gérer les recours intentés devant lui.

Sinon, quelques éléments du cadre juridique mis en place pour les élections du 23 octobre ont fait l'objet des notes internationales et il nous a été recommandé de les réviser pour pallier les difficultés inhérentes à la procédure contentieuse.

- Il a été recommandé que la future loi électorale étende la qualité pour agir à des personnes autres que les têtes de listes ou leurs représentants et qui auraient un intérêt réel à agir, telles que les électeurs, les associations et les partis politiques. Dans ce cas, une procédure contentieuse permettant de contourner, voire de verrouiller, les recours abusifs devra être établie.
- Le décret-loi n° 2011-35 ne prévoyait pas de voies de recours contre les décisions d'acceptation des listes candidates ainsi que celles de retrait par la SCIE compétente d'une décision d'acceptation. Il convient de s'interroger sur la possibilité d'élargir le droit de recours à toutes ces décisions dans la législation future, et ce de façon claire et détaillée.

B. Le contentieux des résultats électoraux

En ce qui concerne le litige sur les résultats des élections, qui est lié à l'annulation ou à la validation des résultats, le juge administratif tunisien est la compétence apte à vérifier la véracité, la sincérité, l'authenticité et l'exactitude. À la suite de ce litige, le juge administratif confirme ou annule finalement l'élection. Tant que le délai d'appel reste ouvert ou que le juge ne s'est pas prononcé, les résultats restent préliminaires. L'aboutissement de l'arbitrage du juge est important en ce sens que le résultat de l'élection peut sembler suspendu à son verdict[85]. De plus, contester les résultats n'a pas pour but de pénaliser les non-conformités en tant que telles, mais en revanche les prend en compte là où elles ont un effet réel sur les résultats.

Après avoir vérifié les résultats de cette manière, le juge administratif applique le principe de l'influence décisive. Il semble que ce principe généralement reconnu donne au juge une grande marge de manœuvre. Le fait d'annuler des élections reste choquant étant donné que l'annulation est le signe indicateur d'un échec circonstanciel de la démocratisation et ne peut donc être qu'une condamnation exceptionnelle pour des irrégularités graves et massives.

Le différend sur les résultats des élections du 23 octobre 2011 a été confié à la session plénière du Tribunal administratif. Il est à noter que ce type de différend est nouveau en Tunisie. Compte tenu de l'enjeu de l'élection de l'ANC, une vague d'appels était attendue. Cela peut sérieusement entraver le travail du tribunal administratif et paralyser le processus électoral. Il convient de noter qu'en dépit du grand nombre de listes de candidats et des difficultés à organiser des élections dans un délai très court, le nombre de recours contre les résultats des présélections n'a pas été très élevé. En fait, il n'y a eu que 104 annulations. Cela peut s'expliquer en partie par l'acceptation des résultats préliminaires par divers acteurs politiques, malgré les plaintes qui ont pu surgir.

Quant aux procédures contestées et aux procédures de recours contre les résultats préliminaires, celles visées à l'art. 72 du décret n° 2011-35 du 10 mai 2011 relatif aux élections de l'ANC. Il est à noter que cet article a fait l'objet d'un avenant le 3 août 2011, qui a permis au tribunal compétent de fixer un délai pour résoudre le litige, et surtout de préciser et clarifier la procédure d'un recours spécial qui diffère à plusieurs égards de la procédure judiciaire administrative ordinaire. Dès le départ, l'Assemblée plénière du Tribunal administratif a été l'instance désignée pour régler les différends concernant les résultats des élections de l'ANC. Le choix du législateur visait à instaurer un contrôle judiciaire et non une assemblée. Le choix du tribunal administratif comme institution judiciaire compétente pour connaître des recours contre les résultats des élections

---

[85] J.-C. MASCLET, « Rapport introductif », in *Aspect du contentieux électoral en Afrique*, *op. cit.*, p. 34.

n'était pas un choix aléatoire. Attribuer ce délicat contentieux à un tribunal administratif tient essentiellement à la crédibilité dont il jouit, mais aussi aux parallèles qui peuvent exister entre contentieux électoral et contentieux administratif « ordinaire », qui rendent le juge administratif le plus qualifié pour contrôler la régularité des résultats électoraux. L'Assemblée plénière du pouvoir judiciaire est la formation judiciaire la plus élevée et la plus prestigieuse de la Cour administrative. Accorder au tribunal administratif la pleine compétence du litige sur les résultats des élections a certainement été un facteur décisif dans le choix des exigences procédurales retenues.

Il est à noter que l'attribution d'un litige électoral à un juge administratif n'a pas cessé d'affecter les formalités procédurales appliquées dans le recours contre les résultats des élections. L'Assemblée plénière du tribunal administratif n'a pas été aussi active que devrait être un juge d'élection. Dans ce contexte, les observateurs internationaux ont souligné que la fonction de cette assemblée se limite à arbitrer passivement les recours des parties au différend, tandis que le juge électoral devrait normalement enquêter sur l'affaire et examiner l'existence matérielle de situation atténuante[86].

---

86 CH. GADDES, « Les élections du 23 octobre 2011 ». Disponible sur : https://cutt.ly/vf1pxks.

CHAPITRE II :

La nécessité de recours à l'assistance internationale pour l'organisation des élections de l'Assemblée nationale constituante

Au début de l'année 2011, le gouvernement transitoire de la Tunisie a sollicité des Nations unies de fournir un appui technique et financier au processus électoral. Suite à cette demande, le bureau tunisien du Programme des Nations unies pour le développement (PNUD[1]) en coordination avec la Division de l'assistance électorale du Département des affaires politiques des Nations unies, a créé le projet « Soutien au processus électoral (SPELTU) », qui fournit de l'assistance technique aux autorités nationales responsables de l'administration du processus électoral, un appui aux organisations de la société civile pour les activités de la sensibilisation ainsi qu'un appui pour les femmes candidates.

Depuis avril 2011, le projet apporte un appui à l'organisation des élections de l'ANC, avec en outre une aide technique à l'organe chargé de l'organisation des élections (ISIE). À cet effet, deux mécanismes ont été mis en œuvre, à savoir l'assistance électorale **(Section 1)** et l'observation des élections **(Section 2)**. Le premier vise à contribuer à l'efficacité du processus électoral alors que le second vise à garantir la sincérité, la transparence et la crédibilité du scrutin.

[1] *« Le Programme des Nations unies pour le développement fait partie des programmes et fonds de l'ONU. Son rôle est d'aider les pays en développement en leur fournissant des conseils mais également en plaidant leurs causes pour l'octroi de dons ».* Disponible sur : https://cutt.ly/Tf1pVWO.

Section 1 :
L'assistance électorale onusienne aux élections de l'Assemblée nationale constituante

Dans le processus de démocratisation, il s'avère nécessaire de faire appel à l'assistance électorale[2] aux fins de garantir des élections libres, honnêtes et transparentes. Phénomène récent apparu en 1988, l'assistance électorale s'est largement répandue aujourd'hui jusqu'à devenir un dispositif incontournable à tout processus électoral.

Cette assistance électorale internationale ne représentait nullement une atteinte à la souveraineté de l'État **(Paragraphe 1)** étant donné que cette assistance était purement technique **(Paragraphe 2)**.

Paragraphe 1 : Une assistance électorale dans le respect de la souveraineté nationale

L'assistance électorale de l'ONU en Tunisie visait au renforcement de l'efficacité du principe d'élections libres et honnêtes. Cette assistance, qui couvre différents domaines et revêt diverses formes, est offerte à tout État qui en fait la demande. Donc, il ne s'agit aucunement d'une ingérence démocratique, puisque l'assistance électorale est expressément sollicitée par l'État demandeur, de manière écrite et officielle[3]. En faisant la demande, celui-ci s'engage à accepter l'application des principes, normes et standards démocratiques.

Cette intervention limitée de l'ONU est en réalité le reflet de sa propre personnalité juridique. N'étant pas un sujet originaire de droit international, l'ONU comme toute organisation internationale ne peut avoir que des compétences limites **(A)**. Ces compétences trouvent leur fondement dans la charte de l'ONU **(B)**.

---

[2] L'assistance électorale est l'expression de l'intérêt que la communauté internationale porte à la tenue d'élections libres s'insérant dans le cadre du développement démocratique, notamment le respect des droits de l'Homme et de la primauté du droit. Elle se définit comme une aide technique ou matérielle apportée par les Nations unies ou toute autre organisation intergouvernementale ou non gouvernementale au processus électoral dans les pays en transition démocratique ou en situation post-conflictuelle. Disponible sur : https://cutt.ly/tf1aanJ.

[3] A. FATNASSI, *L'ONU et la démocratie dans les pays émergents*, Mémoire, Faculté de droit et des sciences politiques de Sousse, 2020, p. 54.

A. Une assistance limitée par respect à la souveraineté nationale

Dans l'ordre international, l'État est le seul sujet de droit disposant de la plénitude des compétences en raison de sa souveraineté[4]. Au contraire, les organisations internationales ont des pouvoirs limités.

Les organisations internationales disposent de la personnalité juridique interne qui lui permet de fonctionner. Jusqu'en 1949, ce concept de la personnalité juridique internationale[5] était exclusivement réservé à l'État. C'est au cours de cette année seulement, que l'affaire a été réglée par la Cour internationale de justice grâce à l'avis de Bernadote, où elle accorde la personnalité juridique internationale aux organisations internationales[6]. Sur la base du principe d'effectivité, la Cour conclut que l'Organisation des Nations unies a une personnalité juridique. Cet avis a permis l'adoption de la personnalité juridique internationale de toutes les organisations intergouvernementales.

Toutefois, cette personnalité juridique internationale accordée aux organisations internationales est distincte de celle des États. Étant sujet originaire de droit international, l'État dispose d'une personnalité juridique comprenant toutes les compétences liées à la capacité juridique. En revanche, les organisations internationales, selon le principe de spécialité, ont des compétences limitées en fonction du sujet et des attributions qui leur sont assignés. Seule *« la réalisation de ces objectifs détermine l'étendue de leurs compétences*[7] *»*. Par conséquent, ils ont une personnalité juridique purement fonctionnelle.

Les organisations internationales n'interviennent que lorsque les objectifs de l'action envisagée ne peuvent pas être réalisés de manière suffisante par les États membres et peuvent donc, en raison des dimensions ou des

---

[4] L'État est le seul à être doté de la souveraineté, c'est-à-dire que son pouvoir juridique est initial, inconditionné et suprême. Cela signifie que c'est lui qui fonde l'ordre juridique, c'est-à-dire qu'il élabore ses propres règles d'organisation, normalement inscrites dans une Constitution, dont découlent toutes les autres. Les auteurs allemands disent que l'État a la compétence de ses compétences.

[5] E. DAVID, *Droit des organisations internationales*, Bruyant, Bruxelles, 2016, p. 67.

[6] Réparation des dommages subis aux services des Nations unies, Cour internationale de justice, Avis consultatif du 11 avril 1949, Rec. 1949, p. 178 et s. Suite à la mort de l'un de ses agents, l'Organisation des Nations unies s'est interrogée sur son droit d'engager une action internationale contre l'État pour obtenir réparation. Derrière ce droit d'ester en justice, attribut de toute personne juridique, se cache la question de l'existence de la personnalité juridique internationale de l'ONU.

[7] M. DIEZ DE VELASCO VALLEJO, *Les Organisations internationales*, Economica, Paris, 1999, p. 108.

effets de l'action envisagée, être mieux réalisés au niveau de l'organisation. En somme, toute compétence dont dispose une organisation internationale lui est préalablement attribuée. Mais la réalisation de la mission octroyée peut impliquer l'exercice de compétences qui, sans être expressément conférées, sont indispensables pour la mise en œuvre effective des tâches confiées. En effet, la théorie des pouvoirs implicites, connue du droit des Länder, a été transférée à la théorie des organisations internationales, de sorte que, lorsque les moyens essentiels d'atteindre un but poursuivi ne sont pas expressément prévus dans les statuts de l'organisation, son existence peut être déduite implicitement[8].

S'agissant d'une compétence de souveraineté, l'exercice du pouvoir constituant originaire ne fait pas partie *a priori* des fonctions de l'UNO[9]. Celle-ci peut en revanche bénéficier d'une seule capacité légitime en la matière : apporter une aide, une assistance pour la réalisation par le peuple de son droit à disposer de lui-même ; soutenir les efforts d'un État dans sa volonté de construire un système démocratique.

C'est dans ce cadre que s'inscrit l'action des Nations unies visant à consolider les systèmes démocratiques. Grâce à la mise en œuvre du principe de l'effet utile, l'ONU peut utiliser tous les moyens dont elle dispose pour atteindre cet objectif légitime. Pour y parvenir, l'ONU peut aider à la mise en place du pouvoir constituant si l'État en fait la demande. C'est à cette condition que l'ONU peut offrir une assistance électorale[11].

---

[8] Cette doctrine a été dégagée par la Cour de La Haye dans son avis du 11 avril 1949 sur la *Réparation des dommages subis au service des Nations unies* (*CIJ*, *Rec.* 1949, 174).

[9] La compétence pour une organisation internationale ne relève pas en tant que telle du pouvoir constituant étatique subordonné au concept de souveraineté.

[11] La Charte des Nations unies : « Article 1 : Les buts des Nations unies sont les suivants : 1. Maintenir la paix et la sécurité internationales et à cette fin : prendre des mesures collectives efficaces en vue de prévenir et d'écarter les menaces à la paix et de réprimer tout acte d'agression ou autre rupture de la paix, et réaliser, par des moyens pacifiques, conformément aux principes de la justice et du droit international, l'ajustement ou le règlement de différends ou de situations, de caractère international, susceptibles de mener à une rupture de la paix. 2. Développer entre les nations des relations amicales fondées sur le respect du principe de l'égalité de droits des peuples et de leur droit à disposer d'eux-mêmes, et prendre toutes autres mesures propres à consolider la paix du monde. 3. Réaliser la coopération internationale en résolvant les problèmes internationaux d'ordre économique, social, intellectuel ou humanitaire, en développant et en encourageant le respect des droits de l'homme et des libertés fondamentales pour tous, sans distinctions de race, de sexe, de langue ou de religion. 4. Être un centre où s'harmonisent les efforts des nations vers ces fins communes ».

B. Les fondements juridiques des modalités d'interventions onusiennes

« L'Organisation des Nations unies est fondée sur le principe de l'égalité souveraine de tous ses membres[12] ». D'une part, cette disposition signifie que les relations entre les États membres se caractérisent par une égalité de droit. Ce principe, affirmé dans la Charte, est ainsi devenu l'une des règles fondamentales du droit international. D'autre part, elle exprime la reconnaissance de la souveraineté des États membres par l'ONU.

Cette organisation a élaboré différents textes confirmant ces deux volets de l'interprétation de ce principe cardinal. Chaque État dispose du droit de ne pas subir l'ingérence des autres États dans ses affaires intérieures.

La résolution 2625 de l'Assemblée générale des Nations unies[13] se référant aux principes du droit international qui affectent les relations amicales et la coopération entre les États, du 24 octobre 1970, reprend *« l'importance fondamentale de l'égalité souveraine et souligne que les buts des Nations unies ne peuvent être réalisés que si les États jouissent d'une égalité souveraine et se conforment pleinement aux exigences de ce principe dans leurs relations »*. Elle met aussi en évidence que *« le respect rigoureux de l'obligation de s'abstenir d'intervenir dans les affaires de tout autre État est une condition essentielle à remplir pour que les nations vivent en paix les unes avec les autres »*. La règle dans les relations interétatiques est la non-ingérence en vertu du principe de souveraineté dont jouissent les États. Les relations entre l'Organisation des Nations unies et ses États membres sont caractérisées par l'objectif principal de l'Organisation : la paix et la sécurité internationales.

Cependant, pour y parvenir (la paix), *« aucune disposition de la [...] Charte n'autorise les Nations unies à intervenir dans des affaires qui relèvent essentiellement de la compétence nationale d'un État*[14] ». Il est donc nécessaire de fixer des critères pour la reconnaissance des matières qui relèvent en principe de la compétence nationale.

La souveraineté étant le caractère essentiel de l'État, toute compétence ayant trait à la marque étatique appartient à ce domaine réservé. Bien que celui-ci ait un contenu relatif, l'exercice du pouvoir constituant fait partie des éléments irréductibles de la souveraineté. En effet, depuis l'avis n° 4

---

[12] Article 2-1 de la Charte des Nations unies.

[13] M. DUPUY, *Les Grands Textes de droit international public*, Dalloz, Paris, 2000, p. 32-41.

[14] Article 2-7 de la Charte des Nations unies.

de la Cour permanente de justice internationale du 7 février 1923 relatif aux décrets de nationalité, une règle est définie : l'appartenance d'une matière au domaine exclusif d'un État dépend du développement des rapports internationaux. Or, aucun texte du droit international ne peut permettre d'affirmer que l'exercice du pouvoir constituant originaire a perdu sa nature de compétence relevant essentiellement des États[15].

Bien entendu, depuis l'adoption et l'entrée en vigueur de la Charte des Nations unies, il existe une internationalisation matérielle de la compétence constitutionnelle des États. Toutefois, cette première « atteinte » est encore mineure. Elle ne remet pas en question la compétence des États à adopter leurs propres Constitutions. Elle crée une influence simple et indirecte et n'affecte qu'une partie du contenu des Constitutions nationales, à savoir les droits de l'Homme. Cette influence s'inscrit dans le mouvement pour l'internationalisation des droits de l'Homme[16].Cette internationalisation de la Constitution matérielle n'a pas d'obligations directes et immédiates pour les États. C'est un phénomène volontaire basé sur des conventions. Par conséquent, en adhérant à la Déclaration universelle des droits de l'homme de 1966 ou aux pactes, les États s'engagent à respecter les droits promis. Selon leur conception de la hiérarchie entre les ordres internes et externes, ils peuvent incorporer ou non les droits de l'Homme, tels qu'ils sont développés dans les textes des Nations unies, dans leur norme fondamentale. Dans cette internationalisation matérielle de la Constitution, ni l'autonomie constitutionnelle ni la souveraineté ne sont attaquées. En revanche, lorsque la procédure constitutive considère l'intervention d'acteurs internationaux, il est peut-être approprié de s'interroger sur la légitimité d'une telle ingérence dans les affaires intérieures de l'État.

Étant de plus en plus confrontée à des conflits internes, l'ONU joue un rôle de plus en plus important dans la réalisation de l'objectif du maintien de la paix. La Déclaration universelle des droits de l'homme déclare dans le préambule qu'il est *« essentiel que les droits de l'Homme soient protégés par un régime de droit »*. Ce qui implique que tous les citoyens ont droit à *« [une] égale protection de la loi*[17] *»*, à *« un recours effectif*

---

[15] F. ABDESSLEM, *Le droit international dans les systèmes constitutionnels maghrébins*, Thèse, Université de Tunis El Manar, Faculté de droit et des sciences politiques de Tunis, p. 495.

[16] K. MARTIN-CHENUT, « L'internationalisation des droits de l'homme et le modèle d'intervention à l'égard de l'enfance en conflit avec la loi », *Revue de science criminelle et de droit pénal comparé*, 2012, p. 801.

[17] Article 7 de la Déclaration universelle des droits de l'homme.

devant les juridictions nationales[18] », ainsi qu'à *« prendre part à la direction des affaires publiques de [leur] pays*[19] ».

Pour résumer, cet État de droit doit reposer sur la volonté du peuple. Aussi, le maintien de la paix est-il lié au respect de l'ensemble de ces droits. Par conséquent, l'ONU ne peut disposer d'une compétence de substitution constituante. Son dessein se limite à mise en œuvre effective du droit des peuples à disposer d'eux-mêmes. Ce droit englobe le droit des peuples à déterminer librement leur statut politique, comme le souligne l'article premier du Pacte international relatif aux droits civils et politiques (1966). Pour ce faire, l'ONU présente une aide technique afin de soutenir le processus électoral des pays en transition démocratique.

Paragraphe 2 : Une assistance électorale purement technique

Dès la fin des années 1980, les activités de promotion de la démocratie connaissent un essor exceptionnel sur la scène internationale. Les acteurs les plus divers, publics ou privés, participent à la formulation et à la mise en œuvre de programmes d'aide à la démocratisation, depuis l'assistance électorale au renforcement de la société civile, en passant par la formation de médias indépendants, le soutien aux partis politiques ou bien encore l'éducation civique. Les États et leurs agences de coopération pour le développement côtoient les organisations internationales et régionales, les réseaux d'organismes électoraux, les ONG, les associations, les bureaux de consultants, les experts individuels, sans oublier les fondations ou bien encore les entreprises privées spécialisées dans la fabrication et la livraison du matériel nécessaire aux élections (bulletins de vote, urnes, ordinateurs, encres indélébiles, cartes d'électeurs, manuels pour la formation des électeurs, etc.).

Dans ce cadre, il sera question de faire la lumière sur le soutien apporté par l'ONU aux élections du 23 octobre 2011. Ce soutien vise essentiellement à faciliter la passation pacifique du pouvoir **(A)** sans pour autant représenter une sorte d'ingérence étant donné qu'il est purement technique **(B)**.

---

[18] Article 8 de la Déclaration universelle des droits de l'homme.

[19] Article 21-3 de la Déclaration universelle des droits de l'homme.

A. Une assistance visant à permettre la passation pacifique du pouvoir

Le premier article de la Charte des Nations unies stipule que l'un des principaux objectifs des Nations unies est le maintien de la paix. Pour ce faire, des élections en toute transparence sont l'une des premières étapes fondamentales d'une transition démocratique visant à renforcer l'État de droit. Les efforts de paix de l'ONU soutiennent les processus électoraux de diverses manières, notamment en matière de sécurité, de conseils techniques et d'aide logistique[20].

Les Nations unies ont fourni, au fil des ans, une assistance technique aux autorités nationales responsables des élections[21], de la surveillance et de l'observation des élections, ainsi que de l'organisation et de la supervision des élections. Dans l'ensemble, les Nations unies jouent une fonction de soutien en soutenant les administrations électorales nationales.

Fondée sur le respect du droit international et des normes internationales applicables, l'assistance électorale des Nations unies est régie par un certain nombre de principes, notamment la souveraineté nationale, l'objectivité, l'impartialité et la neutralité. Elle contribue à accroître la confiance du public dans l'administration électorale et le processus lui-même, en soulignant que les élections ne sont qu'une partie de processus politiques plus larges et plus inclusifs. Dans de nombreux cas, l'aide de l'ONU a également aidé les États membres à créer un environnement propice qui a permis des élections pacifiques et crédibles, notamment grâce aux bons offices facilitant le dialogue politique entre les acteurs nationaux, souvent en coopération avec des organisations régionales ou d'autres entités, et même pour accroître la transparence dans la conduite de l'assistance électorale. Fournie dans une perspective à long terme qui insiste sur la mise en place d'institutions et de processus nationaux durables et crédibles et qui vise à ce que l'assistance électorale future soit entièrement administrée par l'État demandeur, l'assistance des Nations unies facilite et favorise la compréhension, par les autorités électorales aussi bien que par toutes les autres parties prenantes, de la nature plus générale de l'assistance électorale, y compris de toutes leurs composantes et phases, les rapports entre les questions politiques, sociales

---

[20] M. BENCHIEKH, *Droit international public*, Casbah Éditions, p. 747.

[21] Directive 11 mai 2012, « Principes et types de l'assistance électorale de l'Organisation des Nations unies », p. 11.

et économiques, le rôle de toutes les parties prenantes et les considérations et objectifs tant à court qu'à long terme.

Le Département de l'assistance électorale (AED) a été créé en 1992 pour assurer, sur le terrain, la cohérence et la convergence nécessaires de l'assistance électorale fournie par le système des Nations unies. Le Département s'efforce d'assurer la cohérence des activités liées à l'examen des demandes d'assistance électorale des États membres d'utiliser l'expérience acquise pour créer une mémoire institutionnelle ; de maintenir une base de données d'experts internationaux capables de fournir une assistance technique ; d'entretenir des contacts et développer des alliances avec les organisations régionales et autres organes intergouvernementaux pour établir des arrangements de travail appropriés avec eux, et enfin assurer avec la diligence requise la coordination et le traitement des demandes d'assistance électorale et les acheminer au bureau compétent ou au programme approprié. Parmi ces programmes, on trouve le Programme des Nations unies pour le développement (PNUD), qui fournit une assistance stratégique tout au long du cycle électoral, de la conception d'un processus efficace à la résolution des conflits électoraux après les élections[22]. C'est dans le cadre de ce programme que la Tunisie a bénéficié de l'assistance électorale de l'ONU, dont l'aspect est purement technique.

B. La portée de l'assistance onusienne

En Tunisie, une assistance technique a eu lieu avant le vote aux élections de l'ANC. Son objectif était de contribuer à la rationalisation du processus électoral, éliminant ainsi la fraude et la manipulation. C'est de loin la forme d'assistance électorale la plus souhaitée et la plus utilisée, principalement en raison de listes électorales obsolètes ou imparfaites et du manque de médias indépendants. En conséquence, l'assistance technique est généralement liée à l'amélioration du système d'établissement de listes électorales fiables, à la formation technique du personnel administratif et au renforcement de ses capacités. Il convient d'ajouter que l'utilisation de nouvelles technologies modernes de

[22] Pour la tenue des élections du 23 octobre 2011, la Tunisie a demandé cette forme d'assistance électorale du PNUD. Le bureau de PNUD en Tunisie en coordination avec la division de l'assistance électorale du Département des affaires politiques des Nations unies a créé le projet *« Soutien au processus électoral en Tunisie »*. Il a pour but de fournir une assistance technique aux autorités nationales responsables de l'administration du processus électoral (l'instance supérieure indépendante pour les élections).

l'information et de la communication est un avantage supplémentaire dans ce domaine.

L'assistance électorale comprend plusieurs types d'activités généralement appelées « avantages sociaux[23] » ou encore « Bénéfices collatéraux[24] ». En Tunisie, les domaines assurés par l'assistance électorale concernaient notamment : le développement électoral, l'organisation matérielle des élections, l'éducation civique des électeurs, l'acquisition de matériel et la formation des agents électoraux pour organiser des élections. De plus, cette aide, qui s'inscrit dans les stratégies nationales qui légitiment l'intervention des Nations unies, reste cependant entièrement extérieure.

En se basant sur ces stratégies, les Nations unies ont lancé en 2011 le Projet d'assistance électorale tunisienne « Appui au processus électoral en Tunisie » (SPELTU). À la demande du gouvernement de transition tunisien, suite au soulèvement populaire, le SPELTU s'est concentré sur les événements électoraux et a fourni aux autorités nationales une assistance technique et opérationnelle pour l'organisation du processus électoral de 2011. Le PNUD, par l'intermédiaire du SPELTU, a apporté son soutien :

– aux partenaires nationaux dans l'évaluation des besoins, la planification et l'organisation des élections ;

– au développement durable des capacités nationales, en leur fournissant également une perspective comparative internationale ;

– à la réforme du cadre juridique électoral afin de permettre la tenue d'élections crédibles, transparentes et inclusives ;

– à la fourniture de biens et services en cas de besoin et au renforcement des capacités des parties prenantes.

L'aide aux élections suit une procédure spécifique : elle consiste principalement en une demande écrite adressée au sous-secrétaire général aux affaires politiques par le gouvernement de l'État requérant au moins trois mois avant la date prévue pour les élections. Cette demande est ensuite envoyée au Département de l'assistance électorale, qui est chargé de consulter son bureau régional compétent et le représentant permanent compétent du PNUD pour déterminer si la situation pré-électorale dans le pays demandeur répond aux critères préétablis. Enfin, en cas de doute, le

---

[23] D. RECONDO, « L'ONU, artisan du processus électoral », *Critique internationale*, 2004, pp. 159-176.

[24] *Ibid.*

Département de l'assistance électorale peut commander une évaluation approfondie, en coopération avec le PNUD.

Tout au long des années, le Département de l'appui aux élections des Nations unies est devenu l'épine dorsale des activités d'appui aux élections à l'ONU[25]. Il s'attache de plus en plus à *« à assurer un contrôle centralisé et cohérent de la qualité de ses projets d'assistance considérés dans leur intégralité quel que soit l'agent d'exécution [...] ; à renforcer les capacités et à adapter l'assistance à l'environnement politique et électoral des pays*[26] *»*.

Désormais, le programme des Nations unies participe à un vaste programme d'activités d'appui électoral destiné à soutenir les gouvernements dans leurs efforts pour établir et renforcer des processus électoraux démocratiques. Ainsi, depuis 1989, les Nations unies dénombrent plus de quatre cent trente formulations de demandes d'aide électorale venant des États membres et ont répondu favorablement pour l'assistance électorale de plus de 100 pays. Ces derniers demandent souvent de l'aide et des conseils sur les questions juridiques, techniques et administratives liées à l'organisation et à la tenue d'élections démocratiques.

Cette aide électorale dont la Tunisie a pu bénéficier n'est autre qu'un des deux aspects de l'aide internationale, le deuxième aspect est connu sous le nom d'observation électorale.

Section 2 :
Le contrôle international des élections : l'observation électorale

On ne peut parler d'élections nationales sans observation internationale. L'observation électorale peut se définir comme étant *« la collecte systématique, exacte et exhaustive d'informations relatives à la législation, aux institutions et aux mécanismes régissant la tenue d'élections et aux facteurs relatifs au processus électoral général ;*

---

[25] En effet, depuis la création du Groupe de l'assistance électorale de l'ONU qui est devenu opérationnel le 1er avril 1992, jusqu'à mai 1993, l'ONU a fourni une assistance électorale à 31 États membres sur leur demande : 24 d'Afrique, 2 d'Asie, 1 d'Europe orientale et 4 d'Amérique latine. Cf. Doc. ONU, Communiqué de presse GA/491 du 5 mai 1993, « Activités d'assistance électorale du système des Nations unies ».

[26] Assemblée générale des Nations unies, Rapport du secrétaire général A/56/150, *« Renforcement de l'efficacité du principe d'élections périodiques et honnêtes »*, 19 octobre 2001, p. 3.

l'analyse professionnelle et impartiale de ces informations et l'élaboration de conclusions concernant la nature du mécanisme électoral répondant aux plus hautes exigences d'exactitude de l'information et d'impartialité de l'analyse[27] *».*

L'observation des élections internationales est donc au cœur du droit international moderne, qui vise à asseoir la légitimité du pouvoir politique de l'État. De ce fait, l'observation internationale des élections du 23 octobre 2011 illustre l'intérêt constant de la Communauté internationale pour la Tunisie en transition démocratique. Ainsi, l'observation électorale de 2011 s'inscrit dans la standardisation institutionnelle progressive **(Paragraphe 1)**. Toutefois cette standardisation reste relative, tout au moins dans certains pays, y compris la Tunisie **(Paragraphe 2)**.

Paragraphe 1 : Une standardisation institutionnelle de l'observation électorale

L'institutionnalisation de l'observation électorale internationale s'est peu à peu mise en place par la *« routinisation »* des pratiques d'une diversité d'acteurs de stature internationale 1979. En effet, les observations électorales internationales sont largement acceptées dans le monde.

Elles sont menées par des organisations internationales intergouvernementales et non gouvernementales chargées d'évaluer avec impartialité et précision les processus électoraux dans l'intérêt de la population du pays où l'élection a lieu et dans celui de la Communauté internationale. Le but principal de l'observation est de vérifier si l'élection a atteint, ou non, les standards *minima* internationalement reconnus comme faisant partie d'un processus électoral démocratique, il convient d'identifier d'abord ses caractéristiques générales **(A)** avant de faire état de son déroulement **(B)**.

A. Les caractéristiques générales de l'observation électorale

L'observation électorale a été mise en place pour éviter un retour à la parodie électorale que connaissent certains pays en développement.

---

[27] R. MEHDI, *La Contribution des Nations unies à la démocratisation de l'État*, Dixièmes rencontres internationales d'Aix-en-Provence, Pedone, 2003, p. 244.

Depuis les années 1990, l'observation électorale internationale est devenue une sorte de mode passagère, un rituel, une véritable politique publique internationale[28].

Suite à l'année 2011, la Tunisie a clairement démontré qu'elle rejette catégoriquement la dictature et l'autocratie sous toutes ses formes, et a réaffirmé solennellement sa détermination à construire l'État de droit et une démocratie pluraliste dans laquelle les droits de l'Homme fondamentaux et les libertés publiques sont garantis et promus. Les conditions préalables au développement véritable et harmonieux de chaque citoyen dans ses dimensions temporelle, culturelle et spirituelle. Cet élan démocratique a rencontré des avis favorables et une nette curiosité au niveau international[29]. De cette manière, à la volonté claire d'élections libres et transparentes exigées par les Tunisiens, les pays démocratiques répondent par une volonté de relancer une démocratie libérale pluraliste conduisant à des élections libres. En outre, certains pays occidentaux ont soutenu ce mouvement avec un bonus démocratique, en envoyant des observateurs sur le terrain pour apporter un soutien technique et matériel. Par conséquent, leur objectif consistait à vouloir observer le déroulement des élections libres et ainsi témoigner de l'opération électorale.

En bénéficiant de cette aide, la Tunisie entend, d'un côté, démontrer son attachement à la démocratisation avec sérieux et responsabilité et, d'un autre côté, assurer la présence d'observateurs internationaux pour assurer la transparence des élections[30].

Pour que la surveillance internationale soit efficace, elle doit présenter plusieurs caractéristiques : elle devrait servir de témoin neutre exprimant l'intérêt et le soutien de la communauté internationale au processus de démocratisation ; renforcer la confiance des citoyens dans le processus électoral ; identifier et mettre à jour les fraudes et irrégularités susceptibles d'affecter le déroulement des élections ; évaluer la légitimité du processus électoral et ses résultats ; renforcer l'importance du processus électoral ; insister sur le respect des droits fondamentaux, conformément au droit

---

[28] Le réseau du savoir électoral, *« Intégrité électorale »*. Disponible sur : https://cutt.ly/uf1foPm.

[29] E. GOBE, L. CHOUIKHA, « La Tunisie de la Constitution aux élections : La fin de la transition politique ? », Dossier : Pratique du droit et propriétés au Maghreb, 2015, p. 265.

[30] I. BAHRI, « Les élections en Tunisie et les observateurs étrangers », Kapitalis, mis en ligne le 27 mai 2011. Consulté le 12 mai 2020. Disponible sur : https://cutt.ly/kf1fs0H.

international ; mener une évaluation officielle et publique des élections et présenter des propositions pour améliorer le processus électoral ; encourager les concurrents politiques à accepter des résultats crédibles du processus électoral.

De plus, les différentes fonctions que les observateurs exercent pendant le processus électoral influencent des aspects sensibles de la vie politique. Dans le respect de la diversité culturelle, il existe un certain nombre de standards communs sur lesquels reposent essentiellement les missions d'observation électorales à la fois des acteurs intergouvernementaux et non gouvernementaux. Par conséquent, ces missions ont principalement concentré leur attention sur les circonstances suivantes pour évaluer la nature propre et libre du processus électoral : système électoral adéquat et impartial ; des règles et procédures adéquates pour garantir une préparation adéquate des listes électorales ; des règles justes et adéquates pour l'inscription des candidats ; liberté de mobiliser les forces politiques ; liberté de réunion et de propagande ; libre accès aux médias et aux informations ; l'impartialité des autorités politiques ; non-utilisation des biens et des ressources de l'État ; aucune pression, intimidation ou achat de voix significatifs ; l'égalité dans le financement public des partis politiques ; vote libre et secret ; le respect des résultats ; autonomie et indépendance du corps électoral ; sécurité à toutes les étapes de la procédure électorale[31].

Au-delà de ces standards, principes et paramètres auxquels doit obéir toute opération d'observation électorale, il importe de voir comment se déroulent et s'organisent concrètement les missions des observateurs électoraux internationaux.

B. Le déroulement de l'observation électorale

L'observation électorale internationale a un objectif général : « *Évaluer les processus électoraux conformément aux principes internationaux qui gouvernent les élections honnêtes et démocratiques et au système juridique du pays où elles se déroulent*[32] ». Les élections étant essentiellement de la compétence exclusive des États, le consentement d'un pays donné est nécessaire pour accueillir des observateurs étrangers

---

[31] M.-G. VARGAS, « L'observation électorale, instrument de consolidation de la démocratie en droit international. La démocratie dans le système interaméricain », in *Liberté des élections*, *op. cit.*, pp. 133-146.

[32] Déclaration de principes relative à l'observation internationale d'élections de 2005 (Préambule, § 4 *in fine*).

spécialisés dans le domaine des élections et des droits de l'Homme en général. En d'autres termes, l'observation des élections dépend d'une part de la décision souveraine des États et d'autre part des organisations intergouvernementales ou non gouvernementales ou des institutions spécialisées. Sans ce double accord, les observateurs internationaux ne peuvent pas aller sur le terrain[33]. Bien entendu, c'est le gouvernement qui invite de sa propre initiative les observateurs étrangers. Il représente donc le premier maillon de la chaîne de décision. Dans le cas de la Tunisie, il faut également souligner que le gouvernement en place ou l'opposition peut demander une mission d'observation.

À côté de ce dispositif juridique encadrant et organisant l'observation internationale, il y a l'organisation matérielle de cette dernière qui échoit presque exclusivement à l'organisation intergouvernementale ou à l'ONG invitée ou sollicitée la mission. Signalons que la prise en charge des observateurs par le gouvernement risque de porter atteinte à l'indépendance de l'institution, qui bénéficierait de la faveur des autorités locales, et donc à la crédibilité de la mission d'observation. Cependant, certains gouvernements mettent parfois des transports à la disposition des observateurs[34].

De plus, dans la mise en œuvre d'une mission d'observation, il est important de faire la distinction entre une mission préparatoire, dite mission d'exploration, et une véritable mission d'observation. Effectivement, conformément à la pratique actuelle et constante des différents observateurs électoraux, il est impératif de consulter la législation nationale pertinente (loi électorale et codes électoraux) avant d'accepter une mission. L'opération d'observation doit porter, *in fine*, sur l'ensemble du processus électoral, c'est-à-dire de l'enregistrement sur les listes électorales au découpage des circonscriptions, de la campagne électorale au scrutin proprement dit et de son dépouillement à la proclamation des résultats[35]. En d'autres termes, il ne s'agit pas seulement d'un contrôle global du processus électoral, mais aussi d'un contrôle

---

[33] L'article 19 de la Charte africaine de la démocratie, des élections et la gouvernance de 2007 prévoit à cet effet : *« L'État partie informe la Commission des élections prévues et l'invite à lui envoyer une mission d'observation des élections. 2. L'État partie garantit la sécurité de la mission, le libre accès à l'information, la non-ingérence dans ses activités, la libre circulation ainsi que sa pleine coopération à la mission d'observation des élections ».*

[34] M. GLELE-AHANHANZO, *op. cit.*, pp. 222-223.

[35] P. CORNILLON, « Droits et responsabilités des observateurs électoraux », in *Liberté des élections..., op. cit.*, p. 233.

approfondi qui mobilise un nombre important d'observateurs désignés pour consacrer leur expérience et leur professionnalisme au service de la mission de l'observation[36].

En fin de compte, la présence d'observateurs internationaux peut aider à prévenir la fraude électorale par la menace cachée d'un rapport négatif. L'évaluation de la mission contribuera à légitimer ou, à l'inverse, à condamner le processus électoral, c'est-à-dire la mesure dans laquelle les électeurs étaient libres d'exprimer leur volonté politique. En évoquant les élections de l'ANC, différents rapports de diverses organisations internationales ont contribué à légitimer l'ensemble du processus électoral et, par conséquent, les institutions issues de ces élections.

Ainsi il convient de s'interroger sur la portée, voire l'influence de l'observation internationale sur le processus électoral.

Paragraphe 2 : La pertinence relative de l'observation électorale

D'après l'ex-secrétaire général de l'ONU, Kofi ANNAN[37], *« la présence d'observateurs internationaux à des élections, à l'invitation d'États souverains, peut faire toute la différence en ce sens qu'elle permet d'assurer que les élections fassent réellement avancer le processus démocratique. Leur seule présence peut dissuader de mauvaise conduite, assurer la transparence et inspirer la confiance dans ce processus »*. À l'évidence, l'observation internationale des élections est une action utile qui participe manifestement au processus de démocratisation **(A)**. Toutefois, en raison des difficultés au niveau de la mise en œuvre et/ou de suivi des recommandations, l'observation internationale perd une partie de son efficacité **(B)**.

A. Une utilité certaine

Le principal objectif des missions d'observation électorale est de démontrer le soutien de la communauté internationale à la démocratie par sa présence, ses activités et ses relations. La mission soutient publiquement une procédure électorale équitable et une véritable contribution des populations à des élections libres, ainsi qu'aux aboutissements politiques et sociaux importants[38].

---

36 *Ibid.*, p. 237.

37 Kofi ANNAN, Huitième secrétaire général des Nations unies de 1997-2006.

38 Assemblée nationale, « Les missions d'observation électorale ». Disponible sur : https://cutt.ly/8f1fMLY.

Le fait qu'il y ait des observateurs internationaux peut donc soutenir les efforts des dirigeants politiques, des associations et des citoyens dans le cheminement de plus en plus difficile vers la pratique démocratique. En conséquence, chaque mission d'observation électorale délivre un rapport résumant les résultats. D'abord, ce rapport d'observation s'apparente à un communiqué de presse émis par chaque mission unilatéralement ou en collaboration avec d'autres organisations sur le terrain. Puis, il fournit une description finale de la façon dont le vote s'est déroulé et tire les conclusions qui permettent d'évaluer si les élections sont conformes ou non aux normes nationales et internationales.

De toute évidence, l'observation décourage d'éventuelles fraudes ou manipulations et constitue donc un outil utile pour aider à consolider des institutions et des modes d'action plus démocratiques[39]. Pour assurer l'intégrité des élections, l'observation internationale doit s'occuper de l'ensemble du processus électoral et non d'un aspect comme par exemple le vote ou le dépouillement des voix[40].

Pour que les objectifs d'observation soient crédibles et réalisables, plusieurs conditions doivent être remplies[41] :

- Une durée suffisante : les missions d'observation doivent être suffisamment longues pour organiser et observer la période pré-électorale (comme l'inscription des candidats et, si possible, l'inscription des électeurs) et les phases suivantes (analyse, consolidation des résultats et résolution des conflits majeurs, le cas échéant).

- Des ressources adéquates : pour être efficaces, les missions nécessitent un nombre suffisant d'observateurs qualifiés et des moyens adéquats (communication, transports, traducteurs) pour bien remplir leurs fonctions.

- Des observateurs qualifiés : les observateurs doivent être qualifiés et correctement formés.

- Avoir une couverture complète : les observateurs doivent observer le processus électoral aussi étroitement que possible pour pouvoir faire une évaluation fiable.

Les objectifs de l'observation des élections varient en fonction des rôles et des intérêts des parties concernées, qu'il s'agisse de partis politiques, de groupes non partisans, de la société civile ou

[39] M.-G. VARGAS, *op. cit.*, p. 145.
[40] *Ibid.*, p. 155
[41] Rapport du secrétaire général, « Assistance électorale des Nations unies ». Disponible sur : https://cutt.ly/nf1gyUV.

d'organisations internationales. Il y a cependant un dénominateur commun dans les efforts d'observation : assurer la transparence du processus électoral qui est une caractéristique essentielle, inscrite dans les valeurs internationales, et fait partie intégrante de l'organisation pratique des élections dans les pays démocratiques[1].

Même si l'utilité et l'importance de l'observation internationale ne font plus de doute au vu des succès constatés au fil du temps, il faut néanmoins noter qu'elles présentent des inconvénients qui mettent au moins en doute son efficacité.

B. Une efficacité douteuse

L'observation électorale internationale est-elle une intervention symbolique, inutile et inefficace, ou aide-t-elle réellement à favoriser le processus de la transition démocratique ? Des populations mal préparées seraient-elles obligées d'adopter un rituel démocratique mal compris et mal utilisé ? Ces questions soulevées par Yves Beigbeder[2], qui sont légitimes, semblent désormais d'actualité compte tenu de la forte polémique qui surgit autour des interventions internationales d'observation électorale, notamment dans les pays qui passent par une transition démocratique.

La multiplicité des mécanismes de *soft law* dans le domaine des élections semble justifiée par un décalage qu'est la résistance de la souveraineté étatique[3]. Si les États s'engagent massivement dans cette voie, c'est parce qu'ils y trouvent leur compte : le *soft law* ayant pour avantage de ne revêtir qu'une normative relative[4]. En conséquence, en cas de non-respect de ses dispositions, aucune sanction légale ne peut être prononcée ou appliquée. Bien entendu, les élections politiques sont un domaine particulièrement sensible qui touche au principe de souveraineté

---

[1] S. JONATHAN, « Finalités de l'observation des élections dans le vote électronique », *Le Genre humain*, 2011/2 (n° 51), p. 75-89. Disponible sur : https://cutt.ly/Mf1gQlG.

[2] Y. BEIGBEDER, *Le Contrôle international des élections*, *op. cit.*, p. 165.

[3] I. DUPLESSIS, « Le vertige et la soft law, Réactions doctrines en droit international », *RQDI*, Hors-série, 2007, pp. 245-268, notamment p. 250.

[4] En effet, les instruments de *soft law*, bien qu'étant de puissants moyens de pressions politiques qui impactent les politiques de leurs auteurs, ne font pas partie du bloc de légalité internationale comme les traités qui lient les États parties. Pis, ces instruments de *soft law* relatifs aux élections démocratiques, dénués de toute force obligatoire, ne peuvent être considérés comme porteurs de véritables règles de droit et donc susceptibles d'être sanctionnés.

et dans lequel le droit international est généralement imprécis et, surtout, non contraignant[5].

Le caractère purement déclaratoire des rapports d'observation des missions soulève des questions quant à la suite de ses données. De plus, la tenue de certaines élections dans des conditions jugées irrégulières et frauduleuses, malgré la présence d'observateurs internationaux, nuit à la crédibilité de l'observation internationale. Cela explique que les observations électorales ne rassurent plus certains électeurs, ainsi que certains partis politiques, aussi observons-nous un nombre croissant d'appels au boycott de l'observation électorale.

Par ailleurs, l'observateur international est également dans l'incapacité communicationnelle avec les électeurs à cause de la langue qui l'empêche de se faire sa propre opinion non manipulée juste sur le bon déroulement du jeu électoral. Il faut également noter que la marge d'action de l'observateur international est très limitée et de plus, les ressources dont il dispose varient d'une action à l'autre. Par conséquent, ces difficultés inhérentes à la mise en place des actions internationales d'observation électorale peuvent soulever des doutes quant à leur légitimité à publier des conclusions générales sur l'ensemble du processus électoral, or ils n'ont pas assisté à tout le processus.

D'un point de vue organisationnel, une autre limite se présente, elle est notamment liée à la pratique des actions internationales d'observation des élections et à la nécessité d'être invité par le pays hôte. Effectivement, il est nécessaire de respecter le principe de non-ingérence. À cette fin, les observateurs internationaux doivent être accrédités par les autorités et les organismes nationaux en charge des élections.

L'accréditation des observateurs internationaux est une question sensible[6]. Le pays hôte détient une autorité sur le travail des observateurs électoraux internationaux dans la mesure où la liberté de mener une action est subordonnée à la bonne volonté du pays hôte. Par conséquent, il serait légitime de remettre en cause le rôle joué par le pays hôte dans les activités d'observation des élections craignant le discrédit des gouvernements du pays hôte.

Certaines missions d'observation sont contraintes de ne pas rappeler, dans leur rapport final, les difficultés rencontrées lors de l'observation des élections, et ce, pour ne pas offenser les autorités nationales, qui ont le

---

[5] J. CRAWFORD, « Deuxième Rapport sur la responsabilité des États », Doc. ONU, 17 mars 1999, p. 57.
[6] Voir le site : http://aceproject.org/.

droit de contrôler la publication de ces élections. Ce droit de regard[7] ne peut que soulever des doutes sur la légitimité des missions internationales d'observation électorale[8].

De plus, la question du financement soulève aussi des doutes sur la légitimité des missions internationales d'observation électorale. Ces missions sont généralement menées par plusieurs organisations internationales, intergouvernementales ou non gouvernementales dotées de capacités financières. En conséquence, il y aurait une certaine hégémonie de certaines organisations internationales qui semblent monopoliser le déploiement de missions internationales d'observation électorale. À ce niveau d'analyse, il serait intéressant de signaler que l'internationalisation de l'observation électorale est assez paradoxale car s'il est vrai que ses missions d'observation, menées et dirigées par des organisations internationales aux ressources financières conséquentes, pourraient garantir un scrutin libre et transparent, leur conduite en revanche par un cercle restreint d'acteurs n'est pas un gage d'indépendance et d'impartialité[9]. De plus, toutes les carences des missions internationales d'observation électorale semblent confirmer ce que de nombreux observateurs électoraux ont ressenti vers la fin de leur mission, *« la frustration et même l'inquiétude devant les résultats d'une mission qu'ils ont pourtant accomplie en leur âme et conscience, du mieux qu'ils ont pu, s'ils ont bien fait leur travail et si en réalité ils n'ont pas participé à un jeu dont les décisions étaient pipées d'avance*[10] *»*.

---

[7] En effet, *« les observateurs s'engagent à faire toujours parvenir aux autorités nationales chargées de veiller à la régulation des élections et à se prononcer sur cette régularité, toute observation, tout document, tout rapport qu'ils auront établi dans l'exercice de leur mission. Les observateurs ont le droit de rendre publics sur le territoire national les rapports d'ensemble, ainsi que, en cas d'urgence, toute observation pertinente sur les élections prises en considération, après les avoir communiquées au préalable aux autorités nationales compétentes qui ont toujours la faculté d'y répondre »*. Cf. K. VASAK, « Réflexion sur l'observation internationale des élections », Document PDF, avril 2000, p. 1.

[8] M. CROCHETET, *La sociogenèse de l'observation électorale internationale : Le rôle des missions d'observation électorale internationale dans la promotion de la démocratie*, Mémoire de recherche, sous la direction de G. TANGUY, IEP Toulouse, 2013, pp. 71-75.

[9] Mathieu FAU-NOUGARET, « L'observation internationale non gouvernementale des élections », in *Démocratie et élections dans l'espace francophone*, *op. cit.*, pp. 625-637.

[10] K. VASAK, « Étude d'introduction », in *Liberté des élections et observation internationale des élections*, *op. cit.*, p. 67.

Ce n'est un secret pour personne que la Tunisie a connu une fièvre électorale du fait de la transition démocratique. Seules les élections peuvent garantir la légitimité du pouvoir. Ainsi, à la lumière du processus d'internationalisation, les élections, auparavant réglementées uniquement par le droit interne des États, se soumettent progressivement au droit international et doivent se conformer à l'ensemble de normes démocratiques que sont la liberté et l'équité, la périodicité, la régularité, l'honnêteté et la transparence. Par ailleurs, la participation grandissante de la communauté internationale aux processus électoraux nationaux à travers l'assistance et l'observation électorales ne fait que refléter l'internationalisation des opérations électorales et confirme, en outre, la convergence constitutionnelle en termes de légitimité démocratique.

TITRE II :

La légitimité consensuelle, pierre angulaire de la réconciliation nationale

L'élément phare du changement vers la démocratie consiste en l'exploitation du potentiel des acteurs à conclure des accords modérés qui donneraient à chaque partie impliquée ne serait-ce qu'une partie de ce qu'elle veut[1]. Malgré le fait que la Constitution tunisienne ait été adoptée à une écrasante majorité, l'ANC n'a pas pu garder le droit exclusif de rédiger le texte de la Constitution, et ce, en raison du « consensus » qui a pu s'instaurer entre les différents acteurs influant de la vie politique tunisienne. De plus, le texte de la Constitution est le résultat d'une osmose sans précédent, de concessions mutuelles entre puissances et forces opposées. Cela dit, cette entente des acteurs politiques sur des nouvelles règles constitutionnelles s'avérait être fondamentale pour la réussite de la transformation démocratique.

À la base de la transition démocratique, ce consensus s'appuie sur un esprit d'unification nationale. Étant le fruit d'une phase transitoire, la légitimité consensuelle serait prise dans sa dimension objective pour rendre compte du résultat obtenu. Ainsi que dans sa dimension subjective pour faire état de *« l'inclination des parties à s'entendre entre elles »*.

Le consensus pourrait s'avérer être une phase essentielle dans une période de transition, souvent caractérisée par une instabilité politique. En Tunisie, les partis politiques ont été convaincus de la nécessité d'arriver à un accord mutuel et d'avoir une approche consensuelle. Ce processus, qui ne fait franchement pas partie de l'histoire politique de

[1] M. BRATTON, N. VAN DE WALLE, *Democratic Experiment in Africa. Regimes Transitions in Comparative Perspective*, Cambridge, Cambridge University Press, 1997, p. 25.

la Tunisie, a été un mot clé dans le processus constitutionnel. Compte tenu de son importance, il serait intéressant de faire la lumière sur la naissance de ce consensus **(Chapitre I)** puis sur ses moyens **(Chapitre II)**.

CHAPITRE I :

La naissance du consensus tunisien

La démocratie consensuelle initiée par des conférences nationales ou des pactes nationaux soutenus par les appels à la « *réconciliation nationale* » a jeté les fondements d'un constitutionnalisme adapté sans doute au modèle occidental[1], mais qui reste spécifique à la Tunisie. Vu son impotence, le consensus a donné son nom à la Constitution du 27 janvier 2014, décrite comme étant une Constitution consensuelle (Dostour tawâfuqi[2]).

Dans une atmosphère, au sein de l'ANC, marquée par une dichotomie entre les différents clivages politiques, ce mécanisme est devenu un acte de compromis pour l'adoption de la Constitution **(Section 1)**. L'obligation de recourir au consensus est devenue de plus en plus impérative en raison de la contrainte faite par la Constitution du 16 décembre 2011[3], d'adopter la Constitution à la majorité des 2/3 des membres de l'ANC. Il était presque impossible d'atteindre cette majorité qu'avec un consensus très large **(Section 2)**.

---

[1] Y. BEN ACHOUR, *Tunisie, une révolution au pays de l'Islam*, Édition CERES2014, pp. 220-221.

[2] À vrai dire, le concept de tawafuk avait été utilisé dans le décret-loi n° 06 18 février 2011, jort, 2011, n 13, p. 200, l'article 04 : « l'instance prend ses décisions par consensus, tawafuk, et à défaut par vote à la majorité ».

[3] C'est la Constitution provisoire.

Section 1 :
Les conditions entourant la naissance du processus consensuel tunisien

Le changement du régime politique a ouvert la voie à une liberté d'expression totale qui était sur le point de mettre à mal la stabilité menacée. L'arrivée au pouvoir du parti Ennahdha avait attisé les clivages idéologiques créant ainsi une atmosphère marquée par la dégradation de la situation sécuritaire.

Composée du parti Ennahdha et de deux autres partis alliés, la Troïka[4], au pouvoir, a été considérée comme responsable d'une telle situation. Ce gouvernement composé de la Troïka se trouvait ainsi affronté à deux défis : d'une part, il devait faire face à la dégradation de la situation sécuritaire qui allait de mal en pis **(Paragraphe 1)** et, d'autre part, il devait également trouver des compromis acceptables par tous pour surmonter les affrontements idéologiques qui empêchaient l'achèvement, dans un délai raisonnable, de la rédaction de la nouvelle Constitution **(Paragraphe 2)**.

Paragraphe 1 : La dégradation de la situation sécuritaire

L'année 2013 a sonné le début de manifestations contre la puissance de la Troïka face aux difficultés politiques, institutionnelles[5], sécuritaires et socio-économiques que traversait le pays. De telles conditions représentaient une véritable trébuche de l'élan islamiste que représentait le parti Ennahdha, composante principale du gouvernement **(A)**. Les difficultés rencontrées par ce parti n'ont pas manqué d'influer sur la Troïka, qui s'est trouvée ainsi obligée de changer de stratégie afin d'apaiser la situation **(B)**.

A. **La trébuche de l'élan islamiste**

Sous l'égide de la Troïka, le gouvernement se voit reprochée sa mauvaise performance économique : on peut citer à ce titre la croissance du PIB qui se résumait à -2 % ; quant au taux de chômage, il a continué

---

[4] C'est le gouvernement de coalition tunisien, dirigé par Hamadi Jebali puis Ali Larayedh et rassemblant trois partis politiques représentés à l'Assemblée constituante, qui était conçu afin de former une majorité stable.

[5] Des institutions ont été mises en place par la coalition de la Troïka tout après l'élection de l'Assemblée nationale constituante (ANC), le 23 octobre 2011.

d'augmenter pour atteindre 17,4 %, ce qui n'a pas été flatteur pour le gouvernement, qui avait promis de créer des centaines de milliers d'emplois. D'après les statistiques, ce gouvernement n'a fait qu'enfoncer le pays dans une inflation grandissante[6].

Quant à la situation sécuritaire, après le limogeage de presque tous les directeurs des différents services du ministère de l'Intérieur, son effondrement est devenu plus qu'évident surtout avec l'émergence des mouvements salafistes[7], dont les factions armées ont mené des actions contre les forces de l'ordre tandis que leurs factions apparemment non armées ont exercé des pressions mais aussi des violences contre divers courants politiques considérés comme laïques.

La situation sécuritaire du pays est arrivée à un tel état de dégradation que certains partisans du parti « Ennahdha » étaient soupçonnés de s'être infiltrés dans les services de sécurité, d'avoir battu des citoyens, de calomnier des opposants politiques, de piller les locaux de certains partis politiques et d'interrompre leurs réunions. Ses actions visaient à bloquer les opposants à la Troïka et à les empêcher d'agir librement sur la scène politique tunisienne. Ce spectacle politique a révélé que le gouvernement de la Troïka a refusé de coopérer avec l'opposition à différents stades de l'élaboration de la Constitution[8]. De ce fait, les courants politiques tunisiens se sont trouvés dans une situation conflictuelle les empêchant de s'asseoir à la même table pour mener à bien la transition démocratique.

Pour pouvoir donner un nouvel élan à la vie politique, le président du gouvernement Hamadi JEBALI[9] a proposé de remanier le gouvernement. Malheureusement, cette initiative a échoué, en raison du refus par le parti « Ennahdha ». S'appuyant sur « la légitimer les urnes », les membres radicaux du parti islamiste ont rejeté catégoriquement le principe du remaniement. En revanche, les membres modérés du parti, à leur tête Hamadi JEBALI, étaient pour un tel remaniement étant donné qu'ils se plaçaient dans une perspective de dialogue et qu'ils défendaient une

---

[6] Site web la Banque centrale tunisienne ; https://cutt.ly/Rf0oQgk.

[7] Des agressions telles : un assaut contre l'ambassade des États-Unis en septembre, affrontements entre la garde nationale et des groupes armés djihadistes dans le gouvernorat de Kasserine en décembre, etc.

[8] Voir ainsi, F. BOBIN, « En Tunisie, la crise d'identité des islamistes d'Ennahdha », publié le 6 septembre 2019. Consulté le 15 septembre 2020. Disponible sur : https://cutt.ly/Sf0olYC.

[9] Le gouvernement Hamadi Jebali est *« le gouvernement de la Tunisie entre le 24 décembre 2011 et le 13 mars 2013. Il succède à celui de Beji CAID ESSEBSI après l'élection de l'Assemblée constituante du 23 octobre 2011 »*. Wikipédia.

approche consensuelle pour consolider le processus et renforcer les chemins à parcourir[10].

Cette perspective a été approuvée par le parti « Ettakattol », qui a alors opté pour la neutralité des ministères régaliens pour rassurer la société civile, et assurer une plus grande efficacité dans le travail du gouvernement. La position du parti « Ettakattol » s'expliquait par sa volonté de voir s'installer une vraie collaboration, une réelle fluidité et une efficacité accrue au niveau de l'action gouvernementale. Quant au « Parti du Congrès de la République », il a fait la promesse de participer au nouveau gouvernement et de voter en sa faveur lors du vote de confiance devant l'ANC, mais à condition que M. Noureddine Bhiri et M. Rafik Abdessalem, deux membres du parti « Ennahdha », respectivement ministres de la Justice et des Affaires étrangères[11], n'y participent pas. S'agissant du parti « Ennahdha », il a préféré camper sur ces positions refusant ainsi l'idée du consensus et brandissant le drapeau de la légitimité électorale[12].

Au soir de l'assassinat de Chokri BELAÏD, le leader du WATAD, un appel solennel a été lancé au peuple tunisien pour qu'il crée un cabinet neutre de pouvoirs nationaux. Ce cabinet agirait au nom de l'État et assurerait avant tout sa pérennité jusqu'aux élections suivantes. Hamadi JEBALI défend cet appel et insiste pour unir le peuple et mettre fin au harcèlement des mouvements de contestations, tels que les grèves générales de l'UGTT et autres.

L'entêtement du parti « Ennahdha » s'est calmé après l'assassinat de Chokri BELAÏD, qui s'était opposé au parti « Ennahdha » avec grand acharnement. Ces événements ont brusquement bouleversé les rapports de force sur la scène politique. Le parti Ennahdha a été donc contraint de changer d'avis par rapport à ses positions de départ et d'accepter de se rétracter quant à sa position d'élu et de laisser plus de place au consensus et au compromis.

Du point de vue de l'opposition, le parti « Ennahdha » cherchait simplement, en cette période d'instabilité et d'incertitude, à maintenir son pouvoir et à s'enraciner de plus en plus dans les cercles sociaux modestes

---

[10] E. GOBE, L. CHOUIKHA, « La Tunisie politique en 2013 : de la bipolarisation idéologique au "consensus constitutionnel" ? », *L'Année du Maghreb*, 2014, p. 55.

[11] Le CPR leur reprochait d'être incompétents, et à l'origine de plusieurs déclarations mal appropriées.

[12] E. GOBE, L. CHOUIKHA, *Histoire de la Tunisie depuis l'indépendance*, *op. cit.*, p. 67.

pour marquer des points parmi les classes moyennes et populaires en vue de gagner des voix lors des élections de 2014.

Cette nouvelle position du parti « Ennahdha » n'a pas manqué d'influer sur la composition du gouvernement donnant ainsi un nouveau visage à la Troïka.

B. L'instabilité gouvernementale

Les acteurs politiques et la société civile étaient préoccupés par l'appel du président du gouvernement, et exigeaient un plan précis pour mener le pays vers de nouvelles élections. Cependant, l'idée du président du gouvernement de former un « gouvernement technocrate » a été condamnée par le parti « Ennahdha ». Conscient de la gravité de la situation, ce parti a appelé à une manifestation d'un million de personnes afin d'affirmer sa présence et faire comprendre aux autres forces politiques qu'il était impossible de redessiner l'échiquier politique sans composer avec lui[13].

C'est dans ce cadre que d'autres acteurs politiques ont exprimé des divergences dans leurs positions. Le parti Ettakatol soutient la formation d'un gouvernement technocrate, tandis que le CPR ainsi que les deux blocs, au sein de l'ANC « Wafa », et « Liberté et Dignité », ont rejeté l'idée mais ont exigé le remaniement du gouvernement en place. À son tour, l'« Union pour la Tunisie » a rejoint le « Front populaire », qui rejette catégoriquement l'initiative du gouvernement appelant à un sommet du « salut national[14] ».

Sans le soutien du parti « Ennahdha », la tentative de Hamadi JEBALI a échoué, et celui-ci, assumant ses responsabilités, a décidé de se retirer. M. Ali LAARAYADH[15], qui était alors ministre de l'Intérieur, a été nommé président du nouveau gouvernement. Les concertations entre les partis de la Troïka visant à mettre en place le nouveau gouvernement ont réussi à amener le parti « Ennahdha » à accepter de neutraliser les ministères régaliens, y compris celui de l'Intérieur, ce qui a obligé le bloc parlementaire Wafa de déserter le camp[16].

---

[13] M. MARZOUKI, *L'Invention d'une démocratie. Les leçons de l'expérience tunisienne*, Paris, La Découverte, 2013, p. 55.

[14] E. GOBE, L. CHOUIKHA, *La Tunisie politique en 2013 : de la bipolarisation idéologique au « consensus constitutionnel » ?*, *op. cit.*, p. 82.

[15] Membre dirigeant au sein du parti Ennahdha.

[16] *Business News*, « Tunisie ? Un nouveau trio de grands partis face à la Troïka », mis en ligne le 9 février 2012, consulté le 20 janvier 2020. Disponible sur : https://cutt.ly/Ph8L69O.

Cependant, les conséquences de ces consultations ont été largement insatisfaisantes pour les autres forces politiques. Certains comptaient sur la formation d'un gouvernement technocrate, tandis que d'autres voulaient que le nouveau gouvernement s'ouvre à d'autres partis politiques.

Dans le cadre des mêmes consultations, les partis au pouvoir ont signé le 8 mars 2013 le pacte « Troïka bis » qui définit les priorités du nouveau gouvernement[17] :

– tenir les élections avant la fin de 2013 ;

– garantir le caractère civil de l'État, la neutralité de l'administration, la sécurité républicaine, l'indépendance du pouvoir judiciaire et la neutralité des lieux de culte, pour les tenir à l'écart de la propagande politique biaisée ;

– protéger les droits des femmes ;

– renforcer les avantages sociaux et l'égalité des sexes ;

– Ce pacte indique le *modus operandi* et les responsabilités du gouvernement, qui aura pour tâche de *« créer un Comité permanent de coordination entre les membres de la coalition pour se concerter régulièrement sur les politiques publiques concernant le travail gouvernemental, l'activité de l'ANC et celle de la présidence de la République ; à garantir la neutralité de l'administration et de l'éloigner des dissensions politiques ; de prévoir un mécanisme de participation effective concernant les nominations aux hautes fonctions dans les administrations centrale et régionale*[18] *»*.

Enfin, le 11 mars 2013, le gouvernement d'Ali LAARAYADH voit le jour. Ce nouveau gouvernement comprend des personnalités indépendantes notamment à la tête des ministères régaliens. Le gouvernement d'Ali LAARAYADH s'est très vite avéré incapable de faire une transition sans heurts, dans un contexte conflictuel marqué par des tensions non seulement avec les autres partis politiques mais aussi avec l'UGTT.

Toute cette atmosphère n'était pas propice à l'avancement des travaux de l'ANC qui se sont trouvés entravés par des conflits idéologiques qui primaient sous la coupole du Bardo.

---

[17] E. GOBE, L. CHOUIKHA, *La Tunisie politique en 2013 : de la bipolarisation idéologique au « consensus constitutionnel » ?*, *op. cit.*, p. 88.

[18] E. GOBE, L. CHOUIKHA, *La Tunisie politique en 2013 : de la bipolarisation idéologique au « consensus constitutionnel » ?*, *op. cit.*, p. 89.

Paragraphe 2 : L'enjeu idéologique des débats constitutionnels

De la même façon que régnait une grande conflictualité idéologique, en dehors de l'ANC, à l'intérieur de celle-ci la situation n'était guère différente. La question de la nature même de l'État était au centre de ces conflits idéologiques **(A)**. Ceux-ci opposaient essentiellement le parti « Ennahdha » aux autres partis politiques y compris les deux autres composantes de la « Troïka ». Cette atmosphère s'est montrée favorable à la montée en puissance des groupes extrémistes, et à la poursuite des assassinats politiques. Tout cela a mis le parti Ennahdha dans un malaise plus que gênant, l'obligeant à faire des concessions allant jusqu'à renoncer à la présidence du gouvernement **(B)**.

A. Des conflits idéologiques portant sur la nature même de l'État

Ce type de conflit fait a fortement marqué les différents projets de Constitution, notamment le troisième[19], qui annonce que les droits de l'Homme doivent respecter les spécificités culturelles du peuple tunisien et se fonder sur des constantes islamiques. Voyant que ce projet ne respecte pas l'universalité des droits de l'Homme, les partis laïques, y compris ceux qui sont au pouvoir, s'y sont opposés vigoureusement.

Ce troisième projet ne se limite plus à l'organisation du pouvoir politique, il tente en plus d'adapter ces pouvoirs publics au contexte de valeurs qu'il défend, et de donner une forme spécifique à la société tunisienne. Face à cette situation, les partis opposés au projet ainsi que la société civile se sont impliqués dans la lutte pour les droits de l'Homme. Le mois de mai 2013 marque le moment décisif où ces différents acteurs ont débuté leurs actions pour exprimer leur rejet du troisième projet de Constitution.

Dans ce cadre, une discussion ouverte a été lancée sur le sujet. Une table ronde a été organisée avec des professeurs de droit public pour évaluer objectivement le troisième projet de la Constitution[20]. Dans l'opinion publique, le troisième projet de la Constitution a été critiqué

---

[19] Publié le 22 avril 2013.

[20] Sadok BELAID a gardé l'article premier. Yadh BEN ACHOUR, Fadhel MOUSSA, et Slim LAGHMANI avaient proposé de le remettre en question et de modifier. L'Association tunisienne de droit constitutionnel, présidée par Farhat HORCHANI, a joué un rôle important dans cette remise en cause : elle a été la première à proposer de remplacer l'article premier par deux articles, un premier article consacré aux questions d'ordre culturel et un second article qui aborde les enjeux normatifs et juridiques.

pour avoir restreint les droits de l'Homme et avoir été mué sur la question de la liberté de conscience. Réfutant ces critiques, les membres du parti « Ennahdha » au sein de l'ANC considèrent, au contraire, ce projet comme étant respectueux de l'identité culturelle islamique du peuple tunisien[21].

Les forces opposantes n'ont cessé leurs pressions qu'après avoir réussi à modifier ce projet. Ainsi l'expression des *« constances de l'islam »* a été remplacée par celle des *« enseignements de l'islam »*, une expression empruntée de l'ancienne Constitution du 1er juin 1959[22]. Quant à l'expression de la *« spécificité culturelle du peuple tunisien »*, elle a été carrément supprimée.

Alors même que le troisième projet est tombé à l'eau, les défenseurs des droits et libertés civils et politiques ont persisté dans leur combat pour que le quatrième projet ne soit pas une copie déguisée du troisième projet[23]. Citons à titre d'exemple l'échange violent qui a eu lieu autour de l'article 141 du quatrième projet qui a repris mais sous d'autres formules l'essentiel des idées exprimées dans le troisième projet. Dans le même ordre d'idée, le professeur Sadok Belaid s'est exprimé en ces termes : *« On ne connaît pas [la] teneur du [concept] même si la manière dont l'article [141] est formulé constitue peut-être un élément de définition. Pour bien comprendre ce que signifie l'État civil, il faut le contextualiser, se souvenir de ce qui se passait à l'extérieur de l'Assemblée quand on a commencé à parler de cette notion. À cette époque, on opposait l'État civil à l'État militaire, ce qui était une opposition assez grossière. Aujourd'hui, on comprend que l'inscription de l'État civil dans la Constitution s'oppose à l'État religieux. Cela signifie que l'État est distinct de la religion, c'est l'État démocratique, l'État laïque, l'État non islamiste, et non religieux. Ce point nous a même renvoyés à l'idée de citoyenneté civile. La question de la citoyenneté [a partie] liée avec l'article premier et ses ramifications, c'est une idée extrêmement importante, à laquelle il faut attribuer une place bien définie dans la Constitution. J'en avais fait un chapitre dans mon projet de Constitution, mais malheureusement, le texte définitif adopté par l'Assemblée ne consacre pas de chapitre ou de*

---

[21] E. GOBE, L. CHOUIKHA, *La Tunisie politique en 2013 : de la bipolarisation idéologique au « consensus constitutionnel » ?*, *op. cit.*, p. 88.

[22] S. LAGHMANI, « Entre État laïque et État confessionnel un statut intermédiaire est-il pensable ? », in *Mélanges* Habib Ayadi, CPU, Tunis, 2000, pp. 625-634.

[23] M. CAMAU, « Religion politique et religion d'État en Tunisie », in *Islam et politique au Maghreb*, Table ronde du CRESM, Aix, juin 1979 éditions, du Centre national de la recherche scientifique, Paris, 1981, p. 221.

passage identifiable à cette question qui est traitée dans le préambule. Je regrette que les constituants n'aient pas davantage prêté attention à cette notion et j'imagine que c'est pour cela que le comportement des Tunisiens a été peu civil, peu citoyen [...] c'est peut-être une lacune de la Constitution ». Se rejoignant à l'idée exprimée par le professeur Sadok BELAID, Amine MAHFOUDH a signalé que même en reprenant la notion d'État civil, le quatrième projet ne résout pas la problématique de la nature même de l'État[24].

Cette question et bien d'autres n'ont pas pu être résolues en raison des différends persistant au sein de l'ANC, et ce, en dépit de toutes les initiatives de rapprochement sous quelque forme que ce soit de médiation qui ont finalement abouti à des échecs répétés[25].

B. Des conflits idéologiques menant à la confiscation du pouvoir gouvernemental

Le meurtre de Mohamed BRAHMI a été l'assassinat de trop, ce jour-là avait une teneur symbolique étant le 56e anniversaire de la proclamation de la République. Censé être une journée de fête, il devient une journée de crise. Le Front populaire se servira de la perte, à la suite d'un meurtre politique, d'un autre de ses dirigeants pour inciter explicitement à la désobéissance civile et pour rappeler à la fin du pouvoir des institutions temporaires[26] afin de les remplacer par un gouvernement de Salut national.

Suite au meurtre de Brahmi, il y a eu un effondrement complet de la confiance entre la majorité et l'opposition, ce qui a nécessité un autre cadre d'échange, plus profond et plus sérieux. Cet assassinat a été un tournant. Il *« ne s'agissait plus, déclare Néjib Chebbi, de trouver avec eux [Troïka] un mécanisme politique, mais de demander leur départ du gouvernement et la mise sur pied de gouvernement indépendant »*. La majorité des Tunisiens ne faisaient plus confiance au gouvernement dirigé par la Troïka qui, selon eux, avait perdu sa légitimité électorale. *« L'assassinat de Belaid était le point de départ de la rupture de confiance*

---

[24] R. BEN ACHOUR, « La Constitution tunisienne du 27 janvier 2014 », *Revue française de droit constitutionnel*, 2014, p. 783.

[25] E. GOBE, L. CHOUIKHA, *La Tunisie politique en 2013 : de la bipolarisation idéologique au « consensus constitutionnel » ?*, *op. cit.*, p. 67.

[26] T. BEN BRIKE, « Contre la confiscation du pouvoir par un triumvirat », mis en ligne le 15 janvier 2011. Consulté le 15 septembre 2019. Disponible sur : https://cutt.ly/hgCkqYb.

entre Troïka et l'opposition, l'assassinat de Brahmi en est son point culminant », a déclaré le professeur Yadh Ben Achour.

Contrairement à Belaid, Mohamed Brahmi avait le statut de député, et par conséquent, les implications semblaient plus importantes car les meurtres pouvaient désormais atteindre des responsables qui devraient bénéficier de protection. De cette manière, les députés ont jugé qu'il n'était plus tolérable de travailler dans ce cadre dangereux car il s'est avéré que leur vie était en danger. C'est dans ce contexte qu'une soixantaine de députés, dont certains appartenaient au CPR et à Ettakatol, ont décidé de se réunir devant le siège de l'ANC pour forcer le gouvernement à présenter sa démission. Ce sit-in a été nommé « Ittissam Errahil[27] ». Ce groupe de députés déclare le gel de leur participation à l'ANC. Mustapha ben Jaâfer a donc été contraint de suspendre les travaux en cours. En outre, cette crise a affecté les relations entre les différents partis de la Troïka, ce qui a incité le parti « Ennahdha » à appeler au dialogue. Le président de la République, lui aussi, attire l'attention sur la gravité de la situation, et appelle au dialogue. Au-delà de ces appels, les manifestations généralisées contre la Troïka se sont tellement développées au point de faire craindre qu'un gouffre de violence et de terrorisme ne se dégage et que les institutions ne perdent toute autorité[28]. Le regretté Béji CAID ESSEBSI, alors président du parti Nidaa Tounes, a, à son tour, appelé à la dissolution de l'ANC. Cet appel discréditait la légitimité électorale.

Section 2 :
La crise de légitimité

Plusieurs éléments ont mis en évidence la nécessité de remédier au système issu de la légitimité électorale. Celui-ci se caractérisait par des conflits idéologiques, la détérioration de la sécurité et le doute quant à la légitimité des élections du 23 octobre 2011 en raison des insuffisances de la loi électorale[29]. Tout cela a conduit à la contestation de la légitimité

---

[27] M. MHENNI, « La crise de la démocratie représentative », mis en ligne le 30 mars 2019, consulté le 15 septembre 2020. Disponible sur : https://cutt.ly/jf0sPMr.

[28] Signalons toutefois que selon Mme Rym Mahjoub, la crise s'était déclenchée bien avant le meurtre de monsieur Brahmi ; elle date du 1er juin 2013, date à laquelle le quatrième projet de Constitution a été publié. En effet, 40 députés, dont ceux de Afek, ont fait opposition à cette version de la Constitution.

[29] *Le Point*, « En Tunisie. La légitimité électorale est en crise », mis en ligne le 08/08/2013. Consulté le 07/07/2019. Disponible sur https://cutt.ly/8f0s46D.

électorale **(Paragraphe 1)**, une telle contestation menaçait de mettre fin à tout le processus démocratique. Pour sauver ce processus, les figures influentes de la vie politique ont été contraintes de se mettre à la même table à la recherche d'une entente **(Paragraphe 2)**.

Paragraphe 1 : La contestation de la légitimité électorale

Liée à la domination[30], la notion de la légitimité se rapporte à la reconnaissance sociale. Si la légitimité démocratique s'appuie sur des élections libres et transparentes, elle ne l'est pas forcément dans un contexte transitionnel où plusieurs légitimités peuvent coexister **(A)**. La légitimité électorale issue du 23 octobre 2011 s'est montrée incapable de l'emporter sur les autres légitimités concurrentes. Ceci était dû au fait que cette légitimité était douteuse, au moins pour certains **(B)**.

A. La coexistence de diverses légitimités

Le besoin de légitimité des systèmes politiques et des institutions gouvernementales pour garantir la stabilité et donc le bien-être de la population a une place centrale dans le cadre de la sociopolitique. Max WEBER classifie trois cas de légitimité : la légitimité traditionnelle, la légitimité charismatique et la légitimité rationnelle/légale.

La légitimité traditionnelle apparaît, comme cas de figure, dans le cadre d'un régime régi par un monarque traditionnel, ce mode de fonctionnement n'est plus existant en Tunisie à partir de l'abolition du régime beylical en 1957, immédiatement après l'indépendance[31]. La légitimité charismatique qu'on a connue en Tunisie au début du régime établi par Habib BOURGUIBA n'existait certainement plus sous BEN ALI, et la Révolution tunisienne n'a pas été menée par des dirigeants qui pouvaient avoir ce genre de légitimité. Le régime mis en place par BEN ALI était le fruit d'un mélange de légitimité rationnelle/légale et d'autoritarisme basé sur la légitimité de la construction postindépendance de l'État tunisien[32].

---

[30] Développé par Max Weber.

[31] *« Le 25 juillet 1957, l'ANC tunisienne a dans une décision adoptée à l'unanimité de ses membres, déclaré l'abolition du régime monarchique et proclamé la République tunisienne »*, V. SILVER, « Du régime beylical à la République tunisienne », *Politique étrangère*, 1957, p. 598.

[32] Contestation et création de légitimités dans le cadre de la Transition démocratique tunisienne, Jonathan MURPHY. Disponible sur : https://cutt.ly/Lf0dzz1.

Suite aux événements de décembre 2010, la situation du pays s'est caractérisée par une instabilité importante. Depuis le début des premières étapes de la période postrévolutionnaire, la question de la légitimité a été au cœur des débats. Au tout début, ces débats ont porté sur les articles 56/57 de la Constitution de 1959 comme base légale pour combler le vide dans la présidence de la République laissé par le départ de BEN ALI. Suite à cela, le débat prend une autre direction, qui va bien au-delà de ces deux articles, se concentrant sur les mérites de s'appuyer sur la Constitution de 1959 pour organiser les pouvoirs postrévolutionnaires. Ce dernier débat a prouvé que la légitimité des rues dépassait alors le cadre de la Constitution.

La question de la légitimité s'est par ailleurs posée quant à la composition de la commission d'experts de BEN ACHOUR. Pour donner à cette commission un maximum de légitimité, son texte fondateur prévoyait une large structure composée de représentants des partis politiques, des principales organisations de la société civile, des syndicats, des organisations des droits de l'Homme et des principales associations professionnelles.

Toujours à la recherche d'une nouvelle légitimité, il a été décidé d'organiser des élections afin de permettre la mise en place d'une Assemblée nationale constituante qui aura pour mission d'adopter une nouvelle Constitution pour le pays.

Il existe en outre une autre forme de légitimité que Jonathan MURPHY appelle « l'autorité sacrée » et qui découle d'une source spirituelle généralement religieuse[33]. Concernant la Tunisie, en dépit du fait que le parti « Ennahdha » ait été élu par une partie importante d'électeurs pour des raisons religieuses[34], ce parti n'a cependant pas déclaré asseoir son autorité sur une telle légitimité.

Toutes ces légitimités concurrentes auraient été peut-être incapables de rivaliser avec la légitimité électorale si les élections du 23 octobre 2011 étaient irréprochables et si également la majorité issue de ces élections s'était montrée capable de mener à bien l'œuvre constitutionnelle.

---

[33] J. JEGOU, « L'évêque entre autorité sacrée et exercice du pouvoir. L'exemple de Gérard de Cambrai (1012-1051) », *Cahiers de civilisation médiévale*, 2004, p. 55.

[34] Contestation et création de légitimités dans le cadre de la Transition démocratique tunisienne, Jonathan MURPHY. Disponible sur : https://cutt.ly/Lf0dzz1,.

B. Une légitimité électorale constituante douteuse

Suite aux élections de l'ANC, on constate sans équivoque une représentation majoritaire du parti « Ennahdha » qui a dépassé fortement d'autres partis politiques « laïques » qui n'ont pas réussi à construire des coalitions électorales massives capables de l'affronter. Même suite à la victoire aux élections, le parti « Ennahdha » s'est vu dans l'obligation de s'unir avec deux autres partis pour créer un gouvernement, en l'occurrence il y a eu une coalition avec le Congrès pour la République et le parti Ettakatol[35].

Le Congrès pour la République représente un parti mixte. Il se compose de quelques membres islamistes ainsi que des membres laïques connus pour leur belligérance pour un État moderne, laïque et progressiste, et pour la rupture complète de tous les liens entre le pouvoir religieux et l'État. Dans ce parti, la liberté totale d'expression et de croyance est garantie et les membres islamistes sont déclarés. Ce parti était dirigé par Moncef MARZOUKI, notamment célèbre pour être un ardent défenseur des droits de l'Homme. Quant au deuxième parti « Ettakatol » avec lequel « Ennahdha » a composé son gouvernement, il représente le parti social-démocrate dirigé par Mostapha BEN JAAFAR[36]. Contrairement au CPR, ce parti était complètement homogène et essentiellement engagé dans la cause de « l'État laïque ».

Au pouvoir, on retrouvait la « Troïka », une union à l'image du pays, un melting-pot d'idéaux s'est créé pour être capable de gouverner et former une majorité sous la coupole du Bardo. Cette alliance a donné la configuration suivante : Moncef MARZOUKI, en tant que président par intérim, jusqu'à ce que la nouvelle Constitution entre en vigueur ; Hamadi JEBALI, militant historique du mouvement islamiste en tant que président du gouvernement ; Mostapha BEN JAAFAR en tant que président de l'ANC.

Étant donné l'inexpérience de la nouvelle classe politique tunisienne, pour qui tout était encore nouveau, et vu le rejet par cette même classe

---

[35] Tunisie/Kais SAID : « Nous sommes face à une mascarade constitutionnelle », publié le 10 février 2011. Consulté le 15 septembre 2019. Disponible sur : https://cutt.ly/Zf0dVOR.

[36] Vice-président de la Ligue tunisienne des droits de l'homme entre 1986 et 1994, président honoraire de l'Internationale socialiste et membre fondateur du Mouvement des démocrates socialistes (MDS) en 1978.
Médecin de formation, il a milité depuis les années 1970 dans la dynamique politique tunisienne arrivant même de présenter sa candidature aux présidentielles de 2009 contre Zine labidine BEN ALI, cette dernière fut rejetée par le Conseil constitutionnel.

politique de la perspective du comité d'experts, la procédure de rédaction a rencontré de nombreuses complications. En outre, il y avait une méfiance quant à la légitimité des résultats apparus lors des élections et ce à cause des limites susmentionnées. Ces complications ont démontré à quel point la position de l'ANC, qui prétendait pouvoir se passer de l'aide de certains experts, était mal appropriée. Par la suite l'ANC a été obligée de faire appel à plusieurs experts.

Le recours aux experts tunisiens et étrangers, voire à la Commission de Venise, à titre consultatif et médiatique, n'a pas pu remédier à ce manque d'expérience juridique. En outre, la question de la nature même de l'État postrévolutionnaire a déclenché un certain nombre de grandes controverses, voire même certaines crises qui menaçaient de paralyser le processus de l'élaboration de la Constitution.

Compte tenu de l'impossibilité de faire valoir une légitimité par rapport à une autre, à cause du contexte politique très délicat, la solution du passage de la démocratie représentative à la démocratie participative paraissait comme une évidence. En fait, la démocratie participative était plus adéquate au contexte tunisien, car elle représentait un bastion contre l'exclusion, et facilitait la collaboration entre les divers acteurs politiques et sociaux influents[37].

Paragraphe 2 : De la légitimité électorale à la légitimité consensuelle

Pour contester la légitimité électorale, plusieurs arguments ont été avancés. Le premier consistait à dire que la victoire électorale des partis de la Troïka, en particulier celui d'« Ennahdha », n'était pas très reluisante. Le deuxième évoquait le fait que la Constitution devrait être celle de tous les Tunisiens et non pas d'une partie des Tunisiens. Le troisième mettait en avant le dépassement par l'ANC du délai qui lui avait été accordé pour achever la rédaction de la Constitution. L'ensemble de ces arguments n'a pas manqué d'affaiblir la légitimité électorale **(A)**, qui a progressivement cédé sa place à la légitimité consensuelle dont le noyau dur était la légitimité associative **(B)**.

[37] O. LAMLOUM, « Tunisie : quelle transition démocratique ? », in J.-N. Ferrié, J.-C. Santucci. Dispositifs de démocratisation et dispositifs autoritaires en Afrique du Nord, Édition CNRS, 2006, p. 123.

A. Une légitimité électorale affaiblie

Brandissant l'étendard de la légitimité[38], la majorité des membres de l'ANC a rejeté toute intervention publique structurée, arguant que le recours à de telles consultations ne serait rien de plus qu'une « farce », étant donné que le citoyen moyen avait une idée floue de ce que serait une bonne Constitution[39].

Au contraire, certains membres ont été disposés à faire valoir l'intérêt public, et à suivre les pratiques internationales contemporaines relatives au processus constitutionnel. Paradoxalement, l'affaiblissement de la légitimité des élections a renforcé les défenseurs de cette thèse. En conséquence, il a été convenu que les membres de l'ANC créeraient des comités multipartites pour se rendre dans 24 circonscriptions du pays, après la publication du premier projet de la nouvelle Constitution afin d'en discuter avec les citoyens[40]. Dans l'ensemble, les auditions publiques se sont déroulées dans un cadre calme, malgré quelques petites manifestations de groupes salafistes, s'opposant à la prétendue « imposition occidentale » de la démocratie en Tunisie. Ces consultations publiques ont mené à l'échec du premier projet de Constitution.

Les meurtres politiques ont perturbé le processus de transformation et ont incité l'opposition à se focaliser sur le rééquilibrage de la procédure qui, à leur avis, mettait trop l'accent sur les résultats des élections du 23 octobre 2011, excluant ainsi la société civile qui avait occupé une place centrale dans la révolution. Peu à peu, des militants laïques ont commencé à remettre en question la légitimité démocratique de l'ANC, s'appuyant, en partie, sur le fait qu'elle dépassait le délai d'un an initialement prévu, bien qu'il n'ait pas été légalement interrompu.

Confortés par le renversement du gouvernement des Frères musulmans en Égypte, les opposants au parti « Ennahdha » ont commencé à appeler à la dissolution du gouvernement de la Troïka et de l'ANC et à la rédaction d'une Constitution par un comité d'experts. En conséquence, des manifestations régulières et des sit-in devant le siège de l'ANC ont

---

[38] Par légitimation, nous désignons le processus selon lequel des acteurs tentent de faire reconnaître leurs compétences, leurs statuts ou l'influence que leurs structures détiennent dans le champ politique. Ces discours sont en effet un outil de compréhension sur la place qu'occupent aujourd'hui ces deux associations dans la société civile tunisienne.

[39] M. CAMAU, « La disgrâce du chef. Mobilisations populaires arabes et crise du leadership », *Mouvements*, 2011, pp. 22-29.

[40] M. KERROU, « Tunisie : révolution et transition politique ou le conflit des trois légitimités », Disponible sur : https://cutt.ly/FgMdctD.

proliféré[41]. Il semble que cette situation ait été suffisante pour convaincre le président de l'ANC de l'insuffisance de la légitimité électorale. Aussi a-t-il décidé de suspendre les travaux de l'ANC à partir du 6 août pour permettre des pourparlers entre acteurs politiques et sociaux en vue d'un compromis.

Même si les opposants semblent avoir obtenu gain de cause, ils étaient quand même conscients des graves conséquences de l'éventuelle dissolution de l'Assemblée. Ainsi, ils ont opté pour l'ouverture au dialogue politique, ce qui a été accueilli favorablement par le parti « Ennahdha » qui était également conscient des répercussions qui pourraient résulter d'une confrontation directe avec l'opposition. Par conséquent, les divers acteurs politiques ont assoupli leurs positions initiales afin de parvenir à un compromis.

B. Une légitimité associative, noyau dur de la légitimité consensuelle

Une étape décisive dans la procédure constitutionnelle a été franchie grâce à l'apparition du Quartet composé des quatre grandes organisations tunisiennes : l'Union générale des travailleurs tunisiens (UGTT) qui est, d'un point de vue historique, le plus influent de tous les syndicats tunisiens ; l'Union patronale UTICA ; la Ligue tunisienne des droits de l'homme (LTDH) et enfin l'association nationale des barreaux de Tunisie, en l'occurrence l'Ordre national des avocats tunisiens. Ces organisations constituent les piliers les plus importants de la société civile tunisienne. Si ces organisations existaient depuis l'ancien régime et étaient actives, elles n'ont pas pour autant perdu leur influence et ont pu retrouver une certaine légitimité après la révolution[42].

Contrairement aux organisations naissantes de la société civile ayant proliféré après la révolution, dont la base sociale réelle était souvent éphémère, le capital symbolique substantiel de l'UGTT et dans une moindre mesure des autres composantes du Quartet a revêtu une importance encore plus grande face au manque de légitimité des partis politiques observés après la révolution. Sans avoir de légitimité électorale,

---

[41] « Manifestation massive des partisans d'Ennahda », *Nouvel Observateur*, August 4 2013, accessible à l'adresse : https://cutt.ly/ygMdEsp.

[42] H. HADJEARAS, « Un champ associatif tunisien en quête de reconnaissance : entre légitimité historique et légitimité rationnelle », *Science politique*, 2012, p. 7.

le Quartet était pourtant relativement bien placé pour représenter les ambitions de la société tunisienne[43].

Ce pouvoir de représentation s'appuyait sur la légitimité dont bénéficient les institutions d'« ancrage » formant le Quartet. Cette légitimité peut être qualifiée de légitimité associative, laquelle sera comme nous le verrons la base de toute la légitimité consensuelle plus tard.

La légitimité associative a commencé à prendre forme à partir du moment où l'UGTT a revu ses anciennes positions. En effet, l'un des phénomènes les plus marquants a sans doute été la transformation de l'UGTT lors de la crise de 2013, celle-ci étant passée du statut d'organisation accusée d'être « partisane » (ayant organisé des manifestations de rue contre le gouvernement Troïka après l'assassinat de Brahmi) à celui d'intermédiaire entre les acteurs de la scène idéologique[44].

En effet, comme nous l'avons vu précédemment, depuis la révolution, plusieurs attaques physiques ont été enregistrées contre les militants et les locaux de l'UGTT, en grande partie attribuées à la Ligue de protection de la Révolution. Depuis la révolution, les relations entre ce parti et l'UGTT étaient glaciales. Le parti « Ennahdha » avait cherché à écarter l'UGTT de jouer un rôle influant dans la transition. La clé de la transformation de ces rapports a été « la paix signée » entre le dirigeant de l'UGTT, Houcine ABASSI, et le président du parti « Ennahdha », Rachid GHANNOUCHI. Ce rapprochement s'est traduit par la reconnaissance, de chacun, de la légitimité du rôle de l'autre.

Le rôle joué par le Quartet a abouti le 7 octobre 2013 au lancement du *« Dialogue national »*. En plus du Quartet, ce dialogue rassemblait les représentants des partis politiques ayant des députés élus à l'ANC ainsi que des intervenants de la société civile. Toute en étant dénué de capacité juridique, ce dialogue s'est vu rapidement attribuer une légitimité intrinsèque équivalente ou supérieure à celle de l'ANC et du gouvernement. Bien que le *« Dialogue national »* se soit tenu à huis clos, les points de divergence et de discorde ont été immédiatement relayés par les médias. Malgré le nombre considérable de surenchères de la part des

---

[43] Voir Abdelkader ZGHAL, « Le concept de société civile », *Annuaire de l'Afrique du Nord*, vol. 28, 1989, p. 207-228, Abdelkader ZGHAL, A.-Y. Ouederni, « Les enjeux politiques et épistémologiques de la réactivation et de la circulation transsociétale et transculturelle du concept de société civile », Questions from Arab Societies, Hammamet (Tunisie), International Sociological Association, 1997, p. 13-29.

[44] S. BEN ACHOUR, « Société civile en Tunisie », in A. BOZZO, P.-J. LUIZARD (dir.), in *Les Sociétés civiles dans le monde musulman*, Paris, La Découverte, 2011.

participants, le Dialogue s'est avéré être une tribune efficace pour débattre des principaux points de discorde, à savoir l'adoption de la Constitution, le remplacement d'un gouvernement politique par un gouvernement technocrate, et la conclusion d'un accord concernant l'organisation des élections en 2014.

CHAPITRE II :

Les moyens consensuels de gestion de crise

La première intention d'une révolution est d'apporter une nouvelle légitimité qui deviendra par la suite la référence de combat et le refuge pour ses partisans. En produisant des idées, des slogans, des valeurs, la révolution acquiert le statut et le poids d'une source fondamentale de mobilisation politique.

La révolution tunisienne n'était ni une révolution *« idéologique »*, ni une révolution *« partisane »*, ni *« belligérante »*. Ainsi, son message et sa légitimité pouvaient être contestés par différents acteurs ayant accompagné l'événement révolutionnaire. Cette caractéristique a l'avantage d'amoindrir les risques de conflits radicaux de légitimité mais, par contre, augmente les chances de les voir se multiplier entre rivaux, tous candidats pour se couvrir de la légitimité révolutionnaire[1].

N'étant pas marquée par des conflits radicaux de légitimité, la crise postrévolutionnaire en Tunisie pouvait être résolue par la voix du consensus. Le consensus en Tunisie s'est appuyé à la fois sur des moyens institutionnels **(Section 1)** et des moyens non institutionnels **(Section 2)**.

Section 1 :
Les moyens institutionnels

Le processus de transition politique enclenché à partir du 14 janvier 2011 a été marqué par des événements graves et douloureux qui risquaient d'entraîner le pays dans le tourbillon infernal de la violence[2].

---

[1] TH. TARDY, « Chapitre 1. Introduction à la gestion de crise », *Gestion de crise, maintien et consolidation de la paix*, 2009, p. 15.

[2] R. CHENNOUFI, *Tunisie post-révolutionnaire, Conflits politiques et démocratie*, Collection Les Chemins de la dignité, NIRVANA, p. 80.

Toutefois, ces risques ont été éliminés, et ce, pour diverses raisons. Tout d'abord, l'Administration tunisienne a su garder ses distances par rapport à tous les antagonistes, ce qui lui a permis de ne pas être la cible de ces derniers. Grâce à sa neutralité, l'Administration a su assurer la continuité de l'État tunisien, en dépit du fait que certains l'accusaient d'avoir été au service de l'ancien régime.

La survie de l'Administration tunisienne à l'alternance politique a permis d'assurer la continuité du service public, ce qui a joué un rôle décisif dans l'apaisement des tensions et a représenté un facteur déterminant de paix sociale **(Paragraphe 1)**. Sans cette paix, les institutions post-2011 n'auraient pas pu jouer le rôle de fédérateur et auraient échoué dans leurs missions **(Paragraphe 2)**.

Paragraphe 1 : La survie de l'Administration tunisienne à l'alternance politique : facteur de paix sociale

Sans nul doute, grâce à l'efficacité et à la neutralité de l'Administration tunisienne, l'État tunisien a pu survivre. Ceci ne devrait pas pour autant laisser croire que « Administration » est synonyme d'État. Cela dit, l'Administration est une composante essentielle de l'État, elle en est même un élément définitoire **(A)**. Si l'on prend en considération la conception classique, qui considère l'Administration comme un simple outil d'exécution au service de l'exécutif, il devient légitime de minimiser le rôle joué par l'Administration tunisienne dans la transition politique. Pour affirmer le contraire, il est nécessaire de démontrer que les frontières entre « Administration » et « Politique » ne sont pas imperméables, et que la prétendue dichotomie entre les deux perd de plus en plus de sa rigidité, notamment dans les périodes transitoires **(B)**.

A. L'Administration : élément définitoire de l'État

En se reportant à l'Histoire, on constate que l'État a toujours occupé une place spécifique en tant qu'axe de la construction institutionnelle et outil d'exercice du pouvoir politique. L'État représente, entre autres, une réalité historique et une structure théorique[1], ce qui justifie la complexité

[1] Techniquement, pour qu'un État puisse exister, il faut qu'il y ait une population donnée, sur un territoire défini, représentée par des instances politiques effectives, c'est-à-dire exerçant une autorité souveraine sur le territoire et capables d'entrer en contact avec d'autres États. Un État existe à partir du moment où il est reconnu par d'autres États, dans un rapport d'égalité entre les États (article 2 de la Charte de l'ONU de 1945).

de le définir de manière exhaustive et englobante. Carré DE MALBERG le définit, dans son ouvrage *Contributions à la théorie générale de l'État*, comme étant une *« communauté d'hommes, fixée sur un territoire propre et possédant une organisation, d'où résulte pour le groupe envisagé dans ses rapports avec ses membres une puissance suprême d'action, de commandement et de coercition*[2] *»*.
Ainsi, il insiste sur le double sens du concept d'État, qui n'est autre qu'un moyen d'organisation sociale ayant un territoire défini et possédant un ensemble d'institutions caractérisé par un monopole de production de la règle de droit et de l'emploi de la force publique[3].

L'État recouvre l'ensemble des personnes publiques et est, par conséquent, synonyme de puissance publique. Selon le doyen Guillaume PROTIÈRE, l'autorité publique a un triple sens : *« du point de vue abstrait, elle est la qualité du pouvoir exercé par l'administration et traduit dans la notion de prérogatives de puissance publique, en ce sens, elle participe d'une théorie de l'autorité, c'est-à-dire à une certaine conception des rapports entre le pouvoir et la société. Du point de vue concret organique, elle recouvre l'ensemble des autorités administratives, aussi bien étatiques que territoriales*[4] *»*.

Plusieurs théories ont tenté d'expliquer le phénomène de la naissance de l'État. L'une des plus célèbres est celle du contrat social. Selon cette théorie, toute forme de vie sans État correspond à l'état-nature, qui présuppose des conflits et des guerres en permanence, la guerre de tous contre tous, ce qui a amené la société à chercher un moyen lui permettant de passer de l'état-nature à la société civile, autrement dit l'État, dans lequel chacun est libre en obéissant à la loi de tous[5]. Conformément à ce contrat, l'individu renonce à une partie de ses libertés pour favoriser l'instauration d'une entité dotée d'une souveraineté propre à assurer la

---

[2] *« D'après lui, en tant que personne juridique, l'État est une formation résultant de ce qu'une collectivité nationale et territoriale d'individus se trouve, soit dans le présent, soit au cours du temps, ramenée par le fait de son organisation à l'unité. Cette unité repose, non pas sur une association entre les individus, mais sur l'organisation étatique elle-même, celle-ci ayant pour effet d'englober et de fondre tous les éléments individuels dont se compose la nation en un corps national unifié »*. R. CARRE DE MALBERG, *Contribution à la théorie générale de l'État*, Paris, Dalloz, 2003, p. 7.

[3] E. MAULIN, *La Théorie de l'État de Carré de Malberg*, Léviathan, PUF, Paris, 2003, p. 159-344.

[4] G. PROTIERE, « Délocalisation et puissance publique », *Les Délocalisations*, Lyon, France, 2013, p. 9.

[5] E. TUCHSCHERER, « Le Léviathan dans la doctrine de l'État de Thomas Hobbes : sens et échec du décisionnisme politique », Astérion, Éditions ENS, Paris, 2004, p. 4-12.

stabilité et la paix. Selon cette théorie, le peuple est lié par un contrat à partir duquel l'individu renonce à ses droits naturels pour accéder à l'État qui doit faire l'équilibre entre liberté et égalité[6].

Pour tenter de définir ce qu'est l'État, Ibn KHALDOUN considère que celui-ci est une entité vivante qui a sa propre nature, c'est une institution naturelle et nécessaire, de même qu'une unité politique et sociale ; la civilisation ne pourrait se construire sans État. Selon Max WEBER, l'État est une entité politique qui peut user légitimement de la violence dans un cadre géographique donné et sur une population bien définie. Dans son œuvre intitulée *Les Concepts fondamentaux de la sociologie*, Max WEBER écrit qu'il entend par État *« une entreprise politique de caractère institutionnel lorsque et tant que sa direction administrative revendique avec succès, dans l'application des règlements, le monopole de la contrainte physique légitime »*. WEBER ajoute que si les forces de l'ordre n'utilisaient pas certaines formes de violence pour faire respecter les lois, la société tomberait dans l'anarchie. La police et l'armée ont donc le droit de recourir à la violence, si cela peut empêcher les citoyens de se faire du mal entre eux[7].

De ce qui précède, il ressort que l'État est l'antithèse du chaos. C'est un outil organisationnel visant à gérer les affaires d'une communauté de personnes et ses intérêts. En termes juridiques, c'est une institution exerçant plusieurs autorités et s'appuyant sur trois piliers, à savoir le peuple, le territoire et le pouvoir politique. L'État se distingue par sa continuité ; son existence n'est pas liée au sort des régimes politiques, mais, par contre, elle est liée à l'Administration. Toutefois, malgré le fait qu'elle soit indépendante des régimes politiques, l'Administration est très influencée par le politique.

B. Administration et politique : une dichotomie largement fragilisée dans les périodes transitoires

En 2011, en pleine passation de pouvoirs, la Haute Administration affirme sa mobilisation pour le maintien, la continuité du service public et l'amélioration de son rendement en vue de réussir au mieux la période de transition. Dans un communiqué rendu public, le syndicat national des

[6] J.-J. ROUSSEAU, *Du contrat social*, Chapitres 1.6 ; 2.1, p. 234. Il faut ajouter les livres de Jean LOKE et Hobbes, les livres autour du contrat social.

[7] H. Trivium, 2010, p. 65. TREIBER, « État moderne et bureaucratie moderne chez Max Weber ».

conseillers des services publics[8] s'est inscrit dans une démarche d'appui à la transition, donnant ainsi sa bénédiction à la révolution. Ayant une portée hautement politique, ce comportement de la part de l'Administration nous amène à nous poser la question sur les rapports entre celle-ci et la politique.

La distinction entre *« Administration »* et *« politique »* n'est pas nouvelle ; elle s'est dessinée au fil d'un processus pluriséculaire. L'avènement de monarchies constitutionnelles et la diffusion de théories et pratiques de répartition des pouvoirs incitaient à faire la distinction entre les tâches les plus substantielles liées à la souveraineté, comme la délibération ou la prise de décision, et entre les tâches d'exécution confiées à l'Administration. Celle-ci est en rapport avec les acteurs et les activités liés à l'exécution des décisions politiques ; sa légitimité tient notamment à l'efficacité de la mise en œuvre[9]. La sociologie historique montre que le développement de l'État s'est accompli grâce à la distinction, parmi les agents chargés d'exercer le pouvoir, entre deux filières : l'une politique (les représentants des pouvoirs exécutif et législatif), l'autre administrative (les fonctionnaires). Ces deux filières relèvent de deux mondes différents : *« l'administration se tient en dehors de la sphère propre à la politique [alors que les] questions administratives ne sont pas politiques*[10] *»*. Dans les pays démocratiques, cette dichotomie est plus qu'évidente et ne mérite même pas d'être discutée. En effet, les régimes occidentaux sont, depuis deux siècles, fondés sur cette distinction entre le pouvoir politique représentatif élu et les fonctions d'administration.

La pertinence de cette coupure fondamentale entre le personnel politique, chargé de diriger, et les fonctionnaires, chargés de préparer et d'exécuter loyalement les décisions, sans faire eux-mêmes de politique, pose pourtant problème[11]. Après la Seconde Guerre mondiale, l'essor de « la sociologie des organisations[12] » et l'ouverture de la « science

---

[8] Syndicat indépendant qui regroupe de hautes compétences administratives diplômées du cycle supérieur de l'ENA et exerçant leurs fonctions dans toutes les administrations centrales, régionales et locales.

[9] P. ROSANVALLON, *op. cit.*, p. 143.

[10] Wilson, 1878.

[11] M. WEBER, *Éthique protestante et l'esprit du capitalisme*, Paris, Gallimard, 2004, p. 34.

[12] *« La sociologie des organisations est à la fois ancienne et récente. Elle coïncide d'abord avec la naissance de la sociologie : l'intensification de la division du travail, le processus de spécialisation dans les usines et les organisations bureaucratiques, les*

politique » aux enquêtes empiriques sur le fonctionnement concret de l'Administration ont dévoilé les complicités, derrière la frontière apparente, entre filières politique et administrative.

La critique de la dichotomie entre « Administration » et « politique » a également donné lieu à des catégorisations alternatives. D'après Joel ABERBACH, Robert PUTNAM et Bert ROCKMAN, la dichotomie classique des rapports entre personnels politique et administratif repose sur des présupposés, tels que la simplicité des décisions ou la forte hiérarchie entre les champs politique et administratif qui ne correspondent pas aux caractéristiques effectives des gouvernements modernes[13]. Aux côtés du personnel politique, des fonctionnaires participent directement au gouvernement en prodiguant leurs conseils, en orientant des réformes ou en contribuant à la rédaction de textes juridiques. Fonctionnaires et élus peuvent avoir partie liée dans l'exercice de leurs fonctions, qui requièrent toutes deux une certaine habilité politique, et ils peuvent partager des objectifs et des valeurs au point de former des coalitions contre les interférences extérieures. Comme dans le modèle étatiste de Guy PETERS, *« The Village Life Model »*, ils se présentent alors comme des joueurs différents mais membres de la même équipe[14]. De même, élus et fonctionnaires peuvent partager des formes de compétence, avec le renforcement d'un accès à la politique par la haute administration. Toutefois, certaines politiques publiques engagent des problèmes techniques et renvoient à de réelles capacités administratives sur lesquelles les élus doivent compter. Les travaux récents sur les politiques budgétaires appellent à porter une plus grande attention à l'influence de l'expertise des hauts fonctionnaires. Ceux-ci maîtrisent l'utilisation d'instruments complexes et, dans le cadre de politiques fortement impopulaires, peuvent jouer un rôle primordial en étant moins soumis aux contraintes politiques que les élus. S'il y a, en apparence, obéissance au politique, on peut observer, comme le fait Alexandre SINE, au sujet des

transformations des rapports sociaux et les principes sur lesquels s'appuie la nouvelle société capitaliste industrielle et moderne sont au cœur des observations et des efforts de théorisation d'Émile Durkheim, de Karl Marx et de Max Weber, figures généralement reconnues comme fondatrices de la sociologie ». L. BAGLA, « Introduction », *Sociologie des organisations*, 2003, p. 3.

13 PH. BONGRAND, J. GERVAIS, R. PAYRE, *op. cit.*, p. 13.

14 A. SINÉ, *L'Ordre budgétaire. L'économie politique des dépenses de l'État*, Paris, Economica, Coll. « Études politiques », 2006, p. 405.

directeurs des budgets, une *« interpellation du politique ex ante lorsqu'il contrevient aux objectifs budgétaires*[15] *»*.

En effet, l'évolution historique connaît une convergence des rôles administratifs et politiques : la bureaucratisation du personnel politique et la politisation des bureaucrates illustrent ce brouillage entre les deux univers. La circulation d'individus entre les sphères administrative et politique, phénomène marquant de la fin du XXe siècle, conduit à l'émergence de *« super-bureaucrate »* et de *« pur hybride »* entre les deux groupes[16]. Plus récemment encore, la diffusion du *New Public Management*, et les phénomènes de *« politisation fonctionnelle »* ont favorisé cette instabilité des frontières. Les agents administratifs sont incités à prendre en considération les contraintes propres au champ politique, à anticiper les demandes émanant du personnel politique, à s'investir personnellement dans des projets, et à endosser la responsabilité de leurs décisions dans la conception et la mise en œuvre des politiques publiques. Pour autant, la dichotomie entre Administration et politique perdure, comme l'atteste la vivacité des débats qu'elle suscite dans l'administration publique américaine. Certains auteurs, notamment Dwight WALDO, refondateur de la discipline, réfutent cette hypothèse considérant que les mises en scène relatives à cette dichotomie entre Administration et politique sont aussi claires que leurs critiques sont récurrentes.

Concernant la Tunisie, même si on ne dispose pas de preuves tangibles quant à la complicité entre Administration et politique et quant aux interférences non habituelles entre ces deux mondes, on peut facilement déduire que l'Administration tunisienne a joué un rôle très important dans la transition politique. En dépit de la faiblesse et de l'instabilité de l'ensemble du pouvoir politique, l'État tunisien a pu survivre, et la seule explication rationnelle serait que l'Administration tunisienne a assumé plus que son rôle d'exécution, et ce, en collaborant de très près avec le pouvoir politique pour faire face aux défis de la transition.

Sans le rôle décisif joué par l'Administration tunisienne, qui se souciait peu des frontières entre « Administration » et « politique », les institutions

---

[15] *Ibid.*

[16] G. BROWN HOWARD, « Pouvoir, bureaucratie et élite d'État ; la politique révolutionnaire du contrôle et de l'administration de l'armée, 1791-1799 », *Annales historiques de la Révolution française*, 1996. pp. 119-138.

politiques postrévolutionnaires n'auraient pas pu, peut-être, mener à bien cette transition[17].

Paragraphe 2 : Les institutions post-2011

Après la révolution, il s'est avéré nécessaire de mettre en place une institution capable de regrouper tous les représentants des acteurs influents afin de contribuer à la transition pacifique du pouvoir. Créée sous le nom de la « Haute Instance pour la réalisation des objectifs de la révolution, de la réforme politique et de la transition démocratique », cette institution a été chargée d'assurer l'organisation de l'élection d'une Assemblée nationale constituante. Cette instance éphémère concevait la transition comme le fruit d'un consensus entre les différents acteurs. Elle peut donc être considérée comme étant la première institution consensuelle postrévolutionnaire **(A)**. Après les élections de l'ANC, et l'apparition de la légitimité électorale, on croyait que le temps du consensus était révolu. Or, l'évolution inattendue des événements sur la scène politique tunisienne, et la configuration même de l'ANC ont fait réapparaître, contre toute attente, l'atmosphère consensuelle, mais, cette fois-ci, au sein de l'ANC **(B)**.

A. La Haute Instance pour la réalisation des objectifs de la révolution, première institution consensuelle postrévolutionnaire

La Haute Instance était le résultat de la fusion de la Commission supérieure de la réforme politique et le Conseil national pour la protection

---

[17] Sur l'administration tunisienne voir notamment, A. AOUIJ MRAD, *Droit des services publics*, Tunis, CREA, 1998, Y. BEN ACHOUR, *Droit administratif*, Tunis, CPU, 2000, H. BEN SALAH, *L'Organisation administrative de la Tunisie*, Tunis, CREA, 1993, École nationale d'administration, *Le Droit administratif tunisien*, Tunis, CREA, 1975, G. GHERAIRI, W. BEN KHEMIS, A. BABACHEIKH, *Droit administratif de la concurrence*, Tunis, CREA, 2010, R. JENAIEH, *Droit administratif*, Tunis, CPU, 2004, A. MESTRE, *Les Services publics de l'administration tunisienne*, Tunis, CREA, 1997, A. SEDJARI *Administration, gouvernance et décision publique*, Paris, L'Harmattan, 2004, B. TAKARI, *Introduction à l'étude du droit administratif*, Tunis, ENA, 2001.

de la révolution[18], deux institutions qui avaient vu le jour juste après la révolution[19].

Ces institutions avaient deux visions différentes de la démarche à suivre pour mener à bien la phase de transition : la première avait une préférence pour la révision de la Constitution de 1959, alors que la seconde appelait à l'élection d'une Assemblée constituante. Avec la fusion de ces deux institutions, dont les conceptions sont différentes, le consensus semble s'imposer pour éviter le blocage du processus transitoire. Étant généralement le fruit de la recherche du consentement le plus large, le consensus exige, de par sa nature, la réunion du plus grand nombre de parties, de connaissances et d'informations, et donc la présence d'une multiplicité d'acteurs engagés dans le processus de prise de décision. Cette multiplicité d'acteurs renvoie à l'idée exprimée par HEGEL, selon laquelle : *« si les hommes doivent s'intéresser à une chose, il faut qu'ils puissent y participer activement*[20] ». Il en résulte que le consensus est, à vrai dire, une recherche d'un compromis dans son sens subjectif, c'est-à-dire la volonté ou l'inclinaison des parties à s'entendre entre elles, et non pas dans le sens objectif du compromis, celui du contenu de l'accord.

Suite à l'explosion des libertés dans une société en construction démocratique, après des décennies d'autoritarisme, le consensus s'est imposé comme un impératif en vue d'instaurer les mécanismes transitionnels. C'est pourquoi l'article 5 du décret-loi n° 6 du 18 février 2011 relatif à la Haute Instance prévoyait, dans les termes suivants, le consensus comme procédure de prise de décision : *« les décisions de l'instance sont prises par consensus et à défaut par la majorité. La voix du président est prépondérante en cas de partage des voix »*.

Le consensus a marqué l'ensemble des travaux et décisions prises par la Haute Instance. Toutes les décisions ont été prises par une quasi-

---

[18] Le Conseil regroupait des représentants de la société civile, notamment de l'Union générale tunisienne du travail (syndicat UGTT), l'Ordre des avocats, l'Association des magistrats, le Comité contre la torture, l'Association de lutte contre la torture en Tunisie et une large représentation des partis politiques antagoniques tels que le parti islamiste Ennahdha et le Parti communiste des ouvriers tunisiens.

[19] La première, qui était composée d'un groupe d'experts chargés de réformer la Constitution de 1959, avait un rôle consultatif. Alors que le second qui a un rôle délibératif, plaidant pour la mise en place d'une Assemblée constituante afin d'élaborer une nouvelle Constitution car, selon ses membres, les nouvelles règles constitutives devaient émaner du « peuple révolutionnaire ».

[20] M. LIECKEFETT, « La Haute Instance et les élections en Tunisie : du consensus au “pacte politique” », *Confluences Méditerranée*, 2012, p. 14.

unanimité, au-delà de 90 %. Le consensus au sein de cette Instance a permis d'aller vers l'élection d'une Assemblée nationale constituante avec, comme mode de scrutin, le scrutin proportionnel de liste au plus fort reste, et ce, afin d'assurer une plus grande représentativité[21]. Le consensus a également permis la création de l'Instance supérieure indépendante pour les élections (ISIE[22]).

En résumé, le mérite de la Haute Instance consiste dans le fait qu'elle a su paver la voie pour l'élaboration d'une nouvelle Constitution, grâce à l'élection d'une Assemblée nationale constituante. L'élection de celle-ci devait s'accompagner d'une nouvelle légitimité, à savoir la légitimité électorale, censée normalement rompre avec le consensus. Toutefois, pour diverses raisons, le consensus a pu survivre pour aller s'installer, sous d'autres formes, au sein de l'ANC.

B. L'apparition inattendue du consensus à l'intérieur de l'Assemblée nationale constituante

La composition de l'ANC était caractérisée par la présence de partis opposés, laissant prévoir que ses travaux allaient être marqués par des conflits incontrôlés.

Toutefois, ces tensions prévisibles sont restées dans des limites rationnelles, et c'est dû, en partie, à la présence féminine au sein de l'ANC. Cela ne doit pas étonner outre mesure, car toute politique internationale visant à inclure les femmes dans la vie politique est le résultat d'une ferme conviction que celles-ci peuvent avoir un rôle clé dans la création d'institutions publiques représentatives, dans la transparence et la responsabilisation. La participation des femmes à la vie politique est importante, aux moments de paix comme aux moments de conflit[23]. Citons, à cet égard, que les périodes de changement politique présentent des opportunités uniques pour les femmes, leur accordant la possibilité de dépasser les obstacles[24] et de se frayer un chemin pour

---

[21] Le système de liste à représentation proportionnelle permet à chaque parti politique d'obtenir un nombre de sièges proportionnel au nombre de voix. Le but étant de rendre impossible la prédominance exclusive d'un parti politique.

[22] Certes, l'élection des membres de cette nouvelle instance a causé un premier point de rupture entre Ennahdha et les autres représentants au sein de la Haute Instance.

[23] « Le rôle de la femme dans le paysage politique », c'était le thème d'une conférence organisée dimanche à Djerba par l'Association citoyenneté et libertés en collaboration avec le réseau euro-méditerranéen des droits de l'Homme.

[24] IDEA *Women in conflict and peace*, p. 12-13.

accomplir la fonction qu'elles veulent, où elles sont qualifiées dans la vie politique.

La Tunisie, postrévolution, était profondément préoccupée par l'absence relative des femmes de la sphère politique, et était déterminée à assurer leur participation à la vie politique, et ce, en mettant en place divers processus[25]. Beaucoup considéraient que les figures féminines signifiaient faiblesse et incompétence politique. Cependant, l'observation des travaux de l'ANC montre que les femmes, de par leur sensibilité, ont pu participer à l'apaisement des tensions. En effet, les femmes créent des cadres propices aux accords qui dépassent toutes les divisions[26]. Les femmes de toutes les convictions politiques font preuve de solidarité lorsqu'il s'agit de promouvoir leur participation, de prendre la défense des intérêts communs et de mettre l'accent sur les priorités communes dans la nouvelle Constitution[27]. La participation des femmes à la rédaction du texte de la Constitution est une étape majeure, étant donné les conséquences que les dispositions de la Constitution auraient sur la législation ultérieure. Cela peut expliquer cette forme de solidarité entre femmes qui dépasse les divisions idéologiques.

La fonction accordée aux femmes tunisiennes dans la procédure constitutionnelle peut paraître superficielle. Cependant, comparé à son expérience limitée sur la scène politique et à l'importance de sa présence à l'ANC, ce rôle paraît plus que déterminant. L'enjeu du rôle que les femmes peuvent avoir dans l'atténuation des tensions et la conciliation des points de vue divergents a souvent été relevé par les Nations unies, dont l'Assemblée générale exhorte les États, en période de transition politique, à prendre les mesures appropriées pour assurer la participation des femmes, autant que les hommes, dans toutes les phases de la réforme politique[28].

---

[25] M. ALLEN, *Constitution building, A Global review, Chapter 3 women and Constitution building*, 2013, p. 17.

[26] *A Woman's Guide Constitution Making*, Nanako TAMARU and Marie O'Reilly, January 2018.

[27] M. ALLEN, *op. cit.*, p. 22.

[28] En 2011, l'Assemblée générale des Nations unies réaffirme de plus en plus sa résolution 58/142 du 22 décembre 2003 sur la participation des femmes à la vie politique et engage tous les États à l'appliquer intégralement. Et demande à tous les États d'abolir les lois, réglementations et pratiques qui, de manière discriminatoire, empêchent ou limitent la participation des femmes à la vie politique ; de renforcer la participation des femmes à la vie politique, d'accélérer l'instauration de l'égalité entre les hommes et les femmes et, dans toutes les situations, y compris en période de transition politique, de promouvoir et de protéger le droit fondamental des femmes : d'avoir une activité

Par leur participation à l'ANC, les femmes tunisiennes ont pu jouer un rôle modérateur, et ce, dans la mesure du possible. Cependant, ce rôle paraissait, à certains moments, anéanti en raison de la détérioration inattendue de la situation politique, sociale et surtout sécuritaire. Il semblait qu'une forte réaction était nécessaire pour éviter de glisser dans l'anarchie. C'est dans ce cadre qu'il y a eu la création d'un comité de consensus au sein de l'ANC pour apporter un soutien fort aux procédures consensuelles qui ont commencé à émerger en dehors de l'Assemblée[29]. En raison de sa composition, ce comité a opté pour un accord selon lequel les partis doivent être représentés à peu près également. Cet arrangement a privé la majorité du parti « Ennahdha » d'imposer ses propres points de vue, le forçant ainsi à rechercher des compromis avec d'autres partis. Le rôle de ce comité est devenu fondamental dans le développement constitutionnel. Grâce à son action, des compromis ont été conclus sur des problématiques majeures, en l'occurrence l'identité et les droits de l'Homme. Le comité du consensus n'était qu'un aspect de ce qu'on pourrait appeler la « fièvre consensuelle ». Une fièvre à l'image de l'état critique dans lequel se trouvait le pays. À côté de l'approche consensuelle au sein des institutions, d'autres approches sont apparues, mais en dehors de tout contexte institutionnel.

Section 2 :
Les moyens non institutionnels

La société civile a littéralement été redécouverte en Tunisie à la faveur de la transition. D'après le centre IFEDA, plus de 9 000 nouvelles associations ont vu le jour, entre 2011-2014[30].

---

politique, de participer à la conduite des affaires publiques, de s'associer librement, de se réunir pacifiquement, d'exprimer librement leurs opinions et de solliciter, de recevoir et de communiquer des informations et des idées en toute liberté, de voter aux élections et aux référendums, et d'être éligibles sur un pied d'égalité avec les hommes aux fonctions publiques, de participer à la formulation des politiques publiques et à leur application, d'exercer un mandat public et d'assumer des fonctions publiques à tous les niveaux de l'État.

[29] Rapport séminaire : « Femmes tunisiennes en politique – renforcer vos capacités pour faire face aux défis ». Disponible sur : https://cutt.ly/3g34cWf. Voir notamment, *Banque mondiale*, « Population active, femmes (% de la population active) » – Source : Utilisation des estimations de la Banque mondiale sur la population, Organisation internationale du travail. https://cutt.ly/Qg34jpq – Consulté le 7 mars 2018.

[30] Le centre d'information, de formation, d'études et de documentation sur les associations.

Étant une période intermédiaire entre deux régimes, la transition se caractérise par une grande ouverture et une importante fluidité au niveau de la gestion du pouvoir du fait de la désectorisation du jeu politique. Cette situation a favorisé l'émergence de la société civile en tant que nouvel acteur dans les périodes de transition **(Paragraphe 1)**. Situées entre décideurs et citoyens, les composantes de la société civile devaient normalement jouer un rôle clé dans le processus de transition. Or, force est de constater que cette société civile, malgré son importance numérique, n'a pas pu relever tous les défis de la période transitoire. Son bilan relativement modeste s'explique essentiellement par le manque d'expérience d'une grande partie des composantes de la société civile tunisienne. Le côté positif de ce bilan revient en réalité aux efforts des composantes traditionnelles. Ainsi, il est permis de dire que le rôle joué par la société civile tunisienne était à géométrie variable **(Paragraphe 2)**.

Paragraphe 1 : L'émergence de la société civile en tant que nouvel acteur dans les périodes de transition

Le concept de société civile vient de la philosophie politique occidentale. À l'origine, il n'avait pas de sens sociologique et ne désignait pas une étape historique de la construction de l'État moderne qu'il aurait précédée et rendue possible. C'est une abstraction qui renvoie à la société, telle qu'elle se constitue, en miroir par rapport à l'État moderne : société « bourgeoise » selon Marx, c'est-à-dire unifiée par le marché, ou bien société « politique », selon les libéraux, c'est-à-dire formée par la libre association des citoyens. Dans les deux cas, la société civile implique le passage au politique, c'est-à-dire la médiation entre l'individu et l'ordre politique[31].

Après de longues expériences accumulées, les puissances occidentales se sont rendu compte de l'inefficacité relative du *Hard power*. La chute même de l'Union soviétique était en partie le fruit de l'instrumentalisation du *Soft power*. La réhabilitation des pays issus de la désintégration du bloc de l'Est était marquée par les efforts occidentaux visant à généraliser leurs modes de pensée. Pour y parvenir, les puissances occidentales ont encouragé l'apparition d'une société civile active dans ces différents pays.

---

[31] L. CHOUIKHA, E. GOBE, *Histoire de la Tunisie depuis l'indépendance*, Paris, La Découverte, 2015, voir aussi, M. MARZOUKI, *L'Invention d'une démocratie. Les leçons de l'expérience tunisienne*, Paris, La Découverte, 2013, E. MESTIRI, *La Tunisie*, Tunis, Éd. Karthala, 1995.

L'aide occidentale fournie aux différentes composantes de la société civile dans les anciens pays de l'Est a permis celles-ci d'influer sur la transition dans ces pays, et ce, en faisant la promotion des standards internationaux qui n'étaient en réalité que des standards occidentaux. Depuis, on remarque que chaque fois qu'un pays quelconque passe par une période de transition, la société civile tente d'occuper une place centrale dans le processus transitoire, jouant le rôle de vecteur des standards internationaux **(A)**. Ceci est tout à fait compréhensible étant donné que les phases transitoires représentent une occasion unique permettant la configuration des nouveaux régimes **(B)**.

A. La société civile, vecteur des standards internationaux

Les grandes politiques actuelles de développement et de démocratisation à l'œuvre dans les programmes impulsés par les différents bailleurs de fonds se sont forgées à la suite de l'effondrement du bloc communiste. Elles reposaient sur le postulat de l'occidentalisation de cet espace par l'adoption rapide des mêmes modèles économiques, sociaux et politiques. À partir de la seconde moitié de la décennie 1990-2000, ce modèle a été utilisé de plus en plus vis-à-vis des sociétés du Sud, véhiculé par plusieurs partenariats comme, par exemple, le partenariat euro-méditerranéen et le programme MENA[32].

Le modèle de société civile qui est aujourd'hui à l'œuvre dans les politiques de développement est celui de la société libérale occidentale moderne fondée sur les valeurs suivantes : le citoyen propriétaire, le contrat social et l'État de droit, d'où les politiques simultanées de privatisation, d'encouragement à l'associationnisme sous toutes ses formes, l'incitation à la liberté de la presse, à la formation de partis politiques, la prise en compte des droits de l'Homme par les États, les institutions internationales et les ONG transnationales. L'idée est qu'aujourd'hui une véritable transition économique suppose l'émergence d'un État de droit, donc démocratique et rationnel, condition de la « bonne gouvernance », terme voilé qui veut dire la limitation de la corruption et des réseaux de clientélisme. La bonne gouvernance est la seule qui permette l'émergence d'un marché animé par des acteurs économiques individuels et libres, fondé sur la libre circulation des biens et des

---

[32] R. BEN ACHOUR, « La Constitution tunisienne du 27 janvier 2014 », *RFDC*, 2014, pp. 783-801. Voir aussi, Entretien avec le ministre des Affaires locales, « La mise en place de structures de gouvernance participatives en Tunisie » : mis en ligne le 15 septembre 2016, consulté le 16 avril 2018, URL : https://cutt.ly/Pg34Q2U.

personnes, l'initiative individuelle, et l'offre et la demande. C'est grâce également à la bonne gouvernance que peut émerger un espace public composé de citoyens engagés dans des réseaux associatifs, ayant accès à une presse libre et pouvant discuter des affaires publiques. Un système de justice sociale, accessible et adapté aux citoyens est au cœur de toute société démocratique.

Le citoyen libre et autonome est aussi un agent économique. Individualisme possessif et citoyenneté vont de pair[33]. Le lien social de cette société civile s'établit par le dépassement des liens organiques, tribaux, claniques, ethniques, familiaux, en faveur d'associations fondées sur des choix individuels, qu'ils soient religieux ou politiques[34], ou sur des intérêts économiques, mais aussi sur l'opposition à des États autoritaires, centralisateurs et se réclamant du dirigisme économique[35]. L'objectif serait de fonder un modèle de société permettant de combiner les deux libéralismes : le politique et l'économique.

Pour faire triompher ces valeurs, les bailleurs de fonds mettent en place des politiques d'actions sociales, politiques et économiques relayées par des ONG. S'appuyant au départ sur des actions à caractère humanitaire, les ONG ont élargi graduellement leurs champs d'action au point de chercher à exercer un droit de regard sur les affaires publiques. Ceci est particulièrement visible dans les périodes de transition, étant donné qu'elles représentent une occasion unique pour peser sur les nouvelles règles du jeu.

B. La participation de la société civile à la configuration du nouveau régime : enjeu des phases transitoires

Les nouvelles relations tissées pendant la gestion de la transition ne sont pas sans conséquences. Dans le contexte de transition, se produit inévitablement une resectorisation qui fait que le politique redevient l'apanage des composantes de la société civile, jouant le rôle de médiateur entre les citoyens et le pouvoir politique. Mais, cela n'implique pas forcément que son rôle se limite à la médiation. Loin de là, certaines

---

[33] O. ROY, « La société civile en débat », *Revue internationale de politique comparée*, 2002, p. 78.

[34] Entretien réalisé avec Youssef CHAHED, « La mise en place de structures de gouvernance participatives en Tunisie », mis en ligne le 15 septembre 2016, consulté le 16 avril 2018, URL : https://cutt.ly/6g3435d.

[35] Selon le schéma analysé par Crawford Brough Macpherson à propos des mouvements des « niveleurs » dans l'Angleterre du XVIIe siècle : C. B. MACPHERSON, *La Théorie politique de l'individualisme possessif*, Gallimard, Paris, 1971.

composantes de la société civile jouent un rôle plus actif qui consiste à influer sur l'opinion publique.

Le cas de la Tunisie, transition qualifiée d'exemplaire en son temps par les analystes, apporte des éléments de réflexion intéressants quant au rôle de la société civile pendant la transition. En effet, la société civile a été associée très largement, dans la pluralité de ses composantes, à la gestion de la transition. Elle est parvenue à exercer une forte pression sur les dirigeants en place, allant jusqu'à les renvoyer du pouvoir.

L'analyse du rôle de la société civile dans la gestion des régimes en transition montre l'émergence de nouveaux modes d'institutionnalisation du pouvoir, qui apparaissent tout d'abord dans les mécanismes d'accès au pouvoir (pluralisme politique et élections comme passages obligés et légitimes vers le pouvoir ou pour le conserver) et, ensuite, dans le mode d'exercice de ce pouvoir (avec l'institutionnalisation de nouveaux lieux associant des acteurs issus de la société civile). Ces nouveaux modes sont symptomatiques d'une nouvelle organisation de l'État de droit avec une association étroite de la société civile dans le cadre d'organismes et institutions originales.

La consolidation démocratique peut être perçue comme une resectorisation de la vie politique et un rétablissement des transactions collusives entre champs sociaux. La consolidation fixe les normes démocratiques et les comportements partagés par la majorité des acteurs. C'est aussi la mise en œuvre d'institutions et de nouveaux circuits politiques qui vont structurer les intérêts et assurer la médiation entre les divers secteurs sociaux[36]. Cette resectorisation se fait autour de trois sphères : la sphère administrative, la sphère de la société politique et la sphère de la société civile[37].

Le régime post-transition consacre le retour de la société politique, notamment des partis et des hommes politiques, médiateurs institués entre la société et le pouvoir politique, par le biais des élections et de la représentation. La restauration d'une sélection des élites dirigeantes par le biais des élections consacre un retour des professionnels de la politique aux fonctions législatives et exécutives, au détriment des membres de la

---

[36] Sur cette question, voir M. WALZER, *The Revolution of the Saints*, Harvard UP, 1965.

[37] Sur cette question, voir D. LANDES, *Richesse* et *pauvreté des nations*, Fayard, Paris, 1999.

société civile. Après la novation de la transition, *« le nouveau régime représente finalement un renouvellement relatif des élites*[38] *»*.

Or, l'enjeu dans toute transition politique tourne autour de la place qui serait réservée aux différents acteurs de la société civile dans le nouveau régime, car le retour à un régime constitutionnel pourrait consacrer leur éviction, restaurant ainsi les partis politiques comme seuls détenteurs du pouvoir. En réalité, l'enjeu ultime, c'est le renouvellement des modalités de la participation au régime via de nouveaux lieux d'institutionnalisation[39].

Vu que les périodes transitoires sont des moments de désinstitutionnalisation, les institutions du régime précédent cèdent la place à d'autres. C'est à ce moment-là que se font les choix du régime et des institutions futures. Donc, la phase de transition est largement influencée par les acteurs politiques en présence, leurs rapports de force, la divergence ou la convergence de leurs stratégies[40]. La transition vers la démocratie apparaît alors comme un compromis entre les différents acteurs. La transition peut être également comprise comme une situation de crise, dans sa double dimension conjoncturelle et structurelle[41].

Cette crise se traduit au niveau structurel par le bouleversement, sous l'effet des mobilisations multisectorielles, des rapports habituels entre les groupes sociaux. La transition remet en cause les structures, les rapports

---

[38] *« En 2106, tous les projets de développement en Tunisie ont été participatifs et je le dis parce que le ministère de l'Intérieur a envoyé aux municipalités un guide de participation. Il n'y a pas de procédure pour contrôler la mise en place de l'approche participative, la seule consigne reçue par les municipalités était qu'ils doivent tenir au moins deux réunions sans aucun indicateur concernant la représentativité des citoyens, pas de pourcentage, et je le dis parce que j'ai assisté à l'ensemble du processus dans une municipalité [...]. Les municipalités ont juste besoin de tenir au moins deux réunions et elles doivent juste documenter ça avec des photos et les envoyer en tant que rapport. On précise également le montant à dépenser et les rubriques qui peuvent être soumises à la discussion (routes, entretien, etc.). Donc, les autorités ont limité le processus à quelques rubriques. Et même si vous suivez une démarche participative telle que précisée dans le document, vous devez passer par la session du conseil municipal ordinaire pour voter les décisions prises. Donc, même si les citoyens décident de manière participative ce qu'ils veulent faire, vous devez passer décisions au vote du conseil municipal, et même lorsque vous validez ces décisions en tant que conseil municipal, vous avez besoin de les soumettre au ministère de l'Intérieur pour les approuver et cela s'appelle approche participative pour le budget du développement »*. H. YOUSFI, *op. cit.*, p. 14.

[39] H. YOUSFI, « Redessiner les relations État/collectivités locales en Tunisie : enjeux socioculturels et institutionnels du projet de décentralisation », *Papiers de Recherche AFD*, 2017, p. 14.

[40] L. MORLINO, *op. cit.*, p. 131.

[41] L. MORLINO, *op. cit.*, p. 131.

sociaux et les rapports au pouvoir. Dans cette situation de crise, de fluidité politique et institutionnelle, les potentialités des divers acteurs ont des poids différents[42].

Généralement, pour analyser les transitions, ce sont les facteurs contingents qui sont mis en avant : les rapports entre acteurs, les stratégies, les choix et les processus, et la temporalité. Ces facteurs n'étaient pas, tout au moins au début de la transition en Tunisie, en faveur de la plupart des composantes de la société civile tunisienne. Certaines étaient plus influentes que d'autres.

Paragraphe 2 : Un rôle à géométrie variable des composantes de la société civile tunisienne

Après la chute du régime de Ben Ali, on a assisté à une fleuraison de nouveaux acteurs de la société civile. Ce mouvement laissait croire que la société civile pèserait lourdement sur la phase transitoire, or son influence était en *deçà* des espérances, surtout dans les premières phases de la transition. Ceci s'expliquait en grande partie par l'amateurisme qui caractérisait les nouvelles composantes de la société civile tunisienne, dont l'influence était presque insignifiante **(A)**. Si la société civile a pu peser sur le processus transitionnel, c'est essentiellement grâce au rôle joué par ses composantes traditionnelles **(B)**.

L'amateurisme, caractéristique principale des nouvelles composantes de la société civile tunisienne

Les premières phases transitoires en Tunisie présentaient plusieurs innovations en termes d'organismes permettant l'association à l'exercice du pouvoir d'acteurs issus de la société civile. Cela est considéré comme étant une condition essentielle de la consolidation des régimes en transition.

Alors qu'au début de la transition, l'action des ONG, des syndicats, des jeunes et des chômeurs, pouvait être unifiée dans la volonté de donner un nouveau visage au régime qui était en train de s'installer, une telle union de forces ne s'est pas produite. Chacun était ramené à ses propres buts et revendications ; le sentiment corporatiste l'emportait sur les préoccupations unitaires et démocratiques. Pour la plupart des composantes de la société civile, la démocratie n'était qu'une démocratie de corporatisme. Il est bien connu que, dans un contexte de rareté

[42] M. DOBRY, *op. cit.*, 1986.

matérielle, l'expression des loyautés primaires l'emporte sur les clivages politiques ou idéologiques. Cela ne nie pas, pour autant, que certaines autres composantes de la société civile étaient divisées sur elles-mêmes pour des raisons politiques et idéologiques. Dans les deux cas, c'est l'unité de la société civile qui en souffrait[43].

Les régimes en transition ont été qualifiés de « démocratie de basse intensité » parce qu'effectivement, plusieurs pays qui avaient connu des périodes de transition ne sont pas parvenus à élargir la participation populaire dans un sens probant. Cette situation s'expliquerait par le fait qu'il est relativement difficile pour des pays habitués à des formes coercitives de contrôle de passer directement à des formes démocratiques plus complexes et coûteuses des démocraties occidentales. Il y aurait, semble-t-il, une étape intermédiaire inévitable de démocratie limitée caractérisée par la limitation de l'action de la société civile au profit de la nouvelle classe politique[44].

Cela dit, un tel phénomène ne doit pas être imputé seulement à la faiblesse et à la désorganisation de la société civile. La réussite même de la transition semble nécessiter une certaine évolution par étape, étant donné qu'il est pratiquement impensable de passer directement d'une dictature à la forme parfaite de démocratie. Il ne s'agit pas donc de douter de la capacité des Tunisiens à recevoir des modèles démocratiques ; mais il s'agit de prendre la mesure des stratégies d'invention de la démocratie, initiées par des acteurs identifiables et contraints par des rapports de force. Les nouvelles modalités de participation de la société civile, sous une forme institutionnalisée ou de façon non conventionnelle, peuvent être au nombre de ces stratégies d'invention[45].

Pour que la société civile puisse avoir une plus grande influence sur la vie politique, il faudrait qu'elle atteigne un certain degré de maturité. Cette

---

[43] E. GOBE, « Tunisie an I. les chantiers de la transition ». Disponible sur : https://cutt.ly/Vg37GD5.

[44] Rustow, en précurseur, liait ainsi l'établissement de la démocratie aux marchandages et compromis des acteurs dominants, par la prise en compte des ressources dont disposent les acteurs dans leurs choix stratégiques : l'évolution des régimes est déterminée moins par les facteurs culturels ou économiques que par les actions et les choix des élites clés qui cherchent à maximiser leurs intérêts dans un cadre institutionnel en flux. D.-A. RUSTOW, "Transition to Democracy: Toward a dynamic Model", *Comparative Politics*, 1970, p. 337.

[45] R. OTAYEK, *Argumentation développée par R. Otayek : Identité et démocratie dans un monde global*, Paris, FNSP, 2000, pp. 123-124. Revoir J.-F. BAYART, MBEMBE A. & TOULABOR C., *La Politique par le bas en Afrique noire : contributions à une problématique de la démocratie*, Paris, Karthala, 1992.

finalité ne sera atteinte qu'après l'instauration de nouvelles règles et comportements objectifs encadrant l'action des acteurs de la société civile. Ces règles verront le jour lorsque la logique de pertinence l'aura emporté sur la logique de choix, amenant ainsi ces acteurs à faire l'économie du raisonnement classique, entre coût et avantage de leurs choix et actes, pour se conformer aux règles. Par ailleurs, la société civile doit œuvrer pour atteindre la pérennisation et l'adéquation des institutions. En ce sens, les institutions civiles doivent être légitimes, reconnues et acceptées par la population, et efficaces dans leurs réponses aux demandes.

Justement, ce sont ces éléments qui expliquent la faiblesse du rôle joué par les nouvelles composantes de la société civile tunisienne, et ce, contrairement à celui joué par ses composantes traditionnelles.

B. L'importance du rôle des composantes traditionnelles de la société civile tunisienne : *le Quartet*

L'ancien régime en Tunisie prétransition reposait sur un lien fort de la société au politique, mais dans une tradition d'enfermement dans des cadres unitaires sous contrôle de l'État. Cela ne signifie pas que la société civile était neutralisée et sans expression. Au contraire, il existait de multiples *« modes populaires d'action politique »*, autant de stratégies d'évitement, de subversion et de contournement[46]. Ainsi sous l'ancien régime, une grande partie de la société civile était encadrée dans des organisations liées au parti au pouvoir (RCD). Toutefois, la société civile représentait un espace non négligeable pour l'opposition. En atteste le fait que les pressions sur l'ancien régime émanaient, le plus souvent, de la société civile via un journal, une association non ouvertement politique, des mouvements corporatistes ou des pétitions[47].

Signalons, par ailleurs, que la transition politique, qui se traduit par une certaine désectorisation, a offert la possibilité à de nouvelles personnalités de parvenir à la gestion du pays, dont la plupart appartenaient, apparemment, à la société civile. Cependant, cela ne devrait pas occulter le fait que beaucoup d'entre elles cherchaient à investir ou réinvestir, sous

---

[46] R. OTAYEK, *Argumentation développée par R. Otayek : Identité et démocratie dans un monde global*, Paris, FNSP, 2000, pp. 123-124. Revoir J.-F. BAYART, MBEMBE A. & TOULABOR C., *La Politique par le bas en Afrique noire : contributions à une problématique de la démocratie*, Paris, Karthala, 1992.

[47] H. YOUSFI, « Redessiner les relations État/collectivités locales en Tunisie : enjeux socioculturels et institutionnels du projet de décentralisation », *Papiers de Recherche AFD*, 2017, p. 14.

couvert de la participation de la société civile, l'exercice temporaire du pouvoir. Il paraît que la meilleure façon permettant à la société civile d'investir la scène politique consistait à jouer le rôle de médiation entre les différents partis politiques. Ainsi la société civile s'est trouvée au centre des efforts visant à concilier les différents acteurs politiques.

Sur proposition de la société civile, précisément l'Union générale tunisienne du travail (UGTT), l'Union tunisienne de l'industrie, du commerce et de l'artisanat (Utica), la Ligue tunisienne de défense des droits de l'homme (LTDH) et l'Ordre national des avocats (ONAT), le président Moncef MARZOUKI, appelle, au mois d'avril 2013, à un dialogue national afin d'arriver à un consensus entre les antagonistes et à sauver la bonne marche de la transition en Tunisie. Il a pris l'initiative d'inviter les dirigeants de toutes les forces politiques et sociales à créer un espace de dialogue pour négocier les plus éminents points de la transition, tels que l'élaboration de la Constitution et tout ce qui se rapporte à l'organisation des premières élections législatives, y compris la mise en place de l'ISIE. Cette initiative, malgré quelques contestations de la part de certains partis politiques, a pu se concrétiser à travers l'organisation de plusieurs rounds[48].

Ce dialogue national, réunissant le « quartet » et des représentants de plusieurs partis politiques, qui s'est lancé le 16 mai 2013, a réussi, non sans difficultés, à parvenir le 17 septembre 2013 à un compromis portant sur les principales étapes à franchir pour réussir la transition politique[49] :

– « *Acceptation par l'ensemble des parties de la constitution d'un gouvernement de compétences, présidé par une personnalité indépendante* » ;

– « *Reprise des séances plénières de l'ANC, définition de sa mission et fixation de la fin de ses travaux* » ;

– « *Début des consultations autour du nom de la personnalité indépendante chargé de former le gouvernement* » ;

---

[48] L. MORLINO, *op. cit.*, p. 131.

[49] Ce compromis n'a pu être atteint qu'après l'accord entre les diverses composantes du dialogue national sur la personnalité du futur président du gouvernement. Trois personnalités étaient proposées par les partis politiques, Mustapha Kamel NABLI proposé par NidaaTounes ; Jelloul AYED proposé par l'Alliance démocratique fut rejeté par le Front populaire ; Ahmed MESTIRI proposé par Ennahdha, aucune de ces personnalités n'a réussi n'a pu avoir la probation de tous les participants au dialogue. Plus tard, un compromis acceptant de confier la présidence du gouvernement a vu le jour à monsieur Mehdi JOMAA, alors ministre de l'Industrie du gouvernement démissionnaire.

– « Approbation de la feuille de route à propos du parachèvement du processus transitionnel, définition d'un calendrier pour les élections présidentielles et législatives qui sera présenté à l'opinion publique après sa signature par toutes les parties et adoption par l'ANC à l'occasion d'une séance exceptionnelle ».

Bibliographie

Ouvrages et manuels

ALLAND (D.), *Droit international public*, Paris, PUF, 2000, 336 p.

AOUIJ MRAD (A.), *Droit des services publics*, Tunis, CREA, 1998, 157 p.

ARDANT (P.) et MATHIEU (B.), *Institutions politiques et droit constitutionnel*, Paris, LGDJ, 2008, 640 p.

ARDANT (P.), *Institutions politiques et droit constitutionnel*, Paris, LGDJ, 2006, 512 p.

ARDANT (PH.) et BERTRAND (M.), *Droit constitutionnel et institutions politiques*, Paris, LGDJ, 2014, 640 p.

BEAUD (O.), *La Puissance de l'État*, Paris, PUF, 1994, 512 p.

BEIGBEDER (Y.), *Le Contrôle international des élections*, Paris, LGDJ, 1994, 187 p.

BEN ACHOUR (Y.), *Droit administratif*, Tunis, CPU, 2000, 274 p.

BEN ACHOUR (Y.), *Tunisie, une révolution au pays de l'Islam*, Tunis, CERES, 2014, 255 p.

BEN SALAH (H.), *L'Organisation administrative de la Tunisie*, Tunis, CREA, 1993, 185 p.

CHENNOUFI (M.), *Tunisie post-révolutionnaire, Conflits politiques et démocratie*, Tunis, NIRVANA, 2014, 84 p.

CHOUIKHA (L.) et GOBE (E.), *Histoire de la Tunisie depuis l'indépendance*, Paris, La Découverte, 2015, 128 p.

CONTANTINESCO (V.) et PIERRÉ-CAPS (S.), *Droit constitutionnel*, Paris, PUF, 2009, 550 p.

DAVID (E.), *Droit des organisations internationales*, Bruxelles, Bruyant, 2016, 832 p.

DIEZ DE VELASCO VALLEJO (M.), *Les Organisations internationales*, Paris, Economica, 1999, 919 p.

DUPUY (M.), *Les Grands Textes de droit international public*, Paris, Dalloz, 2000, 1028 p.
DUVERGER (M.), *Institutions politiques et droit constitutionnel. Les grands systèmes politiques*, Paris, PUF, 1980, 1120 p.
FAVOREU (L.), *Droit constitutionnel*, Paris, Dalloz, 2012, 230 p.
GHERAIRI (G.), BEN KHEMIS (W.), BABACHEIKH (A.), *Droit administratif de la concurrence*, Tunis, CREA, 2010, 245 p.
GICQUEL (J.), *Droit constitutionnel et institutions politiques*, Paris, Montchrestien, 2003, 976 p.
GOODWIN-GILL (G.-S.), *Élections libres et régulières*, Genève, Union interparlementaire, 2006, 233 p.
GOYARD-FABRE (S.), *Qu'est-ce que la démocratie ?*, Armand Colin, 1998, 243 p.
GUEN (M.), *Tunisie, Pour un modèle économique postrévolutionnaire*, Paris, L'Harmattan, 2013, 252 p.
JAN (P.), *Droit de suffrage et modes de scrutin*, Paris, La Documentation française, 2008, 56 p.
JENAIEH (M.), *Droit administratif*, Tunis, CPU, 2004, 246 p.
LEKEUFACK (C.), *Les Sources internationales du pouvoir constituant : contribution à la théorie du pouvoir constituant*, Paris, LGDJ, 2005, 523 p.
LOCKE (J.), *Le Second Traité du gouvernement civil : essai sur la véritable origine, l'étendue et la fin du gouvernement civil*, Paris, PUF, 1977, 384 p.
LOUSSOUARN (Y.), *L'Internationalisation du droit*, Paris, Dalloz, 1994, 416 p.
MARITAIN (J.), *Principes d'une politique humaniste*, Paris, L'Harmattan, 1945, 206 p.
MARZOUKI (M.), *L'Invention d'une démocratie. Les leçons de l'expérience tunisienne*, Paris, La Découverte, 2013, 177 p.
MASCLET (J.-C.), *Droit électoral*, Paris, PUF, 1989, 448 p.
MAULIN (E.), *La Théorie de l'État de Carré de Malberg*, Paris, PUF, 2003, 352 p.
MESTRE (A.), *Les Services publics de l'administration tunisienne*, Tunis, CREA, 1997, 234 p.
PIERRÉ-CAPS (S.), *Droits constitutionnels étrangers*, Paris, PUF, 2010, 256 p.
RIVERO (M.), *Libertés publiques*, Paris, PUF, 1973, 430 p.
ROSANVALLON (P.), *La Légitimité démocratique, Impartialité, réflexivité, proximité*, Paris, Seuil, 2008, 368 p.

SALHI (R.), *Béji QAIED SEBSI a-t-il sauvé la Tunisie. Étude du scrutin du 23 octobre 2011*, Tunis, Nirvana, 2015, 165 p.

SANTULLI (C.), *Le s-Statut international de l'ordre juridique étatique. Étude du traitement du droit interne par le droit international*, Paris, Pedone, 2001, 459 p.

SAYAH (J.), *L'Acte II de la révolution tunisienne : La Constitution*, Paris, L'Harmattan, 2015, 230 p.

SEDJARI (A.), *Administration, gouvernance et décision publique*, Paris, L'Harmattan, 2004, 256 p.

SHMITT (C.), *Théorie de la Constitution*, Paris, PUF, 2008, 456 p.

TAKARI (B.), *Introduction à l'étude du droit administratif*, Tunis, ENA, 2001, 550 p.

TOURARD (H.), *L'Internationalisation des Constitutions nationales*, Paris, LGDJ, 2000, 540 p.

WEBER (M.), *Éthique protestante et l'esprit du capitalisme*, Paris, Gallimard, 2004, 608 p.

THÈSES

HERVE-DIOMPY (A.), *Le paradoxe de l'internationalisation du droit constitutionnel en Afrique : réflexions sur les interactions normatives, institutionnelles et politiques dans l'espace CEDEAO*, Thèse, Université de Bordeaux, 2017, 510 p.

NJEHI (A.), *L'interventionnisme économique public. Étude de droit comparé franco-tunisien*, Thèse, Université Lumière Lyon, 2018, 530 p.

HOUKI (CH.), *Constitution et religion*, Thèse, Université Tunis El Manar, 2017, 480 p.

ABDESSLEM (F.), *Le droit international dans les systèmes constitutionnels maghrébins*, Thèse, Université de Tunis El Manar, 2015, 410 p.

QAZBIR (H.), *L'internationalisation du droit constitutionnel*, Thèse, Paris, Dalloz, 2015, 526 p.

LABIADH (L.), *La Tunisie à l'épreuve de la territorialisation : réalités et perspectives du modèle de développement territorial*, Thèse, Université de Grenoble Alpes, 2017, 390 p.

ALKAZAGLI (M.), *La réforme administrative et son rôle dans la construction d'un nouvel État en Lybie*, Thèse, Université de Grenoble Alpes, 2017, 488 p.

KEVIN FERDINAND (N.), *L'internationalisation des Constitutions des États en crise : réflexions sur les rapports entre Droit international et Droit constitutionnel*, Thèse, Université Nancy 2, 2011, 545 p.

ARTICLES

AITAMURTO (T.), « La production participative dans l'élaboration des politiques publiques », *Pouvoirs*, n° 175, 2020, pp. 89-100.

ALLAL (A.), « Retour vers le futur : Les origines économiques de la révolution tunisienne », *Pouvoirs*, n° 156, 2016, pp. 17-29.

AMIOT (M.), « Politique et administration », *Sociologie du travail*, n° 2, 1969, pp. 113-400.

ARNE (S.), « Existe-t-il des normes supra-constitutionnelles ? », *Chronique constitutionnelle*, n° 2, 1993, pp. 459-512.

AUER (A.), « Les droits fondamentaux et leur protection », *Pouvoirs*, n° 43, 1987, pp. 87-102.

BACHOFEN (B.), « Le rejet du principe de représentation et l'impératif participatif : Fondements théoriques », *Pouvoirs*, n° 175, 2020, pp. 17-30.

BAVEREZ (N.), « Les démocratures contre la démocratie », *Pouvoirs*, n° 169, 2019, pp. 5-17.

BEN ACHOUR (R.), « La Constitution tunisienne du 27 janvier 2014 », *Revue française de droit constitutionnel,* n° 100, 2014, pp. 720-789.

BEN ACHOUR (R.), BEN ACHOUR (S.), « La transition démocratique en Tunisie : entre légalité constitutionnelle et légitimité révolutionnaire », *Revue française de droit constitutionnel*, n° 92, 2012, pp. 715-732.

BEN RHOUMA (A.), KCHOUK (B.), « L'accès des femmes aux postes de gouvernance en Tunisie : Une analyse en termes de capabilités », *Travail, genre et sociétés*, n° 41, 2019, pp. 105-125.

BOULAD-AYOUB (J.), « Le concept de souveraineté du peuple : de Rousseau à la Déclaration des droits », *L'Homme et la Nature*, n° 10, 1991, pp. 1-238.

BRIBOCIA (H.), « Applicabilité directe et primauté des traités internationaux et du droit communautaire réflexions générales sur le point de vue de l'ordre juridique belge », *Revue belge de droit international*, n° 1, 1996, pp. 54 - 63.

CAMAU (L.), « La disgrâce du chef. Mobilisations populaires arabes et crise du leadership », *Mouvements*, n° 66, 2011, pp. 22-29.

CAMAU (M.), « Un printemps arabe ? L'émulation protestataire et ses limites », *L'Année du Maghreb*, n° 8, 2012, pp. 27-47.

CHABBI (M.), « Armée et transition démocratique en Tunisie », *Politique étrangère*, printemps, n° 1, 2015, pp. 103-113.

CHIKAOUI (L.), « Le rôle de l'instance provisoire de contrôle de la constitutionnalité des projets de loi en période de transition », *Revue juridique des étudiants de la Sorbonne*, n° 1, 2019, pp. 45-59.

CHOUIKHA (A.), « L'instance supérieure indépendante pour les élections et le processus électoral tunisien : un témoignage de l'intérieur », *Confluences Méditerranée*, n° 82, 2012, pp. 171-185.

DAKHLI (L.), « Entre fidélité et réconciliation, quelle place pour la politique dans la Tunisie révolutionnaire ? », *Pouvoirs*, n° 156, 2016, pp. 7-16.

DOLEZ (B.), LAURENT (A.), « Modes de scrutin et système de partis », *Pouvoirs*, n° 163, 2017, pp. 55-69.

EMMANUELLI (C.), « L'application des traités internationaux et des règles dérivées dans les pays de droit civil et de common law », *Revue générale de droit*, n° 37, 2007, pp. 269-299.

FABRE-MAGNAN (M.), « Critiquer les droits de l'homme pour les sauver », *Books*, n° 100, 2019, pp. 86-89.

FELDMAN (J.), « La séparation des pouvoirs et le constitutionnalisme : Mythes et réalités d'une doctrine et de ses critiques », *Revue française de droit constitutionnel*, n° 83, 2010, pp. 483-496.

GOBE (É.), « Système électoral et révolution : la voie tunisienne », *Pouvoirs*, n° 156, 2016, pp. 71-82.

GOBE (E.), CHOUIKHA (L.), « La Tunisie de la Constitution aux élections : La fin de la transition politique ? », *Dossier : Pratique du droit et propriétés au Maghreb*, n° 13, 2015, pp. 261-282.

GOY (R.), « Sur l'origine extranationale de certaines Constitutions », in *Droit constitutionnel, Mélanges* Patrice Gélard, n° 53, 2001, pp. 238-241.

GROPPI (T.), « La Constitution tunisienne de 2014 : illustration de la globalisation du droit constitutionnel ? », *Revue française de droit constitutionnel*, n° 2, 2018, pp. 343-354.

HALIMI (S.), « Quel cap pour la Tunisie ? », *Le Monde diplomatique*, n° 721, 2014, pp. 4-4.

HAMROUNI (S.), TABEI (M.), HOUSSEIN ABBASSI (A.), « Tunisie », *Annuaire international de justice constitutionnelle*, n° 33, 2017, pp. 973-989.

HORCHANI (F.), « La Constitution tunisienne et les traités après la révision du 1er juin 2002 », *Annuaire français de droit international*, n° 50, 2004, pp. 138-171.

JACQUE (J.-P.), « Droit constitutionnel, Droit communautaire, CEDH, Charte des Nations unies. L'instabilité des rapports de système entre ordres juridiques », *RFDC*, n° 69, 2007, pp. 3-37.

JEAN-PHILIPPE (B.), « Le peuple est-il soluble dans la Constitution ? Leçons tunisiennes », *Revue L'Année du Maghreb*, n° 8, 2012, pp. 103-119.

KAUFMANN (E.), « Règles générales du droit de la paix », *RCADI*, n° 51, 1935, pp. 313-440.

KCHOUK (B.), BEN RHOUMA (A.), « Gouvernance politique, diversité du genre et transition démocratique : leçons tunisiennes », *Maghreb-Machrek*, n° 240, 2019, pp. 93-120.

KELSEN (H.), « Théorie du droit international public », *RCADI*, n° 84, 1953, pp. 5-24.

KRATOU (L.), POIROT (J.), « Les perspectives de la coopération économique décentralisée en Tunisie dans le cadre du développement durable », *Mondes en développement*, n° 175, 2016, pp. 39-58.

KREFA (A.), « Les rapports de genre au cœur de la révolution », *Pouvoirs*, n° 156, 2016, pp. 119-136.

LARROQUE (A.), « Les printemps arabes : un espoir pour la démocrature ? », *Pouvoirs*, n° 169, 2019, pp. 85-96.

LE POURHIET (A.-M.), « Définir la démocratie », *Revue française de droit constitutionnel*, n° 87, 2011, pp. 453-464.

LEORY (Y.), « La notion d'effectivité du droit », *Droit et Société*, n° 79, 2011, pp. 715-732.

LIECKEFETT (M.), « La Haute Instance et les élections en Tunisie : du consensus au "pacte politique" ? », *Confluences Méditerranée*, n° 3, 2012, pp. 133-144.

MARZOUKI (N.), « La transition tunisienne : du compromis démocratique à la réconciliation forcée », *Pouvoirs*, n° 156, 2016, pp. 83-94.

MOINE (A.), « Les références à l'islam et à ses principes dans la Constitution tunisienne du 27 janvier 2014 », *Civitas Europa*, n° 32, 2014, pp. 225-254.

RIAHI (M.), « La Constitution : élaboration et contenu », *Pouvoirs*, 156, 2016, pp. 31-53.

MOUTON (S.), « La séparation des pouvoirs : Du concept politique aux concrétisations juridiques », *Revue française de droit constitutionnel*, n° 120, 2019, pp. 825-842.

NJEHI (A.), « La liberté d'expression et d'opinion. Les avancées de la nouvelle Constitution tunisienne », *Journal of political trends*, n° 7, 2019, pp. 126-133.

NGANDO SANDJE (R.), « De "la Constitution internationale" Éléments de discussion sur les fondements de l'ordre juridique au-delà du cadre étatique », *Les Annales de droit*, n° 11, 2017, pp. 159-203.

PIERRE-CAPS (S.), « Le peuple à l'interface du droit constitutionnel et du droit international », *Civitas Europa*, n° 32, 2014, pp. 5-20.

PHILIPPE (X.), « Contrôle juridictionnel et Cour constitutionnelle dans la Constitution », in *La Constitution de la Tunisie, processus, principes et perspectives*, PNUD, 2014, p. 544.

PHILIPPE (X.), « La légitimation constitutionnelle des démocratures », *Pouvoirs*, n° 169, 2019, pp. 33-45.

SAINT-BONNET (F.), « La démocratie participative au prisme de l'histoire », *Pouvoirs*, n° 175, 2020, pp. 5-15.

SUDRE (F.), « Constitutions et protection internationale des droits de l'homme », in *Constitution et droit international, Recueil des cours de l'Académie internationale de droit constitutionnel*, n° 8, 2000, pp. 198-210.

TAVOILLOT (P.), « Contre la démocratie participative », *Pouvoirs*, 175, 2020, pp. 43-55.

TORCOL (S.), « L'internationalisation des Constitutions nationales », *Politéia*, n° 8, 2005, pp. 71-89.

WANDJI (J.), « La Déclaration française des droits de l'homme et du citoyen du 26 août 1789 et l'État en Afrique », *Revue française de droit constitutionnel*, n° 99, 2014, pp. 1-28.

WEICHSELBAUM (G.), XAVIER (PH.), « Le processus constituant et la Constitution tunisienne du 27 janvier 2014 : un modèle à suivre ? », *Maghreb-Machrek*, n° 223, 2015, pp. 49-69.

Ressources numériques

Améliorer l'intégrité des élections dans le monde, une initiative conjointe de la Kofi ANNAN Foundation et International IDEA, septembre 2012. Disponible sur : https://cutt.ly/uhr7IPR

BEN BRIKE (T.), « Contre la confiscation du pouvoir par un triumvirat ». Mis en ligne le 15 janvier 2011. Consulté le 15 septembre 2019. Disponible sur : https://cutt.ly/hhtPVKv

BEN M'RAD (H.), « Constitution et économie : Pour quels principes constitutionnels économiques ? ». Mis en ligne, consulté le 8 avril 2018. Disponible sur : https://cutt.ly/BhtPh6z

BOBIN (F.), « En Tunisie, la crise d'identité des islamistes d'Ennahdha ». Publié le 6 septembre 2019. Consulté le 15 septembre 2020. Disponible sur : https://cutt.ly/QhtPgBo

BRAS (J.-PH.), « Légitimité et révolution en Tunisie : les leçons tunisiennes de la Haute Instance pour la réalisation des objectifs de la révolution ». Disponible sur : https://cutt.ly/yhtPlaF

Comité des droits économiques, sociaux et culturels. Disponible sur : https://cutt.ly/Fhr5afn

Contestation et création de légitimités dans le cadre de la Transition démocratique tunisienne, Jonathan MURPHY. Disponible sur : https://cutt.ly/hhtPp7l

DAKHLI (L.), « Une Révolution trahie ? Sur le soulèvement tunisien et la transition démocratique », La Vie des idées. Mis en ligne le 19 février 2013. Consulté le 12 novembre 2018. Disponible sur : https://cutt.ly/6htPxO2

FERRE (N.), « La fabrique de la "société civile" entre évitement du politique et politisation : usages d'un dispositif de l'action extérieure européenne en Tunisie », *Revue Gouvernance*, 2018, p. 13. Disponible sur : https://cutt.ly/0htPD7P

GADDES (CH.), « Les élections du 23 octobre 2011 ». Disponible sur : https://cutt.ly/PhtPM1I

GOBE (E.), « Tunisie an I. les chantiers de la transition ». Disponible sur : https://cutt.ly/ehtPf9z

GHORBAL (S.), « Constitution tunisienne : droits et libertés, les compromis les plus audacieux ». Mis en ligne le 17 janvier 2014. Disponible sur : https://cutt.ly/KhtPZIa

HAMROUNI (S.), « La Constitution tunisienne et droit international des droits de l'Homme ». Disponible sur : https://cutt.ly/lhtPXKM

International IDEA, A Practical Guide to Constitution Building: Principles and Cross-cutting Themes, Stockholm 2012. Disponible sur : https://cutt.ly/9htPj7c

Kapitalis, « Pour l'inscription de la liberté économique dans la nouvelle Constitution tunisienne ». Mis en ligne le 23 juillet 2012. Consulté le 8 avril 2018. Disponible sur : https://cutt.ly/fhtPzk8

Kapitalis, BAHRI (I.), « Les élections en Tunisie et les observateurs étrangers ». Mis en ligne le 27 mai 2011. Consulté le 12 mai 2020. Disponible sur : https://cutt.ly/3htPxaG

KERROU (M.), « Tunisie : révolution et transition politique ou le conflit des trois légitimités ». Disponible sur : https://cutt.ly/EhtPOSo

Le Point, « En Tunisie. La légitimité électorale est en crise ». Mis en ligne le 8 août 2013. Consulté le 07/07/2019. Disponible sur : https://cutt.ly/ShtPcb6

« L'État de droit et la justice transitionnelle dans les sociétés en situation de conflit ou d'après conflit ». Mis en ligne le 23 août 2004. Consulté le 13 janvier 2018. Disponible sur : https://cutt.ly/khtPvu2

MHENNI (M.), « La crise de la démocratie représentative ». Mis en ligne le 30 mars 2019. Consulté le 15 septembre 2020. Disponible sur : https://cutt.ly/BhtPAFJ

NOUICER (R.), « Réforme des médias en Tunisie après la Révolution : Où en est-on ? ». Mis en ligne le 2 mai 2018. Consulté le 15 novembre 2018. Disponible sur : https://cutt.ly/8htPKTC

Observation électorale Aide-mémoire pour les parlementaires. Disponible sur : https://cutt.ly/ihtPGsD

Olivier Jouanjan, « L'État de droit démocratique ». Disponible sur : https://cutt.ly/rhFDUjO

ONU info, « En visite en Tunisie, BAN KI-MOON salue les progrès réalisés pour démocratiser le pays ». Mis en ligne le 10 octobre 2014. Consulté le 20 septembre 2018. Disponible sur : https://cutt.ly/WhtPG2l

ONU. Son rôle est d'aider les pays en développement en leur fournissant des conseils mais également en plaidant leurs causes pour l'octroi de dons. Disponible sur : https://cutt.ly/chtPJQo

Rapport du secrétaire général, « Assistance électorale des Nations unies ». Disponible sur : https://cutt.ly/NhtPLhS

Rapport séminaire, « Femmes tunisiennes en politique – renforcer vos capacités pour faire face aux défis ». Disponible sur : https://cutt.ly/7htPLZL

Tunisie/Kais SAID, « Nous sommes face à une mascarade constitutionnelle ». Mis en ligne le 10 février 2011. Consulté le 15 septembre 2019. Disponible sur : https://cutt.ly/xhtPBQ5

Webmanagercenter, « L'ISIE se mobilise pour le contrôle du financement des campagnes électorales ». Mis en ligne le 6 septembre 2019. Consulté le 27 octobre 2019. Disponible sur : https://cutt.ly/AhtPNVP

Table des matières

Structures éditoriales du groupe L'Harmattan

L'Harmattan Italie
Via degli Artisti, 15
10124 Torino
harmattan.italia@gmail.com

L'Harmattan Hongrie
Kossuth l. u. 14-16.
1053 Budapest
harmattan@harmattan.hu

L'Harmattan Sénégal
10 VDN en face Mermoz
BP 45034 Dakar-Fann
senharmattan@gmail.com

L'Harmattan Cameroun
TSINGA/FECAFOOT
BP 11486 Yaoundé
inkoukam@gmail.com

L'Harmattan Burkina Faso
Achille Somé – tengnule@hotmail.fr

L'Harmattan Guinée
Almamya, rue KA 028 OKB Agency
BP 3470 Conakry
harmattanguinee@yahoo.fr

L'Harmattan RDC
185, avenue Nyangwe
Commune de Lingwala – Kinshasa
matangilamusadila@yahoo.fr

L'Harmattan Congo
219, avenue Nelson Mandela
BP 2874 Brazzaville
harmattan.congo@yahoo.fr

L'Harmattan Mali
ACI 2000 - Immeuble Mgr Jean Marie Cisse
Bureau 10
BP 145 Bamako-Mali
mali@harmattan.fr

L'Harmattan Togo
Djidjole – Lomé
Maison Amela
face EPP BATOME
ddamela@aol.com

L'Harmattan Côte d'Ivoire
Résidence Karl – Cité des Arts
Abidjan-Cocody
03 BP 1588 Abidjan
espace_harmattan.ci@hotmail.fr

Nos librairies en France

Librairie internationale
16, rue des Écoles
75005 Paris
librairie.internationale@harmattan.fr
01 40 46 79 11
www.librairieharmattan.com

Librairie des savoirs
21, rue des Écoles
75005 Paris
librairie.sh@harmattan.fr
01 46 34 13 71
www.librairieharmattansh.com

Librairie Le Lucernaire
53, rue Notre-Dame-des-Champs
75006 Paris
librairie@lucernaire.fr
01 42 22 67 13

www.ingramcontent.com/pod-product-compliance
Lightning Source LLC
LaVergne TN
LVHW011316061026
849535LV00005B/1589
* 9 7 8 2 1 4 0 3 2 1 6 2 7 *